塔湖·書
TOWER LAKE BOOK

主　编　潞　潞　朱晋平

编　著　麦　芽

编　委　潞　潞　孙俊峰　朱晋平　刘新华　孙铭浛　赵　锋　仝十一妹　骆冰兰　韩沛奇
苏　婧　何　欢　杜　萌　张　霞　张　璇　张芳莲　张建军　张　月　董　娟
董　霞　董树萍　董润泽　陈继东　范永慧　刘　昕　刘一豪　刘　颖　刘明星
刘　芳　钱　芳　韩　炜　王　沅　王娜娜　王永清　王玉萍　高　燕　翟惟一
赵春梅　杨霞芬　杨秀萍　李彦琪　李春花　李文荣　许艳秋　黄瑞霞　贾杨玉
李媛媛　宋献惠　王少霞　王桂平　裴志彬　焦天兰　孙素斌　冯素红　李　静

08

Reading plan

一生读书计划

法律书架

主　编－潞　潞　朱晋平
编　著－麦　芽

山西出版传媒集团　山西教育出版社

目　录

启蒙篇·法学之基的夯筑

002《法律篇》……〔古希腊〕柏拉图
007《政治学》……〔古希腊〕亚里士多德
012《国家篇·法律篇》……〔古罗马〕西塞罗
017《法学总论》……〔古罗马〕查士丁尼
022《阿奎那政治著作选》……〔意〕托马斯·阿奎那
027《君主论》……〔意〕尼科洛·马基雅维里
032《乌托邦》……〔英〕托马斯·莫尔
037《战争与和平法》……〔荷〕格劳秀斯

思索篇·法学殿堂的激辩

044《论出版自由》……〔英〕约翰·弥尔顿
049《利维坦》……〔英〕霍布斯
054《政府论》……〔英〕洛克
059《波斯人信札》……〔法〕孟德斯鸠
064《论法的精神》……〔法〕孟德斯鸠
069《人性论》……〔英〕休谟
073《论人与人之间不平等的起因和基础》……〔法〕卢梭

078 《社会契约论》…………………………………〔法〕卢梭
082 《论犯罪与刑罚》……………………………〔意〕贝卡里亚
087 《联邦党人文集》 ……………〔美〕汉密尔顿、杰伊、麦迪逊
093 《道德与立法原理导论》…………………………〔英〕边沁
098 《法的形而上学原理——权利的科学》 …………〔德〕康德
103 《法哲学原理》…………………………………〔德〕黑格尔
108 《论立法与法学的当代使命》……………………〔德〕萨维尼
113 《法理学的范围》……………………………〔英〕约翰·奥斯丁
119 《论自由》 …………………………………〔英〕约翰·密尔

完善篇·法律大厦的崛起

126 《旧制度与大革命》……………………………〔法〕托克维尔
130 《古代法》 ……………………………………………〔英〕梅因
135 《法律、立法与自由》 ……………………………〔英〕哈耶克
141 《通往奴役之路》…………………………………〔英〕哈耶克
145 《法律的概念》…………………………………………〔英〕哈特
150 《为权利而斗争》………………………………………〔德〕耶林
155 《论经济与社会中的法律》 ………………〔德〕马克斯·韦伯
161 《新教伦理与资本主义精神》 ……………〔德〕马克斯·韦伯
165 《法学导论》……………………………………〔德〕拉德布鲁赫
170 《犯罪人论》…………………………〔意〕切萨雷·龙勃罗梭
176 《普通法》 ……………………………………………〔美〕霍姆斯

181 《法律的道德性》……………………………………〔美〕富勒
186 《丹诺自传:世界上最伟大的辩护律师》 …………………
……………………………………………〔美〕克莱伦斯·丹诺
192 《通过法律的社会控制》………………………〔美〕罗斯科·庞德
197 《表达自由的法律限度》 ………〔美〕亚历山大·米克尔约翰

辉煌篇·使人民幸福就是最高的法律

204 《权力论:新社会分析》 ……………………〔英〕伯特兰·罗素
209 《法律的正当程序》……………………………〔英〕丹宁勋爵
214 《开放社会及其敌人》…………………………〔英〕卡尔·波普尔
218 《规训与惩罚》…………………………………〔法〕米歇尔·福柯
223 《法与国家的一般理论》…………………………………〔奥〕凯尔森
228 《法理学:法律哲学与法律方法》………………〔美〕博登海默
234 《正义论》………………………………………〔美〕约翰·罗尔斯
240 《美国最高法院史》………………………〔美〕伯纳德·施瓦茨
246 《变化社会中的政治秩序》 …………〔美〕塞缪尔·亨廷顿
251 《认真对待权利》…………………………………………〔美〕德沃金
256 《少数人的民主》……………………………〔美〕迈克尔·帕伦蒂
260 《最好的辩护》………………………………〔美〕艾伦·德肖微茨
266 《法律的经济分析》……………………………………〔美〕波斯纳
272 《经济学语境下的法律规则》 ………〔美〕大卫·D. 弗里德曼
277 《法律之门》 ……………………………………〔美〕博西格诺

中国篇 · 路漫漫其修远兮

282 《中国法律与中国社会》…………………………………… 瞿同祖
287 《法律思维与民法实例:请求权基础理论体系》……………… 王泽鉴
292 《法律人,你为什么不争气?》 ………………… 陈长文、罗智强
298 《近距离看美国》系列 …………………………………… 林　达
303 《民法总论》 ……………………………………………… 朱庆育
307 《物权法论》 ……………………………………………… 史尚宽
310 《刑法学》 ………………………………………………… 张明楷
314 《生活在民法中》 ………………………………………… 梁慧星
319 《我所能做的是呐喊》…………………………………… 江　平
324 《宪法学导论:原理与应用》 …………………………… 张千帆
329 《制度是如何形成的》…………………………………… 朱苏力
335 《木腿正义》 ……………………………………………… 冯　象
340 《法律人的思维方式》…………………………………… 陈瑞华
346 《法治与文明秩序》……………………………………… 於兴中
351 《原则与妥协:美国宪法的精神与实践》………………… 王　希
356 《道德理想国的覆灭——从卢梭到罗伯斯庇尔》………… 朱学勤

再　序 |

阅读，感受喜悦

潞潞

听编辑说这套丛书即将再版，这真是一个好消息，甚至多少让我有些意外。四年前，《一生读书计划》问世之际，正是电子书及各种线上阅读对传统纸媒大举倾覆之时，形势不可谓不严峻。作为主编，我知道这套丛书的编撰和运行已然跨过四个寒暑，团队集中了各个学科的优秀学者和编辑，他们日复一日为这套丛书贡献着思想和体力。我担心这么好的一个选题能否实现，更隐隐担忧它问世以后的命运。幸运的是出版者毅然决然坚守初衷，这套丛书如期和读者们见了面。

编辑当初，我们即预想到这套书不会“大红大紫”，因为这不是为市场流行制作的，并不企图为此赚个“盆满钵满”，这应该是为读书人和爱书人准备的一份礼品，符合他们的心意就好，是他们心头一条长久流淌的清澈的溪水。让人欣慰的是，尽管互联网时代大潮凶猛，阅读平台和阅读方式呈现种种演变，但万变不离其宗，纸媒阅读说到底还是阅读的“根儿”，不可能被不断翻新的花样所取代。《一生读书计划》能够再版，表明了读者的认可，表明了这套丛书的生命力。读者的不离不弃，是对我们最大的厚爱和奖赏。

《一生读书计划》到读者手里已经四年了，其间不断有一些反馈，比如，一些重要的作家或作品漏选了，一些新的更有时代感的作品需要补充，一些观点不够严谨需要商榷，等等。为此，再版时梳理了这些反馈，并做了补充和修订，以便尽可能使其完美，尽可能让读者满意。

既是作者又是读者的最著名爱书人博尔赫斯说：“身为读者的喜悦是超乎作者之上的，因为读者不需要体验种种烦恼焦虑：读者只要感受喜悦就好了。”作为编者，此时，我们的喜悦也是不言而喻。

2016 年 5 月

总　序

阅读，一种可能的生活？

潞潞

四年前，这套书的策划者孙轶女士跟我探讨是否有这种可能，像搞一个图书超市或图书馆那样，里面分门别类摆放着若干书架，读者可以根据自己的需求想看什么看什么，广告语似乎可以是：只要抽出你想看的，其余由我们来做。当然这是戏说，后来的广告语那要精彩得多。

开始，我觉得这个想法有点像读书指南，好像别人有搞过的。但是孙女士坚持她的想法，且让我听来和以往那些读书指南很是不同，尤其她把这套丛书命名为“一生读书计划”，不仅仅是读书，还涉及人生、涉及人的一生该如何度过。这可不是一个读书范畴的问题了。

想想，人生和读书还真是一个越来越掰不开的事儿。现代人如果从七岁读书算起，这是晚的，许多孩子两三岁读书都不稀奇。幼儿园、小学、中学、大学、硕士、博士、博士后，成人教育，个人爱好，一直到七老八十老眼昏花、皓首穷经、手不释卷，人之一生何其短暂，而读书生涯又何其漫长。说一生读书，一点都不夸张，孙女士要把一生读书做个规划，不是件容易的事。

转眼间，这套丛书已然堂皇矗之，付梓而出。对此让人不禁肃然起敬。当初孙女士热情邀请我做主编，我很是惶然，因为我只是个褊狭的读者，最多能在有限范围内说点话。好在有诸位学者和专家的参与，他们以专业眼光和判断力遴选出各类佳作，毫不吝惜贡献出自己的学识和睿见。

这是一个庞大的工程，大致分为两大系列，纵向看有“小学生书架”“中学生书架”“大学生书架”“女性书架”等，横向看有“经济书架”“国学书架”“法律书架”“文学书架”等，且可以一直繁衍下去。其纵横交错，编织细密，既像一张大网，把茫茫书海里有价值的真金白银捞取上来，又像一张巨细无遗的地图，古今中外、东西南北无不覆盖，给读书人以路标和方向，亦使胃口不同的读者拥有了可选择的佳肴。

中国古代有成语曰：“汗牛充栋”“学富五车”，以谓书之多，其实就是一堆刻了字的竹片儿，放到现在，大概连一个小芯片也存不满。多即是少，少即是多，少有少的难处，多有多的麻烦。“文化大革命”期间书遭劫难，我曾连夜手抄一本借来的诗集，不知东方之既白。现在多少人却在书市中四顾茫然，面对滚滚书海不知所措。套用莎士比亚的话，选择，还是选择，是个问题。

我是一个褊狭的读者，谁都可能是褊狭的读者，这是人的个性使然。书也有书的个性。把这么多的个性统一起来，然后各取所需其乐融融，难于蜀道之难。比如有人喜欢“经典”、有人为了“实用”、有人贪图“好看”，怎样在三者上找到平衡点，始终让编者们颇费踟蹰。有本书给了编者很好的启示，这本书叫《苏菲的世界》，你可以说它是小说，也可以说是哲学。人们想象中，哲学该是多么枯燥乏味，许多读者为此却步。但这本书里，从古希腊哲学到西方的中世纪、文艺复兴、浪漫主义、弗洛伊德等等，都通过一个小女孩爱丽丝漫游仙境般的故事娓娓道来。作者乔斯坦·贾德是挪威一个高中哲学教师，大概他对中学生讲授哲学之难有深切体会，所以写出这样一部融艺术与哲学、通俗与深奥为一体的书来，他也因此成为一位知名作家。此书自1986年出版以来，销量达几百万册，成为全世界的畅销书。

比如，在“文学书架”里，人们耳熟能详的《红楼梦》等未选入，而入选了一些不那么艰深、名气也不够大的书，它们可能是一般读者更感兴趣的。按照法国符号学家罗兰·巴特的观点，供市场消费的通俗小说应该排除文学之列，我个人同意罗兰·巴特的说法，但在编这本书的过程中，我还是赞同那种更宽泛的做法，即很多通俗小说之类也摆进了文学书架。我们最终还是要相信读者，经典不会因为通俗而消失，阳春白雪和市场并非不能共存。

我的一位朋友曾在文章里问：阅读是一种生活吗？他说不知道。其实很多人愿意在书斋里度过一生，只是没有这种幸运而已。阿根廷作家博尔赫斯八岁时写出第一篇神话故事，此后一生都在读书和写书中度过，当他成为国家图书馆馆长时已经双目失明，这是他的宿命。尽管如此，他仍然继续买书，充实他的私人书架。他甚至断言：世界就是一本书。

我个人觉得，阅读起码是一种生活方式。人生虽然短暂，但消磨起来，也有许多空虚，读书不失为一种好的选择。再者，中国人一向注重传统，书本中尽是前人的经验和智慧；中国人注重人际关系，读书恰恰可以调整和疏离过于亲密和庸俗的人际来往；中国人向往城市化和现代化，岂不知在行囊里夹带一本书正是一个现代人和都市人所必备的。读书往小里说是一种个人生活方式，但连锁起来就可能成为一个民族的生活方式，而且可能内化为民族性格和精神。

阅读为什么不能成为一种生活呢？虽然它可能是奢侈的。

2014 年 8 月

前　言

考察法律，应着眼超越地域、国度和民族，甚至超越时空的人际层面，努力发现本来属于整个人类的理念和规范，并在此基础上寻求并促进人与人、民族与民族、国家与国家之间越来越普遍深入的交往。

——〔德〕卡尔·恩吉施《法律思维导论》

当你还在幼儿园调皮的时候，老师可能会叮嘱你，不要随便拿别人的东西。这是你最初接触到的法律概念：私人财产神圣不可侵犯。当你上了小学，放学回家时被邻居家的小狗咬伤了，邻居为你支付了医药费并向你赔礼道歉。这是另一个法律概念：未对动物采取安全措施造成他人损害的，动物饲养人或者管理人应当承担侵权责任。上了初中，你手中的政治课本上写着：宪法是国家的根本大法。你有没有好奇过，为什么宪法里规定的内容好像离我们的生活那么遥远？进入高中，你在网上买了一双篮球鞋，到手后发现是假货，你可能马上会想到消费者权益保护法。终于，你考上了梦寐以求的大学，并交了一个漂亮的女朋友，钱不够花只好去兼职打工，由于没签劳动合同，辛辛苦苦干了两个月却一分钱也没拿到，此时你是否后悔没去听那场新劳动合同法讲座？

好了，你毕业了，找了一份不错的工作，靠父母的帮助与自己的努力为新房子付了首付，交房时却发现黑心的开发商一房二卖，你获得的赔偿已远远不够再买一套新房，你可能会大吼一声哥尔德斯密斯的名言：“法律吸吮着穷人的鲜血，而富人却掌握着权柄!”你只好先租了一个两居室，租期还未满，房东告知你此房已另售他人，让你今晚就卷铺盖走人，此时你可以搬出“买卖不破租赁”的物权法规定与他叫板……所有这些，都是生活；所有这些，也都与法律相关。然而，所有这些，在我国过去、在国外，似乎又会发生不同的结果，这是为什么?

法律似乎并不神秘，大家都知道杀人放火是犯罪，欠债还钱天经地义；法律似乎又高高在上，黄光裕已经被逮捕了，为什么还能买卖国美的股票，这是你怎么也想不通的问题。网络上的信息虽然丰富但是良莠不齐，此时，你可能想要坐下来，读几本与法律相关的书籍，来补充一下自己的法学知识，但是那些干巴巴的法条味同嚼蜡，大部头的法学专著又让人望而生畏。那么，就请翻开这本书吧，编者在此选择了在影响力、创造力、系统性、思想性上都很有建树的古今中外的法学经典作品进行简而不略的介绍，希望能够以一种非技术性的风格来进行写作，使你——无论是法学院的新生、法律工作者还是法学爱好者——可以按图索骥，选择你最感兴趣的那一本经典，慢慢品味。

此书分为五个部分，“启蒙篇”向大家介绍了10本法学史初期的作品，其中蕴含的朴素的法学思想为文艺复兴时期和启蒙时代的法学家们所借鉴，编者最为推荐的是马基雅维里的《君主论》和托马斯·莫尔的《乌托邦》；“思索篇”中的16部作品都是后世难以企及的辉煌巨著，其蕴含的丰富法理思想奠定了法律所维护的准则，即自由、平等、民主、私人权利、正义、公平等，弥尔顿、霍布斯、孟德斯鸠、休谟、卢梭、贝卡里亚、美国联邦党人……当你在阅读这些伟人的著作时，你会深深地感到，能够与这些伟大的思想家相遇是多么的幸运；“完善篇”中选取了近代的17本著作，其中有一些法学专著可能读起来稍显晦涩，却是经典中不可跳过的部分，读者可以留待以后慢慢品味，在此编者着重推荐哈耶克的《通往奴役之路》和米克尔约翰的《表达自由的法律限度》，它们可以让你对当下社会中的一些现象有新的理解；“辉煌篇”中展示了当代法学界的辉煌成果，其中还包括一些政治学与经济学专著，作为法学的延伸与补充，编者推荐德沃金的《自由的法：对美国宪法的道德解读》与弗里德曼的《经济学语境下的法律规则》，后者从经济学的角度探讨普遍的法律现象，角度新颖，耐人寻味；“中国篇”是一个单独的篇章，现代法学在我国起步较晚，但是学者对中国的法治建设有着深深的忧思与殷切的期待，除了几本经典教科书，编者更多地选取了一些国内法学家的讲演录，在此推荐张千帆的《宪法学导论：原理与应用》和陈长文、罗智强的《法律人，你为什么不争气?》，这两本书字字珠玑，振聋发聩。当然，限于篇幅，还有许多重要的法学作品成为遗珠之憾，未收入本书，但相信读者能够慧眼识珠，与其在某一时刻相逢。

意大利著名作家卡尔维诺曾这样定义经典作品："一部经典作品是一本每次重读都好像初读那样能带来发现的书，是一本即使我们初读也好像是在重温我们以前读过的东西的书，是一本从不会耗尽它要向读者说的一切东西的书。"但无论如何，简单的介绍都无法代替对于原文的直接阅读。在这个对经典作品提及多于读过的年代里，编者深信，阅读原著不仅可以丰富我们的知识，而且能激励我们的行动。正如德国法学家耶林在文章结尾引用一位诗人的话说："人必须不停地开辟生活与自由，然后才配有生活与自由的享受。"

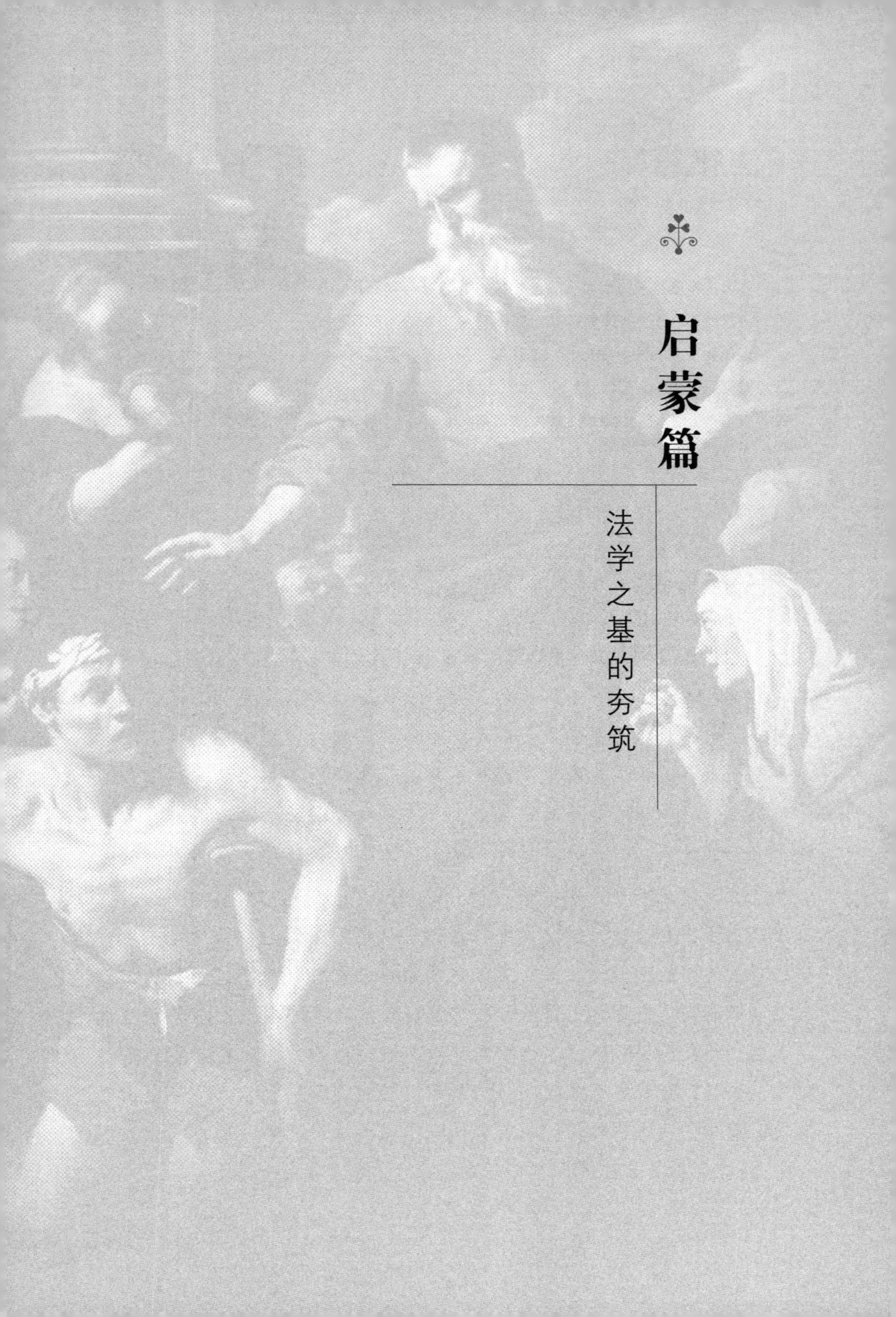

启蒙篇

法学之基的夯筑

《法律篇》

〔古希腊〕柏拉图　著

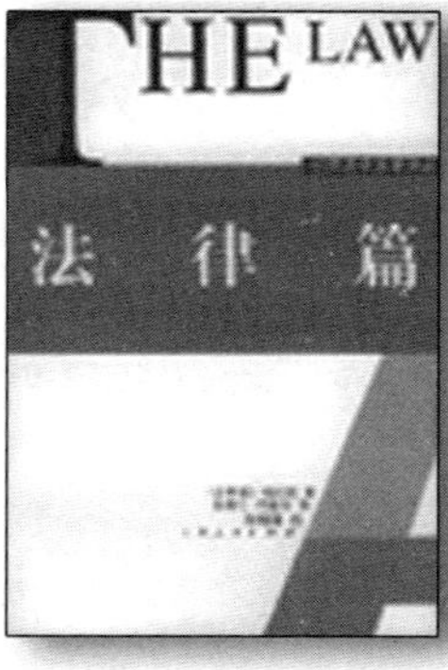

作为古希腊哲学的代表人物，柏拉图的思想与作品历经千百年而不衰。《法律篇》是柏拉图最晚出版的一部作品，也是北京大学法学院宪法、法理学、罗马法、西方法律思想史等课程的必读作品。

推荐版本： 上海人民出版社　张智仁、何勤华译

关于作者

柏拉图（前 427—前 347）的大名可谓无人不知无人不晓，他是苏格拉底的学生，亚里士多德的老师，三人被广泛认为是西方哲学的奠基者，但是柏拉图在法学上的贡献似乎并不像他在哲学上的贡献那样闻名于世。他本名为亚里斯托克勒斯，出生于雅典一个古老的名门贵族家庭，青少年时期受到过良好的教育，接受过骑兵军事训练，喜爱运动，能绘画，谙音律，写过史诗和剧本。他的这些才能后来都充分显现在他的全部著作中。

由于出身显贵，柏拉图年轻时希望从事政治活动，而雅典是古希腊哲学思想的摇篮，学派纷呈、名家辈出，在此环境下，柏拉图结识了诸多朋友，在哲学上受到赫拉克利特、毕达哥拉斯派和苏格拉底的影响。公元前 399 年，苏格拉底受审并被判死刑，柏拉图对现存政体完全失望，开始游历各国以寻求知识。柏拉图于公元前 387 年返回雅典，建立了一所学园以从事教学和写作活动，这所学园世称“柏拉图学园”，是西方文明最早的有完整组织的高等学府之一。

柏拉图的著作多为对话体，使用对话体裁是因为：一方面，对话是一种辩论法，辩论在当时的希腊学者间蔚然成风，百家争鸣，柏拉图试图通过揭露对话者话中的矛盾来推求真理；另一方面，柏拉图在青少年时代就具有书写对话体所需要的很强的文学功底。苏格拉底是柏拉图撰写的对话录中的主要角色，至于对话录中有多少是苏格拉底的原意，而又有多少是柏拉图的想法，目前学界依然存在极大的争议。柏拉图关于政治、法律的对话，依次有三篇：《理想国》《政治家篇》《法律篇》，它们共同反映了柏拉图从“人治”过渡到“法治”的认识。虽然不是一名职业法学家，但柏拉图却是西方历史上第一位杰出的法律思想家，他对西方法学发展所作出的贡献，主要表现为：创作了西方历史上第一部法学专著《法律篇》，阐述了法的正义理论以及提出了法治的理论。

荐读理由

《法律篇》是柏拉图晚期的作品。全书共 12 卷，前三卷主要讨论立法的宗旨和立法者必须具备的素养和条件，后九卷分别论述各种法律和法律制度，全面地反映了古希腊，特别是雅典城邦的建立、地理位置、政府结构、选举制度等方面的情况，对话内容涉及法律、宗教、教育、历史、哲学、艺术、伦理、外交、贸易、家庭、婚姻、技艺和公民生活等，几乎是关于人生和国家生活的一部百科全书。但该书的中心，仍然是法律和国家制度的一些根本问题，如法律的起源，法律的制定必须着眼于德和善，对守法者必须给予名誉、对违法者必须予以惩罚，教育对法律的作用，国家官吏是“法律的仆人”，关于结婚的法律，执法官吏的选举，犯罪和刑罚，故意和过失，法官的责任，环保法，商法，移民法和国际私法等。下面重点介绍书中柏拉图的法的正义理论和法治的理论。

在柏拉图的法学思想中，法的正义理论是一个重要内容。首先，他认为法律是维护正义的手段，区分朋友与敌人的唯一标准是善与恶，正义就成了一种人的美德。其次，柏拉图强调，立法者也会犯错误，从形式上说，守法就是正当，然而，实质上这种正当可能包含着不正当，关键在于法律本身是否体现正当。只有当统治者代表被统治者利益制定符合全体社会成员利益的法律时，才称得上是正义。以正义观为核心是柏拉图早期法律思想的主要特点，也是他提出民法、刑法、教育法和诉讼法等领域一些观点和思想的出发点。在西方思想史上，柏拉图最先阐述了系统的正义观，这种正义观是政治体制和各种具体法律的内在生命。正是在柏拉图的法律正义论的启迪下，罗马的法理学才开始勃兴，并成为推动后世法理学不断发展、更新的动力。

《法律篇》较之《理想国》，思想上最大的转变是从“人治”即“哲学王之治”转向“法治”。他认为，最好的统治者应该是全知全能的哲学家，如果一个国家的统治者不是哲学家并且无法在短时间内变成哲学家，则法治仍然比人治要好。柏拉图还提出，政治学重点要研究公共的善，为了实现这种公共的善，单靠教育是不够的，因为人的本性只考虑个人利益而不谋求公共利益，所以必须要有法律，通过法律可以制裁或惩罚人们的不善行为。对于法治，柏拉图提出两点：首先，他认为法律应当根据大部分人的利益而制定；其次，为了确保法治，必须加强守法。而为了使法治不成为一句空话，还必须采取一系列相应措施，如认真选举官吏。柏拉图的这种对管理、选举的重视，表明他在强调法治的同时，仍然很重视人治的作用。

先睹为快

雅典来客：我们的结论是，有些细节应该让给法庭，但别的细节则不用；这些细节应该归立法者来调整。

克列尼亚斯：那么，哪些要点应该列入法典，哪些应该由法庭去判定呢？

雅典来客：在这一方面，必须注意下面这件事：有时候我们发现，在一个国家里陪审团成了聋子的耳朵——空摆设。个别陪审员把所知的秘密隐藏起来，在秘密投票时才作出决定。更为严重的，甚至决不是保持沉默，而是听取了一个案件后制造巨大的混乱，仿佛它们置身于剧场之中，两方面的观众轮流作为演说者扯起嗓门大喊大叫，表示赞成或反对。这一切使国家完全陷于难堪的困境中。法院被迫为这种类型制定法律是件可怜巴巴的事情，但如果有人受了强迫，那么他要做的正确的事情就是把非常细小的案件的量刑交给这类法庭，而自己必须明确地为大多数案件立法，如果必须为这样一种国家立法的话。但在一个法庭规则已取得了尽可能满意的成就，并且有可能成为陪审员的人已经获得了良好教育和通过了一切种类考试的国家里，正确和合适的是赋予他们在所有方面的完全裁断权，以决定罪犯应处的刑罚或罚金。在目前的情况下，如果我们把大多数常见和重要的案件交由他们处理，我们也不会因此而受到责备，因为即使受过不适当教育的陪审员，也都可以有把握去处理这些案件，他们只要给每一个个别犯罪以相当于所造成的损害和邪恶程度的刑罚，其根据是确凿的事实。事实上我们相信，我们正在为之立法的人，可以很好地变成有非常突出才干的这些案件的法官，所以我们应该把大部分判决由他们去作出。即使如此，在制定我们法典的前面部分时，我们提到了构建某些刑罚例子的实践，这些范例供法官模仿，以防止他们越出一定的司法范围。我们使言行一致；当我再一次来谈我们的立法的时候，这在过去和现在都是条正确的路线。

延展阅读

《理想国》

这部十卷本对话录是柏拉图最为著名的作品。这部“哲学大全”不仅是柏拉图对自己此前哲学思想的概括和总结，而且将当时各门学科予以综合，探讨了哲学、政治、伦理道德、教育、文艺等各方面的问题。该书在哲学史乃至人类思想史上产生了广泛深远的影响，堪称西方第一部政治学著作，柏拉图在其中讨论了国家的起源、性质和结构等根本问题，还区分了不同的政体，比较它们的优劣得失，寻找它们的历史发展规律。更重要的是，柏拉图设计了一套政治蓝图，既带有乌托邦的理想色彩，又有阶级国家的痕迹，对于西方政治思想具有难以估量的影响。

《政治学》

〔古希腊〕亚里士多德 著

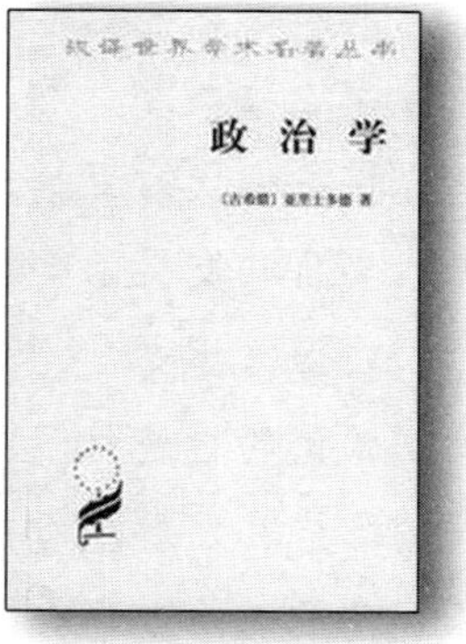

作为古希腊最伟大的思想家和最博学的人，亚里士多德在法学思想上也作出了重要贡献，尤以其正义理论影响深远。《政治学》关于政体、法治的论述，在千年后仍对现世有积极意义。该书是北京大学法学院宪法、西方法律思想史、行政法和行政诉讼法等课程的推荐读物。

推荐版本：商务印书馆 吴寿彭译

关于作者

亚里士多德（前 384—前 322），世界古代史上最伟大的哲学家、科学家和教育家之一。少年时被送到雅典的柏拉图学园，跟柏拉图学习哲学。20 年里，亚里士多德努力地收集各种图书资料，勤奋钻研，甚至为自己建立了一个图书室，柏拉图称他是“学园之灵”。后来亚里士多德在思想上与老师柏拉图产生了分歧，柏拉图去世两年后，亚里士多德离开柏拉图学园，开始游历各地。之后受马其顿国王腓力二世的聘请，担任太子亚历山大的老师，并对这位未来的世界领袖灌输了道德、政治以及哲学的教育。

公元前 335 年，亚里士多德回到雅典，建立了自己的学园——吕克昂学园以教授哲学，并在学园内建造了当时一流的图书馆和动植物园等等。亚里士多德非常重视教学方法，他反对刻板的教学方式，经常带着学生在花园林荫大道上一边散步、一边讨论哲理，因此后人把亚里士多德学派称作“逍遥学派”。

亚里士多德一生勤奋治学，从事的学术研究涉及逻辑学、修辞学、物理学、生物学、教育学、心理学、政治学、经济学、美学等，他的著作堪称古代的百科全书，相传有四百到一千部。他创立了形式逻辑学，丰富和发展了哲学的各个分支学科，也对科学作出了巨大的贡献。

在西方历史上，亚里士多德是比柏拉图更加系统、更加彻底地提出法治论的思想家，他的法治理论，不仅启发和推动了西方法律和法学的形成和发展，而且倡导了一种法律的至高无上、法律的神圣权威以及法的统治优于人的统治的社会观念，形成了支配西方长达两千多年的法治传统，并至今绵延不断。

亚里士多德的法治理论，能对后世产生如此大的影响，是因为他的法治理论比较彻底。比如，他强调依法治国的法律，必须是良法，而这一观点不仅不同于中国古代法家的法治理论，因为在法家的学说中，必须严格遵守的是君主的法律；也不同于近现代分析实证主义法学派的理论，因为后者对法的理解和说明只是形式主义的，即只要是国家立法机关按照立法程序制定出来的法律，均必须严格遵守，而不管这种法律是良法还是恶法。

荐读理由

《政治学》一书虽是一部专门讨论政治问题和原理的著作，但我们常说“政法不分家”，其中蕴含着的亚里士多德的法律思想也是非常丰富的。

首先，国家是什么？国家的目的是什么？我们常说，国家是阶级暴力，它是一定的阶级为了压迫其他阶级而创设的暴力机关。而这只是某种意识形态下对国家本质的解读，在亚里士多德看来，国家是社会团体之一，它囊括其他一切社团；既然每一个社团都以一种善为目的，则国家便是以最高的善为目的；伦理学研究个人的善，政治学则是探究人群的善。在这些意义上，亚里士多德认为政治学是最高的科学。

那么法律又是什么？亚里士多德回答得很干脆：法律是没有感情的智慧。他认为，人治中的“人”，尽管聪明睿智，然而他有感情，因此就会产生不公平而使政治腐化。用法律来统治则可以免去上述流弊：因为在此，治者和被治者都是自由民，他们之间是平等的，他们都享受法律上的权利；有了法律可以遵循，即使是统治者也不敢胡作非为，破坏法纪。

接下来，什么可以被称为法治？亚里士多德强调：第一，作为法制基础的法律，应当是一种好的法律，即善法。只有制定出一种好的法律，并将其作为治理国家的基础，才能达到实施法治的目的。第二，法律制定后，应当为全社会所普遍遵守。这一点上，亚里士多德继承了柏拉图在《法律篇》中的思想，但是，民众的守法精神不能全部依赖于自发的形成，而“须经长期的培养”。为此，就要求国家在这方面付出巨大的努力，尤其不能有任何有碍于民众守法精神的举措。

亚里士多德如此强调法治，有三点原因：第一，在他看来，法律是经过众人的经验审慎考虑后制定的，与一个人或少数人的意见相比，更接近正确。第二，在他眼中，任何人即使是最伟大、最贤明的人，也会受个人感情这种主观因素的影响，从而做出一些不利于民众、不利于国家的事；而法律却是“不受主观愿望影响的理性”。第三，他认为法律具有稳定性，它不像人的感情随时在变；同时，法律借助规范形式表达，具有明确性。

最后，要实现法治就要有一系列加强法治的措施：首先，必须对法律加以分类，以区别对待，亚里士多德把法律分为基本法和非基本法、自然法和人定法、习惯法和成文法；其次，必须加强立法，所制定的法律必须反映中产阶级的利益；再次，必须加强执法；最后，亚里士多德再次强调了为使全体公民遵守法律，国家必须加强对国民守法观念的教育和培养。在此我们发现，两千多年前先哲的思想在当下的中国依然是实用而有益的。

贯穿于亚里士多德法治论的核心思想，是他的正义理论。法是正义的体现，是人类的理性原则，因此，实行法治是为了公众的利益或普遍的利益，而不是为某一阶级利益或个人利益的宗派统治和专横。

当然，该书译文稍显晦涩，需要读者耐心品读。

先睹为快

有人说才德有高卑，政事应该托付给少数俊才硕德或唯一卓异的人物，不宜寄托于平常的众人。但群众就个别而论虽多属寻常，就集体而论，判断能力便不弱于专家，其财产也当不减于富室，使群众参与议事和司法机构获益尤多，所以多数之治是可取的。但无论哪一种形式的统治都当遵循法律，凡掌握治权的人们，只应对法律所未及的事项，运用个人的智虑。

政治道德特重正义。正义依“公平”原则，把等量事物分配于相等的人们。政治权利的分配标准当以对于该团体的实际贡献为衡：每一公民尽多少义务就取得多少权利。

深究王制的末一种，这里存在“人治还是法治”的问题。两者各有所胜：人治能随机应付世事的万变，而法治可免于人情的偏徇。但一般政体总该遵循法律，就君主而论也应有宪法作为规范，全权君主不是良策。说法律是固定的条文，必不可能概括万机，为政须由人智熟筹法律所未周详的事件；但由一人独断也未必优于由多数人共虑。王制行于古代较为简朴的社会，到了今世这已经是不合适的了。

任何政体都应当求得大多数公民的拥护，才能稳定。一切措施都不可趋于极端，唯有中庸之道始能持久。教育人民使其生活思想和日常行为符合于宪法要旨；世人对于公民教育往往疏忽，极端平民政体尤其轻率，鼓励“随心所欲”的自由。

平民主义以最高权力寄托于人数，寡头主义则寄托于财富。

延展阅读

《形而上学》

本书是亚里士多德最重要的哲学著作，由吕克昂学园第十一代继承人安得洛尼可编成。中文译名“形而上学”取自《易传》中“形而上者谓之道，形而下者谓之器”一语。在诸多译本中，吴寿彭先生所译最佳——吴先生仔细考察了每个希腊词的内容，并力图做到符合原意，不过出于保护原著学术价值的目的，许多术语生僻晦涩，且几乎是文言体，很难读懂。如果读者初触哲学，也可阅读苗力田先生的版本。作为奠定西方思想传统的重要著作，《形而上学》展示了人类理性对于事物最普遍的面相和终极的原因的探索，考察了人类知识的形成，进而提出关于普遍知识的理论，从根本上奠定了西方哲学思想的基本概念和问题。

《国家篇·法律篇》

〔古罗马〕西塞罗 著

《国家篇·法律篇》又译《论共和国·论法律》，为北京大学法学院外国法制史、西方法律思想史、罗马法、法理学等课程的推荐读物，作者西塞罗是从古罗马时期到欧洲进入中世纪这一历史时期唯一具有代表性的政治法律思想人物。

推荐版本：商务印书馆 沈叔平、苏力译

关于作者

西塞罗（前106—前43），古罗马著名的律师、雄辩家、政治家和作家，同时也是西方历史上早期杰出的法学家。准确地说，西塞罗不属于他那个时代严格意义上的法学家，今天，几乎所有的政治法律学说史家都不认为这位古罗马时期的思想家对西方政治法律思想传统有什么独到的重大贡献。其原因归咎于时代的局限，那时的法学家所做的主要工作是解释市民法，回答市民法的问题。西塞罗作为罗马共和国执政官，主要角色是政治家，以其独有的政治观察力和务实的精神，从新的角度将斯多葛学派的自然法思想发扬光大，为他身后即将出现的罗马帝国奠定了一种政治法律哲学基础。此外，西塞罗出于对雅典时代的崇拜与向往，继承了古希腊理性主义的思想传统，对当时的各派希腊哲学学说作了详细解释，并将古希腊文化的精神成果——自然法同罗马法相结合。所有这些，形成了西塞罗的独特魅力，构成了他在西方政治法律史中无法回避的地位。

西塞罗出身于罗马共和国晚期骑士阶级的一个富裕家庭，青年时

期投身于法律和政治，因雄辩才华跻身当时最出色的律师行列，其后曾担任罗马共和国的执政官；同时，因为其演说和文学作品，他被广泛地认为是古罗马最好的演说家和散文作家之一。在罗马共和国晚期的政治危机中，他是共和国所代表的自由主义的忠诚辩护者，被认为是三权分立学说的古代先驱，其思想对后世的格劳秀斯、洛克、孟德斯鸠、休谟、伏尔泰等哲学家都产生了重要影响。

在古希腊时期，虽然也有许多思想家如苏格拉底、柏拉图和亚里士多德等对法律现象进行了较为深入的研究（本书也选择了一些他们的著作进行介绍），但他们都是站在哲学家而非法学家的立场上，对法律现象进行阐述的。可以说，以《国家篇·法律篇》为代表作的西塞罗是西方法律思想史上一位划时代的人物。他不但强调理性，也对历史和习俗表示尊重，同时具有政治家的务实和机智，这些在《国家篇·法律篇》中都有清晰的表现。

荐读理由

相比欧洲中世纪的法学专著，西塞罗的《国家篇·法律篇》并未周旋于法律现象的细枝末节当中，而是从法律和法的根源，以及哲学深处汲取法的原理来解释法的本质问题。所以，西塞罗称得上是一位法哲学家，而不仅仅是法学家。

《国家篇·法律篇》其实是两本书，即《国家篇》和《法律篇》的合编，西塞罗在这两本书中都使用了古希腊时期盛行的对话方式来行文，有学者认为这是对柏拉图著作《法律篇》的模仿。他分别虚拟了几个场景和数个人物，通过记述他们的对话来阐明自己的政治、法律思想。尤其在《法律篇》中，西塞罗本人作为对话者之一，是书中的主要人物。该书中有好几处描写到，其他对话人明确表示他们完全不同意西塞罗所表述的意见。这样写，一方面是因为西塞罗无法忽略他人的真实意见，同时也为其提供了便利的机会，对他人的观点进行明确批评。

西塞罗认为，法律是一种人类的最高理性，代表公正。法律的制定是为了保障公民的福祉、国家的繁荣和人民的幸福。关于法的起源，西塞罗坚持自然法的思想，这是对古希腊传统的继承。他认为法律不是由人的才能思考出来的，也不是人们通过决议确立下来的，而是来自于人的本性，源于自然，是由神明赋予人类，是某种凭借智慧管理整个世界的永恒之物。因此，在法的体系中，占据核心地位的、最高的就是自然法。自然法不仅是普遍适用的，也是永恒有效的。自然法效力高于实在法。实在法必须反映和体现自然法的要求。因为“恶法非法”，所以法律必须体现正义和公正。据此，西塞罗还提出了“人人平等”的主张。他指出，立法中最核心的问题是确保公民权利的平等和自由，这种主张也影响了日后罗马法的面貌。西塞罗不仅强调每个公民都应该遵守法律，这是一个正直的人、诚实的人的责任；同时也提出审判公开和罪刑相适应的原则，这在当时不可谓不是一大进步。

在《国家篇》中，一方面，西塞罗认为理想政体应该是混合政体，他继承了亚里士多德的理论，将政体分为以执政官为代表的君主制、以元老院为代表的贵族制和以保民官为代表的民主制。他认为这三种政体各有偏失，所以主张在这三种政体基础之上加以综合而建立混合政体。实际上，西塞罗本人更赞同共和制。另一方面，在国家的管理方面，他综合了柏拉图和亚里士多德的观点，既强调法律的作用，也重视国家管理中的人的因素。西塞罗认为法律是国家的基础，国家的权力根源于法。国家要实施其管理的职能，必须行使权力，必须让公民服从其官员的指挥，但这种服从必须建立在合法的基础之上。

先睹为快

如果追求美德真的是为了其他收益而不是其美德自身，那么就只有一种美德，而称其为邪恶则最为恰当。因为任何以绝对谋取其自我利益作为其全部行为唯一标准的人，在这种程度上他绝对不是一个善者；因此，那些以报酬衡量美德的人就导致相信不存在美德而只存在邪恶。因为如果没有人为了他人而仁慈的话，我们还能找到仁慈的人吗？如果那些回报他人的人对他所回报的人没有真正的尊敬，谁还能被视为感恩者呢？如果爱朋友并非为了朋友，如同人们所说的那样“全心全意地”，那么友谊这神圣的东西又变成了什么呢？按此理论，为何应当抛弃或放弃朋友，只要不再有从友谊中得益或获利的希望！但还有什么能比这更不人道的吗？从另一方面看，如果为了友谊而寻求友谊，那么对我们同胞间的联合、对公平和对正义的寻求也就应当为了其自身的缘故。如果不是这种情况，就根本没有正义这类东西，因为最大的不正义就是从正义那里去寻求回报。

凡是具有法律的共同性的人们，他们理应属于同一个公民社会。如果人们听从于同一个政权和权力，那么他们更会听从于这一上天秩序，听从于神的智慧和这位全能的神，从而整个世界应该被视为神明和人类的一个共同的社会。

我们制定法律不只是为罗马人民，而且为了所有高尚、心灵坚强的人民。

（摘自《法律篇》）

延展阅读

《罗马法原论》

本书是中国最为优秀的罗马法专家，原安徽大学法学院教授周枏先生（1908—2004）所撰写的关于古代罗马法律制度的著作。本书分为上、下两册，对古代罗马法律的各个方面，特别是私法领域进行了十分翔实和客观的描述，是目前为止国内关于古代罗马法律制度介绍最为详细、最为精确、内容最为权威的罗马法著作，也是周枏先生一生治学的结晶。鉴于我国翻译出版的古罗马原始文献寥寥无几，对古代罗马法律制度及法律思想有兴趣的朋友可以从周枏先生的这部作品中获得较为全面与条理的信息。

《法学总论》

〔古罗马〕查士丁尼　著

《法学总论》又译为《法学阶梯》，为北京大学法学院外国法制史、外国法律思想史、罗马法等课程的必读作品。本书融汇了罗马法的全部基本原理，是罗马法的精髓，也是现代民法理念的重要渊源。

推荐版本：商务印书馆　张企泰译

关于作者

按照西方的学术传统，论述西方法律思想一般都从古希腊说起，但是法学作为一门学科却诞生于古罗马。在西方文明史上，罗马法占据着独一无二的地位。它从最初狭小和简陋的农村共同体的法律，发展成为强大的城邦国家的法律，接着又发展成为帝国的法律，而这个帝国统治着几乎为当时的人们所知道的整个西方文明世界。罗马法学是西方法学的渊源，在罗马法学的诞生、成长、发展和演变过程中，又始终受到了罗马法律思想家思想的指导和影响。这其中就包括《法学总论》的作者们。

查士丁尼（483—565，又译优士丁尼）大帝，是东罗马帝国拜占庭皇帝，以重建罗马奴隶制帝国的统治为毕生奋斗的目标。他在位期间（527—565）曾经镇压平民起义，征服汪达尔王国、东哥特王国，不仅阻挡了野蛮民族在边疆的骚扰，甚至几乎恢复了昔日罗马帝国的光辉，因此后人称这段时间为拜占庭帝国的“第一次黄金时代”。查士丁尼作为历史上影响力巨大的帝王之一，主要有两点原因：第一，他为拜占庭帝国打下了稳固的基础，使这个帝国在历史的风吹雨打中延续了近千年之久，后来一度成为亚欧大陆西部文明世界的唯一火种。第二，他组织编写了包括《法学总论》在内的《查士丁尼民法大全》，成为超越时空限制的法律全书，近代欧洲各国的法律，除了英国自成体系之外，多深受罗马法的影响，并由此影响到亚、非、美洲的一些国家。

然而《法学总论》所阐述思想的主要来源是罗马帝国前期著名法学家盖尤斯。其代表作——四卷本的《法学阶梯》，不仅是当时各法律学校的教材，还成为查士丁尼下令编写《法学总论》时的主要蓝本，同时也是唯一完整地传至后世的古代罗马法学家的文献。盖尤斯与帕比尼安、乌尔比安、保罗、莫迪斯蒂努斯被并称为罗马五大法学家，著作颇丰，许多思想与作品都被借鉴引用至《查士丁尼民法大全》中，现今西方奉行的“一个人的住宅即其壁垒”的原则，就出自盖尤斯。

荐读理由

如前所述，《查士丁尼民法大全》在西方法律史上有着极其重要的意义，它是历史上一部最完备的奴隶制成文法典，标志着罗马法自身发展到最发达、最完备的阶段；同时也成为欧洲历史上第一部系统、完整的法典，是欧洲众多国家法律发展的基础。《法学总论》与《查士丁尼法典》《查士丁尼学说汇编》《查士丁尼新律》这四部书即构成了《查士丁尼民法大全》，它们具有同等的法律效力，在查士丁尼在位期间和死后不久的一段时间内进行编纂。

本文所重点推荐的《法学总论》是由查士丁尼命令四位法学家按照其旨意，吸收先前罗马皇帝宪令的规定及各著名法学家（尤其是盖尤斯）的主要法理所编纂而成的。该书具有如下特点：融汇了罗马法的全部基本原理，是罗马法的精髓；条理清晰，概念明确；文字浅显易读；内容翔实，遍及民法。因此查士丁尼把它钦定为罗马私法教科书。

《法学总论》共分四卷，包括关于人的规定、关于物的规定及关于契约和诉讼程序的规定。其中提到了许多天才的、具有重要创新意义的法学概念与分类方法，绝大多数被沿用至今。《法学总论》首先阐明了“公法”与“私法”的划分标准，指出“公法涉及罗马帝国的政体，私法则涉及个人利益”。当然，其“私法”与我们今天所理解的私法含义不同，包括自然法（源自神明与大自然的稳定且不变的法则）、万民法（适用于帝国境内异邦居民的法律）和市民法（仅适用于罗马公民的特权法）。

第一卷主要规定“人法”，即关于人的法律。在东罗马帝国时期，存在着贵族、骑士、自由民、异邦居民和奴隶五种社会阶级，由多至少分别具有不同的人格权利（注意，古罗马时期奴隶非“人”，不具有人格权）。例如属于市民权的选举、担任公职等权利，以及属于家长权的父母对子女所享有的权利，只有罗马公民，即生来自由的人才能享有，异邦居民则不能享有。其所代表的含义可归纳为，同时拥有自由权、市民权、家长权的罗马人，才是一个享有完全人格的人，否则为人格不完全者，在罗马法上称之为人格减等。此外，其关于保护奴隶主私有财产的原则，后来发展成为资产阶级“私有财产神圣不可侵犯”的原则。

第二、三卷主要规定“物法”，即权利客体、所有权的取得和变更，以及继承、债务等内容。其中的物权制度与现代的物权制度存在诸多差异，试举几例：我用大李的砖瓦在小张的土地上盖了栋房子，那么这栋房子属于谁？根据第一篇第 30 条的规定，房子属于小张，因为建筑从属于土地。再如，我在你提供的纸上写了一首诗，根据现代知识产权法，这首诗是我的智力成果，当然归我所有，而根据《法学总论》，纸上的内容（当然，那时可能是写在羊皮上），应归纸的所有人所有，原理同前。

但现代民法也继承了其中许多的原理，如盗窃物不发生取得时效的问题。例如王二偷了一只羊卖给你，即使你并不知道它是一个盗窃物，也无法获得它的所有权，因为这只羊本身并非通过合法途径得来，属非法取得之物，其原所有者可随时要求你返还。此外，《法学总论》关于契约、债务、买卖、租赁、合伙等规定成为后来资产阶级制定民法所借鉴的蓝本。

第四卷主要讨论了诉权，即有权在审判员面前追诉取得人们所应得的东西。包括对物的诉讼，即恢复原物之诉；对人的诉讼，即请求给付之诉。此外还有既对人又对物的混合之诉，以及用于一切图谋危害皇帝和国家的人的公诉。

先睹为快

皇帝的威严光荣不但依靠兵器，而且须用法律来巩固，这样，无论在战时或平时，总是可以将国家治理得很好；皇帝不但能在战场上取得胜利，而且能采取法律手段排除违法分子的非法行径，皇帝既是虔诚的法纪伸张者，又是征服敌人的胜利者。

正义是给予每个人他应得的部分的这种坚定而恒久的愿望。

法学是关于神和人的事物的知识；是关于正义和非正义的科学。

……

法律的基本原则是：为人诚实，不损害别人，给予每个人他应得的部分。

如用自己的材料在他人土地上建筑房屋，建筑物归属土地所有人；在这种情况下，材料所有人失去了他的所有权，因为如果知道自己在他人土地上营造即被假定为自愿让与其材料。因此，如果房屋毁坏，他也不得就原来材料提起对物的诉讼。当然，如果营造者占有土地，而土地所有人在请求将建筑物归属于他时，不愿支付材料价金和工人工资，其请求得因对方提出欺诈抗辩而遭驳回；当然，这应以营造者是善意占有人为条件。假使他明知自己不是土地的所有者，那么他冒失地在他所知道是别人的土地上营造，就因为他自己有过失而丧失权利。

延展阅读

《十二铜表法》

《十二铜表法》制定于公元前451年至前450年，是古代奴隶制法中具有世界性意义的法律文献之一，是罗马法学习中不可忽略的重要部分。该法共105条，内容涉及传唤、审理、索债、家长权、继承与监护、所有权、房屋土地等问题。在立法技术上，它变习惯法为成文法，冲破了贵族对法律知识和司法权的垄断，设表分条的形式具有创新意义。自《十二铜表法》颁布时起，罗马统治阶级中就开始了法律知识的传授与教育活动。

《阿奎那政治著作选》

〔意〕托马斯·阿奎那　著

作为神学法律思想的代表人物，阿奎那的法律观成为从古希腊、古罗马法律思想向近代欧洲法律思想过渡的桥梁，阅读他的著作对了解欧洲中世纪的宗教与政治有着重要意义。本书也是北京大学法学院法理学、外国法制史、西方法律思想史等课程的推荐读物。

推荐版本：商务印书馆　马清槐译

关于作者

托马斯·阿奎那（1227—1274），出身于那不勒斯的一个贵族家庭，少年时期在修道院接受神学教育，14岁进入那不勒斯大学学习，1245年赴巴黎大学深造。当时的巴黎被誉为哲学之城，聚集着许多著名的经院哲学家，最负盛名的唯名论者大阿尔伯特是阿奎那的老师。学成之后的阿奎那先后在巴黎、罗马等地讲授神学和哲学，并担任过三任教皇的神学教授、法王路易九世的神学顾问和巴黎大学的神学教授等职。阿奎那受过系统的教育，以学术研究为终身职业，他试图把所有知识都囊括到他的神学体系中，因而著述颇丰，主要著作有《反异教徒大全》《论君主政治》《神学大全》等，其中《阿奎那政治著作选》是我国学者编译的一本选集，集中表现了阿奎那的政治法律思想。

在对阿奎那的神学法律思想进行深层解读之前，有必要了解一下当时的社会历史背景。从476年西罗马帝国灭亡，到17世纪中叶英国爆发资产阶级革命的这段时期，被学术界公认为是西欧的中世纪。而在中世纪欧洲历史上，天主教会占有举足轻重的地位，原因是多方面的：政治上，中世纪的欧洲处于动乱和无政府的封建割据状态，而教会是一个井然有序、没有国界的组织；经济上，“蛮族国家”政权更迭，而教会财产稳定，利于长远规划，发展生产；社会力量上，各国统治者为争取教会支持，往往与之相勾结，为其捐献土地等，经济力量的增强更加强了教会的权力，与此同时，广大的下层贫苦民众遭受压迫和剥削，将教会看作精神寄寓之所，使天主教会有了广泛的社会基础；文化上，中世纪的欧洲文化十分落后，只有以教堂为据点的僧侣阶层才掌握文化知识，因此也便于天主教会在精神上统治广大人民。

天主教会的这种独尊地位，使这一时期欧洲的法律思想与神学紧密联系，中世纪的世界观本质上是神学世界观。占统治地位的法律思想，是以基督教神学为基础的“神权政治论”和“君权神授论”。中世纪的神学家们继承了古代希腊、罗马的自然法思想，同时又为它披上了一层神学的外衣，自然法则被称为上帝法律的代名词。

而作为西欧中世纪最有权威的经院哲学家和重要的法律思想家，阿奎那法律思想的产生与当时经院哲学的兴起紧密相关。经院哲学是指各种旨在追求天启和理性、信仰和理智之间一致性的神学体系。经院哲学主张信仰权威，弃绝经验，以教义、概念的思辨为前提，借助形式逻辑的方法和大量引经据典对神学命题进行繁琐的考证和形式主义的诡辩，讨论的问题包括上帝吃什么长大、天堂的玫瑰花有没有刺等。经院哲学在阿奎那手里最终定型，成为 11 世纪至 13 世纪欧洲各教会和大学中占绝对统治地位的官方哲学。

荐读理由

阿奎那的政治观点集中体现在《论君主政治》这篇论文中，他的基本倾向是君主政体是最好的政体。阿奎那继承了亚里士多德关于国家在家庭的基础上自然发生的说法，并进一步提出，既然对人来说，合群生活是自然而且必须的，那么在这样一个社会中就必然需要“某种治理的原则”，即政治制度。在把这些形形色色的私人利益统一起来的时候，“必然有某种居于控制地位的要素存在着”。然后，阿奎那花了大量篇幅论述为什么“君主政治是最好的政体”。他认为政治的目的是保持和平，一个能够有效保持和平的政府就是一个有效的政府，而“由一个人掌握的政府比那种由许多人掌握的政府更容易获得成功”；此外，在自然界，支配权总是由单一个体掌握，如蜂王、猴王、雄狮等等，而上帝作为万物之主，也是宇宙间一切事物的主宰，那么，只有一个人执掌的政权才是最合乎理性的政体。至于世俗权力和宗教权力的相互关系，阿奎那鉴于当时教权和俗权的相互斗争日益激烈，为从理论上调和二者之间的矛盾，提出了尘世幸福生活的目的在于享受天堂的幸福的观点，获得了教会和世俗封建主的共同支持。

在阿奎那的思想中，法和法律是没有严格区分的。他在书中对法下了明确的定义：“法是人们赖以导致某些行动和不作其他一些行动的行动准则和尺度”，并强调法律是国家的工具。阿奎那认为，法律有两个基本特点：第一，法律是指导人们行动的规则；第二，法律是一种强制力量。具体而言，阿奎那关于法和法律的一般概念中，包含了以下五个属性：政治性、意志性、规范性、强制性和目的性。他进一步指出，法和法律的目的，如同国家的目的一样，“是公共幸福的安排”，法必须以整个社会的福利为其真正的目标。

在阿奎那的政治法律思想中，法和法律的分类是一个重要组成部分。他强调，法律是支配宇宙秩序和社会的工具，按照神的类型和人的类型可以把法分为神的成文法、神的自然法、人的自然法和人的成文法。这种分类实际上是一种从最高的、最原始的、最本原的神法，演化出一种统治生物界各类生命的基本法——自然法，再演化出人类社会理性动物所特有的、国家政权制定颁布的法——人定法。这种对法律类型的划分，是把支配宇宙秩序和社会秩序的法律全都放在一个思想体系之内，他以宗教蒙昧主义和经验主义哲学为前提，通过繁琐论证，为其法律思想披上了神学外衣。在阿奎那这里，被古希腊思想家视为权威的自然法的地位和作用被降低了，永恒法和神的法律位居自然法之上，人定法地位更为低下。人法虽经国家机关制定并由其颁布，但其本源却来自神的法律，最终从属于神法，因此，阿奎那的法律分类的目的仍是将教权置于俗权之上。

从本书的数篇文章中可以看出，阿奎那法律思想的核心是上帝主宰一切，一切都归结于上帝。他断言，世俗的秩序必须符合上天的秩序，尘世的生活必须依附于精神生活，政治必须隶属于宗教，国家必须托庇于教会，人法必须服从于神法，君主必须受命于教皇。这一庞大的学说体系，受到了当时教会的欢迎，因而，阿奎那被认为是中世纪最伟大的经院哲学家，他的经院哲学体系在当时被当作唯一正确的体系来传播。

先睹为快

当一个力求靠他的地位获得私利而置其所管辖的社会的幸福于不顾的人暗无天日地施政时，这样的统治者就叫暴君。这个词是从暴力的概念脱胎而来的，因为一个暴君用暴力压迫人民，而不是按正义的原则进行治理。古人惯常把所有强大的酋长叫做霸主。另一方面，如果不义的政治不是单由一个人而是由几个人结成集团行施的，这样的情况就叫做寡头政治或少数人的统治。当少数富人利用自己的财富来压迫其余的人民时，就会发生这种情况；而这种政治与暴政不同的地方，只在于有几个压迫者罢了。最后，不义的政治可以由许多人行施，这就叫做民主政治；当平民利用他们人数上的优势来压迫富人时，这种政治就是暴民统治。在这样的情况下，整个下等社会变成一种暴君。

同样地，我们必须辨别各种类型的正义统治。如果行政管理是由社会上某一大部分人执行，这一般就叫做平民政治；例如一支大军治理着一城或一省时便是这样。然而，如果行政管理归人数较少但有德行的人承担，那就叫做贵族政治：这是最优秀的人当政；由于这个缘故他们被称为贵族。最后，如果正义的政治只由一个人掌握，这样的一个人就被正当地称为君主。所以上帝在通过《以西结书》（第三十七章第二十四节）发言时说道："我的仆人大卫，必作他们的王，众民必归一个牧人。"由此显然可以看出，王权的特征是：应当有一个人进行治理，他治理的时候应当念念不忘公共的幸福，而不去追求个人的私利。

延展阅读

《忏悔录》

本书的作者奥古斯丁也是欧洲中世纪神学法律思想的代表人物。在他浩瀚如海的著作中，《忏悔录》是最受众基督教徒喜爱的代表作之一。该书被视为"人类灵魂的记录"，是一本以祷告自传手法所写的悔改故事，当中描写早期奥古斯丁归信时的内心挣扎及转变经历，不仅思想深刻，情感真挚，而且文笔非常优美，不仅是拉丁文学的代表作，更被视为古代西方文学名著之一。阅读本书，可以对欧洲中世纪的宗教思想有进一步的了解。

《君主论》

〔意〕尼科洛·马基雅维里 著

《君主论》被当代西方誉为“影响世界的十大名著”之一，是北京大学法学院外国法制史、西方法律思想史、宪法等课程的必读作品。作者马基雅维里以“性恶论”为逻辑起点对君主个人行为进行思考，其最惊世骇俗的观点是“为达到政治目的，可以不择手段”。

推荐版本：商务印书馆 潘汉典译

关于作者

以意大利为中心的文艺复兴带领欧洲“由黑暗走向光明”，无数的思想巨人作为领路者，以其渊博的学识与创造性的思维指引着社会的前进。尼科洛·马基雅维里（1496—1527）毋庸置疑就是这个伟大时代的巨人之一。

马基雅维里是意大利佛罗伦萨的政治家与外交家，丰富的政治外交经验使他对古罗马时期、中世纪时期及当时的国家统治有着非同常人的思考与理解。在他的著作中贯穿始终的主题都是意大利衰弱的历史和现实原因及对策，其毕生所追求的就是意大利的强大与统一，这也成为他考虑一切问题的出发点。而这种纯粹经验主义的和世俗的政治哲学都反映了新兴资产阶级的政治要求，可以说他是以不受感情和伦理约束的冷静客观态度研究治国之道的政治思想家，这在那个时代是难能可贵的。

此前的思想家往往认为国家权力的目的或在于实现正义，或在于忠于上帝，而马基雅维里强调政治权力本身就是目的。他第一次使政治学独立，同伦理学分家，将政治学完全建立在科学的经验基础之上，有着“资产阶级政治学奠基人”之称。他的思想中最激进的观点是，统治者不必按照臣民的道德标准行事或信奉臣民的宗教，统治者既然置身于社会集团之外，那也就应凌驾于社会集团的道德标准之上，这样就大大淡化了国家和统治术的道德要求。但如果把马基雅维里看作一个彻底的君主主义者就过于片面了，实际上，他对夺取政权和治理国家有着不同的理论。在他的另一部著作《李维史论》中，马基雅维里表现了他的共和主义和自由主义倾向，他告诫统治者应尽量节制和施行仁政，不可过于专横，太平时期统治者为了安抚民众也应遵纪守法。

荐读理由

本书是政治学经典，但其中所阐述的法律思想对当时和后世都有着深远的影响。马基雅维里在开篇就说明了法律在获取权力中的作用：“世界上有两种斗争方法，一种方法是运用法律，另一种方法是运用武力。前者是属于人类特有的，而后者则是属于野兽的……君主必须懂得怎样善于使用野兽和人类所特有的斗争方法。”他认为，法律是君主制定的、以武力为后盾的规章制度，其作用是贯彻统治者的意图，违法者将受到惩罚，这是君主建立并维持自己权威的方式之一。公民如果受到法律适当的约束，就会变得坚定、精明而文雅。人民需要法律，并依照法律生活，不过君主不应受法律的约束。

当然，《君主论》作为上呈君主的厚礼，其大量篇幅用于说明君主在对自己不利的情况下如何获得权力、保持权力、维护统治，权力作为根本目的，不必考虑其是否符合正义、是否合法。在马基雅维里“人性本恶”的出发点下，政府实际上是建立在单个人的软弱无能的基础之上的，只有国家权力才能保护个人免遭他人侵犯。为了建立强有力的君主统治，马基雅维里颠覆了原来的道德传统，在他眼中，绝对的善和恶因特定价值体系而变得相对，这种“国家与道德毫不相关，政治和伦理应彼此分离”的道德相对主义和政治实用主义就是其思想特征，后世称之为“马基雅维里主义”。他剥去了古今统治者身上种种神化的外衣和神秘面纱，无论统治者说得多么动听，最终还其赤裸裸的本来面目。

为了长久地维持和巩固统治，马基雅维里在《君主论》中提出了以下四点策略：一是重视分配给人民利益；二是制度革新；三是对威胁到统治的敌对势力必须坚决镇压，甚至斩草除根，不留后患；四是要建立一支自己的军队。他强调，“世上最弱和最不稳定的东西，莫过于不依赖自己的力量来建立自己的权势和声誉了”。

当然，如前所述，马基雅维里在其他著作中还表示了其共和主义和自由主义倾向，他提到国家的生存取决于法律的完善，因为完善的法律是产生人民全部爱国美德的源泉，君主国的政府保持稳定的首要条件也在于法治。为了防止非法暴力的发生，必须使用法律手段以制裁官员们滥用权力，因为统治者目无法纪的行为和荒唐的扰民政策会引起政治危机。我们并不能认为这与他在《君主论》中的思想相悖，因为其出发点始终是维护国家的稳定统治，只不过是殊途同归罢了。

《君主论》问世之后，其激进的思想使本书毁誉参半，曾一度被列为禁书。但不可否认，很多专制统治者和独裁者都曾从这部著作中获得灵感，法西斯主义的集权思想和领袖原则就与马基雅维里的学说有很深的渊源。然而马基雅维里本人并非天生的君主专制拥护者，他只是针对当时意大利四分五裂的现状而推崇强有力的君主制而已。19 世纪后期，这本著作逐渐被人们所接受并重视，其篇幅短小精悍，用语简明扼要，内容翔实，重点突出，马基雅维里用优雅的笔墨向君主展示夺权治国之道，其远见卓识令今人也赞叹不已。有人将《君主论》比作是西方世界的“厚黑学”，称马基雅维里以数学家的智慧和化学家的严谨为统治者开出政治处方。从某种角度来讲，马基雅维里思想中的一些关于管理、交际的内容，对今天的企业家们也有很大启发。

先睹为快

我想，一个身居卑位的人，敢于探讨和指点君主的政务，不应当被看作僭妄，因为正如那些绘风景画的人们，为了考察山峦和高地的性质便厕身于平原，而为了考察平原便高踞山顶一样，同理，深深地认识人民的性质的人应该是君主，而深深地认识君主的性质的人应属于人民。

所有武装的先知都获得胜利，而非武装的先知都失败了。因为人民的性情是容易变化的；关于某件事要说服人们是容易的，可是要他们对于说服的意见坚定不移，那就困难了。因此事情必须这样安排：当人们不再信仰的时候，就依靠武力迫使他们就范。

君主必须把自己建立在稳固的基础之上，否则必然地招致灭亡。而一切国家，无论是新的国家、旧的国家或者混合国，其主要的基础乃是良好的法律和良好的军队。

君主对于信任他人或者采取行动则务须慎重；不过，也不要杯弓蛇影，妄自惊慌。他应当慎思明辨，人道为怀，有节制地行事，以免由于过分自信而使自己流于轻率鲁莽，或者由于过分猜疑而使自己偏狭不能容人。

一个君主应当注意，绝不要为了进攻别人而同一个比自己强大的国家结盟，除非有此必要，迫不得已。因为即使你获胜，你仍然成为强国的俘虏。

一个人要防止人们阿谀谄媚，除非人们知道对你讲真话不会得罪你，此外没有别的办法；但是，当大家能够对你讲真话的时候，对你的尊敬就减少了。……一切良好的忠言，不论来自任何人，必须产生于君主的贤明，而不是君主的贤明产生于良好的忠言。

延展阅读

《论自由意志》

本书作者奥古斯丁是古罗马著名神学家、作家，他提出了著名的“三位一体论”思想，即上帝创造了一切，上帝是独立于时间以外的绝对存在，圣父、圣子、圣灵虽有别，但共有一体，其宗教神秘主义美学思想对后世产生巨大影响。在《论自由意志》这部对话录中，奥古斯丁提出恶是虚无，是善的缺乏的观点，认为人作恶还是行善都是借意志的自由选择，而人也因此配享幸福或该得不幸。其意义在于对《圣经》里的“原罪说”的理解和阐释，由此在哲学上把基督文明所隐含的罪责伦理学确立起来，奥古斯丁对自由意志的追问不仅开辟了哲学的新维度，也为伦理学奠定了新的基础，可以说，他对自由意志的追问遥远地召唤了近代哲学。

《乌托邦》

〔英〕托马斯·莫尔　著

《乌托邦》作为第一位空想社会主义者莫尔的代表作，从社会制度等方面抨击不合理的社会，描绘理想王国，被称为“法律人一生至少要读一次的书”，是北京大学法学院宪法、行政法与行政诉讼法等课程的推荐读物。时至今日，“乌托邦”已被广泛用于指代空想的、完美的世界。

推荐版本：商务印书馆　戴镏龄译

关于作者

空想社会主义的鼻祖、英国杰出的人文主义者和文学家托马斯·莫尔（1478—1535）出身于伦敦的一个法学家庭，毕业于牛津大学，曾当过律师、国会议员、财政大臣和大法官。

据研究托马斯·莫尔的专家奥西诺夫斯基所著的《托马斯·莫尔传》记载，少年时期的莫尔就展现出了自己精湛的表演才能和雄辩的口才，英国大主教莫顿因此预言说：“在我们桌旁服侍的这个孩子，将来会对每一位能看到他成长的人表明他是一位出类拔萃的人物。”后来的事实果然证实了莫顿的预言。传记作者还列举了一系列事实证明莫尔青年时代“廉洁奉公、为人正直”的高尚品格。例如，莫尔在当律师时，光明磊落地处理案件，“宁可自己蒙受损失”，也要尽力设法“降低诉讼人因立案而应支付的费用”，因此使他赢得了人们的爱戴。莫尔不顾个人安危、敢于仗义执言的性格，在年轻时候就已经显露出来。其中最有代表性的一件事是，1504 年，年仅 26 岁的莫尔被选为下议院的议员。有一次，当英王亨利七世向议会无理勒索一笔巨额补助费时，莫尔竟敢当众“直犯龙颜”，义正词严地否决了国王的要求。出席议会的王公大臣们惊慌失措，急忙禀奏国王说：“一个还没长胡子的男孩打乱了陛下的全盘计划。”

莫尔是欧洲文艺复兴时期杰出的人文主义者，他的思想先进，反对中世纪的禁欲观念和神权主义，坚持以人为本位，相信人的力量，力求满足人的情感和兴趣。莫尔生活在封建制度解体和资本原始积累的初始时期，这一时期资本主义工场手工业已经产生并有所发展，其中发展最快的是毛纺织业。毛纺织业的迅速发展引起了对羊毛需求的激增，从而导致大规模的“羊吃人”的圈地运动。圈地运动所造成的深重灾难，引起了莫尔对劳动人民的深切同情和对没有剥削和压迫的理想社会的探索和向往，从而使他超越资产阶级人文主义界限，形成了空想社会主义思想。1516 年，莫尔写成并发表了人类思想史上第一部空想社会主义著作《乌托邦》。《乌托邦》一书流传极广，对空想社会主义的发展产生过十分深远的影响。1898 年，我国近代启蒙思想家和杰出的翻译家严复，将它译成三个汉字“乌托邦”，从此便逐渐在我国流传开来，变成了“空想社会主义”的代名词。

1535 年，由于反对亨利八世兼任教会首脑，莫尔被判处死刑，他泰然自若地走上断头台，时年 57 岁。

荐读理由

法学院教会你什么？每一位法学院的学生都可能会在各种情况下被问及这一问题。教会我们如何区分各个部门法？这显然用不着四年时间。教会我们各项法律法规的内涵及其应用？我国现有的法律制度虽不健全，但也浩繁庞杂，德高望重的法学教授们耗尽毕生心血也只能精通部分，更不要说大学的短短四年。也难怪本科生应聘律师事务所时，合伙人对应届毕业生最后往往会说一句“什么都不会不要紧，可以慢慢学”。难道寒窗苦读了四年，换来的竟是“什么都不会”？

那么我们究竟习得了什么？

法律思维和法律理念。从简单的生活琐事中提炼出其中的法律关系，面对纷繁复杂的社会事件保持理性、冷静的宏观视角，身在草野、心怀天下，委身于现世制度却又时刻以批判的目光审视周遭并适时地表态。法律人是挑剔的，他们对社会、对国家有着诸多不满，这些不满并非单纯的埋怨和无病呻吟，而是有着高屋建瓴的思考，能够对症下药。《乌托邦》就是这样的一位法律人的作品。

在今天看来，《乌托邦》中所建立的空想社会主义荒唐得有点可笑，在莫尔笔下，乌托邦是一个与世隔绝的富饶海岛，财产共有，按需分配，城乡之间互通有无。除教士、学者等极少数人外，人人都需参加以农业为主的生产劳动，但不可生产仅供奢侈享受而无益于国计民生的物品。乌托邦的城市人口受到严格控制，每户都任人自由进入，住宅有着具体规格，医疗设施齐全，注重儿童教育，等等。

乌托邦几乎没有法律，因为对于受过如此教育的人们，根本不需要什么法律，莫尔在书中表达了他对法律缺陷的认识，“其他地方人民的主要缺点就是，面对着数不清的法令和诠释，还觉得不够用”。莫尔毫不掩饰他对律师的态度，在他看来，律师巧于诡辩、玩弄字眼，因此乌托邦人把所有律师都驱逐出他们的国家。乌托邦人不需要律师，因为浅显易懂的法律原理使得他们每个人都是法律专家。莫尔进一步提出：“由于颁布法律是为了提醒每个人履行自己的义务，因而对法律的解释越是深奥，能够接受这种提醒的人便越少；相反，对法律的解释越清楚，它的含义就越容易为大众所理解。”

莫尔设计乌托邦事出有因，在《乌托邦》的第一部里，他借探险家西斯拉德之口，对英国社会作了切中要害的揭露和批判，对统治阶级的专权残暴、厚颜无耻给予了辛辣的嘲讽，对广大下层群众的悲惨处境给予了深深的同情。他指出，这一切的根源来自私有制，“只有完全废止私有制度，财富才可以得到平均、公正的分配，人类才有福利”。

尽管《乌托邦》中有诸多受制于时代的局限性，例如保留奴隶做苦工、犯罪者被贬黜为奴隶等，但毋庸置疑的是，莫尔作为出身富家而又身居高位的“上层人”，却能够对下层民众抱有深深的同情，对都铎王朝亨利八世进行坦率的批评。正是这种积极的写作动机使本书显得更加可贵。当时的莫尔提出乌托邦的设计并非妄想，在那个地理大发现的时代，新的航路、新的陆地、新的人民纷纷涌现，使欧洲人打破成见，眼界大开。在思想解放的大潮中，莫尔能够在针砭时弊的基础上描绘理想世界，是无可厚非的。同样作为法律人，今天的我们是否敢想，能否设计出一座自己的“乌托邦”呢？

先睹为快

乌托邦岛中部最宽，延伸到二百哩，全岛大部分不亚于这样的宽度，只是两头逐渐尖削。从一头到另一头周围五百哩，使全岛呈新月状，两角间有长约十一哩的海峡，展开一片汪洋大水。由于到处陆地环绕，不受风的侵袭，海湾如同一个巨湖，平静无波，使这个岛国的几乎整个腹部变成一个港口，舟船可以通航各地，居民极为称便。

港口出入处甚是险要，布满浅滩和暗礁。约当正中，有岩石矗立，清楚可见，因而不造成危险，其上筑有堡垒，由一支卫戍部队据守。此外是水底暗礁，因而令人难以提防。只有本国人熟知各条水道。外人不经乌托邦人领航，很难进入海湾。实则，这个出入处即使对乌托邦人自己也不能算是安全的，除非他们依照岸上的明显标志作指引。这些标志一经移位，不管敌人舰队多么壮大，都容易被诱趋于毁灭。

岛的外侧也是港湾重重。可是到处天然的或工程的防御极佳，少数守兵可以阻遏强敌近岸。

岛上有五十四座城市，无不巨大壮丽，有共同的语言、传统、风俗和法律。各城市的布局也相仿，甚至在地势许可的情况下，其外观无甚差别。城市之间最近的相隔不到二十四哩，最远的从不超过一天的脚程。每年每个城市有三名富于经验的老年公民到亚马乌罗提集会商讨关系全岛利益的事。亚马乌罗提作为全国中心的一座城，其位置便于各界代表到来。它被看成是主要的城，亦即是首都。

各个城的辖境分配得宜，任何城的每一个方向都至少有十二哩区域，甚至更宽些，亦即两城相距较远的一面。每个城都不愿扩张自己的地方，因为乌托邦人认为自己是土地的耕种者，而不是占有者。

延展阅读

《1984》

本书是英国作家乔治·奥威尔最著名的小说，也是“反乌托邦”系列中的代表，作者以寓言的形式描绘人类在极权统治下的生存状态，警醒世人提防这种预想中的黑暗成为现实，历经几十年，此书生命力更显强大，被誉为20世纪影响最为深远的文学经典之一。书中讲述的正是一个关于人类未来的故事：世界为三个超级大国所瓜分，统治者将国家永远保持在战争状态。主人公温斯顿生活的“大洋国”里，隐藏身份的思想警察无处不在，每个人的一言一行都时时刻刻处于被监视之中，所有的感情就是对唯一的领袖人物“老大哥”的敬仰与爱戴。

心存良知的温斯顿，试图以写日记和寻求爱欲的方式进行无声的反抗，却终究被彻底击垮，背叛了自己的良心、尊严、爱和信念。《1984》堪称世界文坛讽喻小说的不朽高峰和里程碑式的力作，在读过《乌托邦》后，大家对此书可能会有更深刻的理解。

《战争与和平法》

〔荷〕格劳秀斯　著

格劳秀斯被誉为“国际法之父”，其巨著《战争与和平法》尝试用人的眼光从理性和经验出发而不是从神学出发来阐明国家的自然规律，其中的多项主张在几百年后成为国际法原则，有学者认为此书或许是世界上迄今为止最完善的著作。本书也是北京大学法学院西方法律思想史、国际公法、国际私法等课程的推荐读物。

推荐版本：上海人民出版社　何勤华等译

关于作者

格劳秀斯（1583—1645）出身于荷兰的一个法律世家，其父是一名法学博士和著名律师，曾任市长及国立大学校长。在家庭的熏陶下，格劳秀斯15岁便在法国的奥尔良大学获得法学博士学位，先从事律师职业，后改行仕途，在荷兰政府任要职。他才华横溢，洞见睿智，在法学理论和实践方面都有独到之处，在欧洲获得了极高的声誉。

格劳秀斯生逢乱世，在17世纪欧洲的“三十年战争”中，他亲眼目睹了交战双方的悲惨情势，因此主张通过武力来限制战争，目的在于对战争中的伤残者和普通平民给予保护，并在此期间完成其法学名著《战争与和平法》。享有国际盛誉的格劳秀斯在欧洲展开广泛的外交活动，并促使瑞典达成了结束“三十年战争”的和约。

格劳秀斯的研究范围相当广泛，涉及法学、政治学、文学、语言学、史学诸领域，但他最钟情于法律研究，且著述颇丰。作为近代最早论述自然法理论的法律学者，格劳秀斯思想的核心是：人生来是一个理性的社会性的动物。在17、18世纪的古典自然法思想家中，他第一个使自然法概念摆脱宗教神学的约束，恢复和发展了自然法的世俗观念，重申了自然法代表理性或人的本性。在这一基础上，格劳秀斯又引申出社会契约等原则。国际法理论是其在法学理论上最重要的贡献之一，他认为在各国之间确实存在着一种共同的法律，一种在战争准备时期和战时同样有效的法律，国际法代表许多国家的一致。国际法也来源于自然法的一般原则，尤其是信守诺言的原则。

荐读理由

作为17世纪古典自然法学说的最初代表人物以及近代国际法的奠基人，格劳秀斯的《战争与和平法》是人类法律文化遗产的一个重要组成部分。本书的核心思想可以概括为：国与国之间的一切关系均应受法律的约束，均应在自然法的框架之内获得解释；在国际上，应防止无秩序状态和战争暴乱行为。

本书共有三编，在序言中，格劳秀斯论述了权利和法律的起源，阐明了其所主张的社会契约观点。第一编，论述战争是否合乎正义的标准及主权的意义。格劳秀斯认为正义战争需在一国握有最高权力者的权威下进行，即“公战”，以区别于“私战”。第二编，论述战争的起源等。第三编，论述战时的合法行为和战争规则。

在书中，格劳秀斯沿用罗马法学家的分类法，把自然法和万民法区分开来，自然法产生于自然的理性，万民法来自共同的契约，当其把万民法应用于近代国家之间关系方面的时候，所谓的“万民法”就改称为国际法。他认为，国家之间可以通过谈判的方式共同制定法律，在敌对状态下，国际法仍然是有效的。格劳秀斯指出，战争的两个目的是保卫生命安全及获取生活所需的东西。这两个目的都与人类自然最初的本性相符合，因为正当的理性和社会的本质，并不禁止一切形态的暴力行为，它所禁止的只是那些引起反社会的暴力行为，也就是侵犯别人权利的暴力行为。社会的目的就是通过整个社团的帮助和利用联合起来的力量来保卫每一位成员，使他平安地享受他自己应得的那一份。

格劳秀斯将国际法分为平时法和战时法两部分，并批驳了“战时无法律”的观点，认为战时也要遵守国际法和国际习惯。在他看来，只有抵御非法入侵、恢复被人掠夺的财产和对粗暴地违反自然法和国际法的行为进行惩罚，才能构成导致正义战争的三个理性基础。事实上，战争不是一个毫无限制的权力，格劳秀斯提出了所谓战事的“节制”，如杀害敌人应为保护自己所必要或由于敌人所犯的罪行；除军事必要外，不应损害财产；战争中要坚持人道主义原则，对非参战人员——妇女、儿童和老人等均应采取保护措施，对战俘要人道地对待等等，后来这些“节制”都成为现代国际法的原则。

此外，格劳秀斯还提出第三国拥有中立权，国家没有义务参加正义者一方作战，不过，中立者有不帮助非正义者的义务。中立者应该有判断能力，并且在道义上给予正义一方以无限同情和优先支持，其理论对后来的中立理论有很大影响。不仅如此，格劳秀斯还指出，宣战是正义战争的必要条件，他反对不宣而战的行为，这一思想被 1907 年海牙第三公约所吸收。

格劳秀斯的著作意图就是在国际法、自然法和法哲学之间建立起某种联系，他确实将目光倾注到战争与和平法则上，但他不断把法学的特殊部门放入对法律和政府的一般法理学分析的框架之中。本书中作者所主张的整个国际关系均要服从法律的原则、正义战争与非正义战争的划分、承认个人享有基本权利和自由、和平理想等原则，都已被许多国际法所采纳。

《战争与和平法》的伟大之处就在于它反映了历史的发展趋势。格劳秀斯的国际法思想把过去的万民法发展成了近代的国际法，也改变了古罗马以个人为主体的万民法概念，开创了以主权国家为主体的近代国际法。可以说，格劳秀斯把国际法从神学的桎梏中解放出来，使之在根植于近代自然法的基础上形成了独立的法律部门，从而对世界各国之间的政治、经济关系问题的处理产生了重大的影响。

先睹为快

现在要探讨的是战争借以发动的各种正当理由。在某些情形下，追求利益与追求正义在动机上显然是背道而驰的。……

发动战争的理由与提起法律诉讼的理由一样是多种多样的。哪里没有法律的权威，哪里就会发生战争。在法律上，除了对确已发生的故意伤害提起诉讼外，尚有多种手段来阻止故意伤害的发生。法律规定了预防或救济“民事伤害”的种种办法。法律也同样规定了许多防范措施以防止犯罪和轻微违法行为的发生。在民事案件中，受侵害方可以因其所遭受的损害而获得损害赔偿金。但就刑事犯罪来说，由于是对社会公众的侵犯，侵犯者必须受到实实在在的惩罚。柏拉图在他的《法律篇》第九卷中十分恰当地做出了同样的区分，正好与在他之前的荷马所作的区分完全一样。

……

通常提出可以发动战争的正当理由有三：防卫（自保）、赔偿和惩罚。……

除非从最广泛的意义上来理解“获得赔偿”一词的含义，否则这一列举中会有一个漏洞。因为，通过战争来重新获得我们已经失去的，既包括对过去的补偿，也包括对我们所主张的债权的追讨。柏拉图没有忽略这一区别，因为他已经指出：“发动战争的目的不仅在于惩罚压迫和掠夺，也在于惩罚欺诈和行骗。”塞涅卡完全赞同柏拉图的看法。

延展阅读

《战争与和平的权利：从格劳秀斯到康德的政治思想与国际秩序》

作者为哈佛大学政府管理系教授理查德·塔克。本书追溯现代国际法理论形成的历史，从中世纪人文主义和经院哲学的传统，到格劳秀斯、普芬多夫、霍布斯、洛克、卢梭和康德等政治理论家，展现他们如何分析恐惧、国际惩罚、占领荒地等战争理由，以及自然状态下行为主体的道德限度。叙述中注重描述每一理论思想的历史背景及其对殖民战争的实践影响，并通过现代政治理论中国家与个人的类比关系，揭示了自由主义与帝国主义之间的复杂联系。

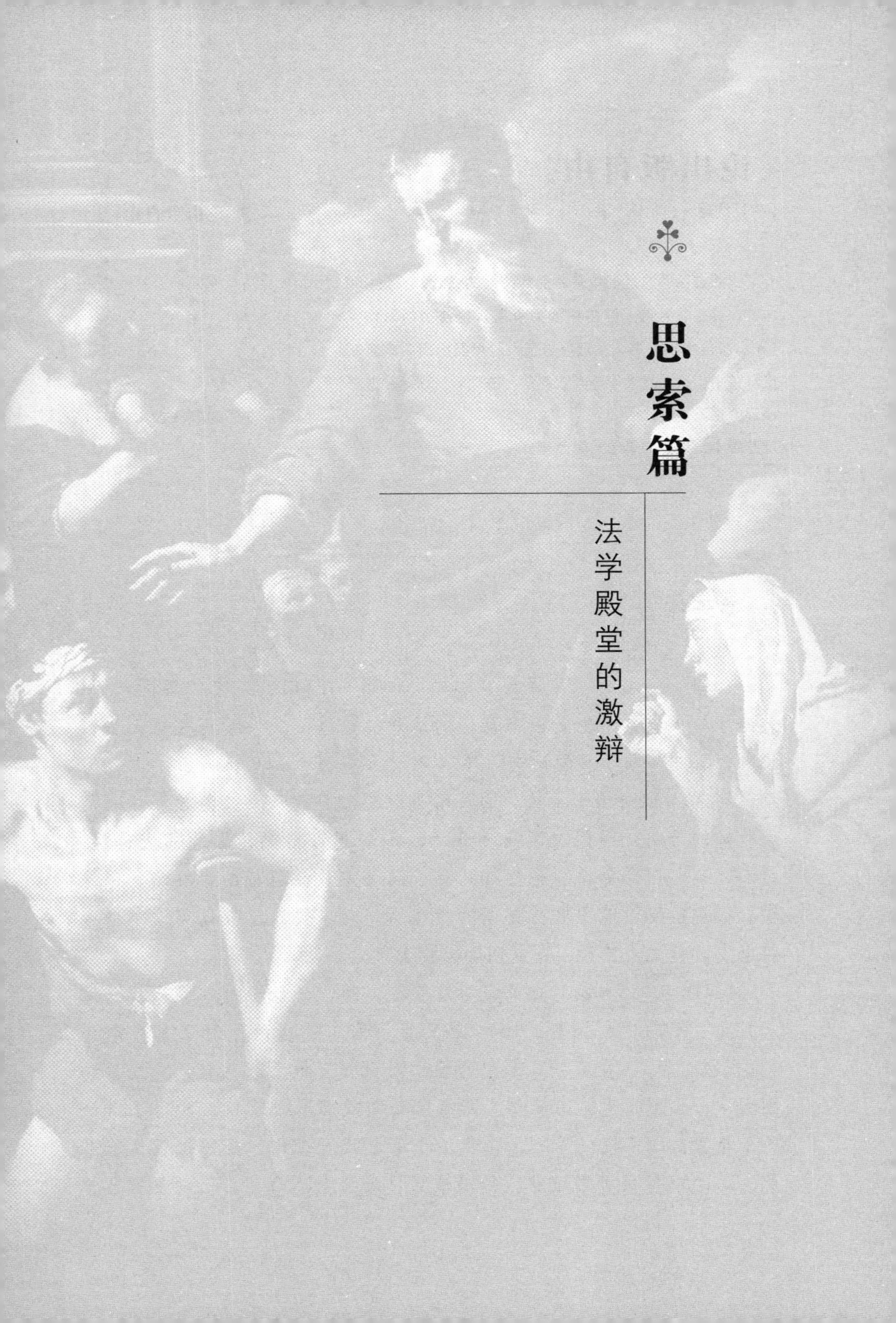

思索篇

法学殿堂的激辩

《论出版自由》

〔英〕约翰·弥尔顿　著

出版自由并非是近年来才受到关注的话题，在近400年前，英国著名诗人弥尔顿就为争取言论自由而写作了《论出版自由》一书，猛烈抨击了当时严酷的出版审查制度。该书也是北京大学法学院宪法、法理学、国际公法等课程的推荐读物。

推荐版本：商务印书馆　吴之椿译

关于作者

约翰·弥尔顿（又译为密尔顿，1608—1674），著名的英国诗人、政论家。他出生于伦敦一个富裕的清教徒家庭，父亲爱好文学，受其影响，弥尔顿从小喜爱读书。16岁时弥尔顿进入剑桥大学，并开始写诗，24岁时取得硕士学位。因目睹当时国教日趋反动，他放弃了当教会牧师的念头，闭门攻读文学6年，一心想写出能传世的伟大诗篇。之后，弥尔顿在意大利旅行时拜会了被天主教会囚禁的伽利略，深深地被伽利略在逆境中坚持真理的精神所感动。翌年，听说英国革命即将爆发，他中止旅行，仓促回国，投身革命运动。

1641年，弥尔顿站在革命的清教徒一边，开始参加宗教论战，反对封建王朝的支柱国教，1644年又为争取言论自由而写了其成名作《论出版自由》。在革命阵营中的独立派将国王推上断头台，成立共和国之后，弥尔顿为提高革命人民的信心和巩固革命政权，发表了《论国王与官吏的职权》等文，并参加了革命政府工作，担任拉丁文秘书职务。1652年因劳累过度，弥尔顿双目失明。1660年，王朝复辟，弥尔顿被捕入狱，不久又被释放。从此他专心写诗，为实现伟大的文学抱负而艰苦努力，在亲友的协助下，共写出三首伟大的长诗：《失乐园》《复乐园》和《力士参孙》。

荐读理由

《论出版自由》是弥尔顿在1644年向英国国会所作的一篇演说词。1644年是英国资产阶级与斯图亚特王朝作斗争取得初步胜利的时期，革命内部的资产阶级上层分子长老派害怕革命继续深入，竭力控制人民的宗教信仰和政治思想，力图与王党妥协。弥尔顿为了争取人民言论出版自由，写了这篇政论，向国会提出呼吁，并在演说词中对长老派提出了警告。在他1654年出版的《为英格兰人们的第二次辩护》中，弥尔顿指出，他写作《论出版自由》的目的就是为了将出版从使它日益走入绝境中的限制中解脱出来。决定对错的权力以及决定什么是应该出版的而什么是不应该出版的权力，将不再委托给那些文盲和非自由民，因为这些文盲和非自由民由于自身劳动环境和条件的限制，不具有脱俗的观点和视野。

作为一个清教徒和启蒙思想家，弥尔顿丝毫不怀疑为他们那一代人所开启的现代民主制度是上帝允诺的“千年王国”，而人类理性的自觉则视同耶稣的再一次降临人世。现代民主制度下的政治是一种说服的艺术，通过对公众理性的启发来达到对共同体的公共事务观点一致，因此可以说，现代民主制度的核心是公共领域的自由。在这种构架下，言论的自由是民主政治赖以运转的必要条件，试想一下当人们不能自由地表达自己的意见之时又如何说服旁人?

然而，1644年，英国政府颁布了《出版管制法》，该法规定：凡书籍、小册子或论文必须经主管机关或至少经主管者一人批准，否则不得印行。对此，弥尔顿痛切陈词，在英国宗教革命后，政府还颁布这样的法令，他是无法接受的。

1644 年 11 月 24 日，弥尔顿在向英国议会发表的《论出版自由》中提出：要兼容并包地读书，书的出版不应受到管制，应由人们自己选择，即“观点是公开市场”。在此演讲中，他说明：一、法令的订立者是在座不屑于承认的；二、不论哪类书籍，我们对阅读问题一般应持有的看法；三、法令非但使我们的才能在已知的事物中无法发挥，反而日趋鲁钝；四、宗教与世俗界的学术中本来可以进一步求得的发现，也会因此而受到妨碍，这一法令的作用只是破坏学术，窒息真理。

在《论出版自由》里，弥尔顿首先从基督徒的学术研究讲起，认为禁止学习希腊学术是一个很大的损失，因为要反对异端，就要精通异端的书籍。弥尔顿主张阅读所有的文本著作，也就是说，既要阅读好的著作，也要阅读“有邪恶内容”的著作。因为后者会“帮助读者从许多方面进行辨别和判断，去发现、驳斥、预先告诫以及举例说明”各种观点和认识。真理和美德都是通过对所有的观点——包括错误的观点的认识和检验而获得的，也只有这样，人类才能够获得知识并知道知识的其然和其所以然。这样，人类个体就要面临着在好与坏之间进行道德抉择的处境，而且这种决策几乎无处不在。

弥尔顿还对议会法案本身的有效性进行了质疑。首先需要质疑的就是审查官本身：审查制度要求他们必须以一种超出常人的力量去完成无偏见的书报审查任务，但是，事实上，他们在完成任务的过程中却十分容易玩忽职守、腐败堕落或者滥用职权；另一个需要质疑的就是书籍著作本身就是官方可以予以审查的思想和行为的唯一来源的假说。弥尔顿对以上这两个方面的质疑，反映了他对书籍著作功效的强调，因此，在他看来，有必要实行出版自由政策。

弥尔顿的《论出版自由》是斗争的需要，把自己的演说词发表，在法庭上做如此的长篇大论，可见革命家也需要是一个演说家、鼓动家。很多传世之作最初都默默无闻，等待人们去发现，《论出版自由》也是如此，最初影响并不大，法国大革命期间才开始盛行。出版审查制度可行性上的荒谬和对人类理智的侮辱与迫害，在弥尔顿这本小册子发行之后被历史所证明。弥尔顿在《论出版自由》中所表达的新闻自由的主要观点有：一、新闻自由思想的理论基础是资产阶级的天赋人权说；二、新闻自由思想的主要观点即“观点是公开市场”；三、新闻自由思想的要害在于反对政府的干预。

的确，书籍是活的东西，它包藏着生命的潜力，和作者一样活跃；它像一个宝瓶，把创作者鲜活的智慧中最纯净的精华保存起来。而误杀一本好书是巨大的罪恶，“谁杀了一个人就是杀了一个理性的动物，杀了上帝的一个创造；但是，谁要是摧毁了一本书，谁就是谋杀了理性本身，就是当着上帝的面谋杀了上帝的化身”。

威尔伯·施拉姆在其所写的美国传播学经典著作《报刊的四种理论》中评价道，弥尔顿“在自由主义传统上写出了主张思想自由的光辉论点”，从弥尔顿的思想出发，“形成了关于‘观点的公开市场’以及‘自我修正过程’的概念”。

先睹为快

我不否认，教会与国家最关切的事项就是注意书籍与人的具体表现，然后对于作恶者加以拘留、监禁并严予制裁。因为书籍并不是绝对死的东西。它包藏着一种生命的潜力，和作者一样活跃。不仅如此，它还像一个宝瓶，把创作者活生生的智慧中最纯净的精华保存起来。我知道它们是非常活跃的，而且繁殖力也是极强的……但是，从另一方面来说，如果不特别小心的话，误杀好人和误禁好书就会同样容易。杀人只是杀死了一个理性的动物，破坏了一个上帝的象；而禁止好书则是扼杀了理性本身，破坏了瞳仁中的上帝圣象。许多人的生命可能只是土地的一个负担；但一本好书则等于把杰出人物的宝贵心血熏制珍藏了起来，目的是为着未来的生命。不错，任何时代都不能使死者复生，但是这种损失并不太大。而各个时代的革命也往往不能使已失去的真理恢复，这却使整个的世界都将受到影响。因此我们就必须万分小心，看看自己对于公正人物富于生命力的事物是不是进行了什么迫害；看看自己是怎样把人们保存在书籍中的生命糟蹋了。我们看到，有时像这样就会犯下杀人罪，甚至杀死的还是一个殉道士；如果牵涉到整个出版界的话，就会形成一场大屠杀。在这种屠杀中，杀死的还不止是尘凡的生命，而是伤及了精英或第五种要素——理智本身的生气。这是杀害了一个永生不死的圣者，而不是一个尘凡的生命。

延展阅读

《失乐园》

这是作者的另一部精品。

此书是描写人类堕落的长篇史诗，讲述了人类祖先亚当和夏娃在伊甸园中原本纯真无邪，因魔鬼撒旦的诱惑而反抗上帝的旨意，以致堕落致罪的过程。诗中的主角是撒旦，他是第一个背叛上帝、发动天国叛乱的堕落天使，他的同伴也是被逐出天国的天使。为了唆使亚当与夏娃反抗上帝，撒旦经历了各种危险和考验。在这部作品中，人类失去乐园的故事表达了弥尔顿的清教主义，对撒旦的描写则倾注着他的革命思想，正是那些歌颂叛逆者的响亮诗行构成了诗中最动人的篇章。这本书还包含了 18 世纪英国的天才诗人、画家威廉・布莱克绘制的部分插图。与弥尔顿相似，布莱克一生都将其激进的革命思想与非凡的才华相结合，其艺术技法和精神都有着极不妥协的前卫性。因而，他所表现的《失乐园》有着极为复杂的精神象征和最为激烈的人性紧张，与弥尔顿宏大的叙事形成了天衣无缝的组合。

《利维坦》

〔英〕霍布斯　著

霍布斯是近代最早对自然法思想中的自然状态、自然权利和自然法这三个核心概念进行完整论述的古典自然法学家，他在其最重要的著作《利维坦》中首创的近代社会契约论，对后人产生重要影响。本书也是北京大学法学院经济法、宪法、法理学、西方法律思想史等课程的必读作品。

推荐版本：商务印书馆　黎思复、黎廷弼译

关于作者

霍布斯（1588—1679）出生于英国南部的一个小镇，父亲是乡村教区的牧师，母亲是普通自耕农家庭的女儿。当时，正值西班牙的无敌舰队开赴英伦，霍布斯的母亲就是在兵荒马乱中生下了他。正如霍布斯自己描述的，“谣言在我们镇上四处流传，说无敌舰队的入侵将意味着这个国家的末日。我母亲那时惊恐万状，所以生下了孪生子——我自己和恐惧”。正是这个孪生兄弟，构成了霍布斯一生行动和思想的主旋律。

霍布斯自幼聪颖，熟读经典。15 岁进入牛津大学，主修古典哲学和经院派逻辑。毕业后留校担任逻辑学教师。1610 年，经校长推荐担任卡文迪希伯爵的家庭教师，使霍布斯有机会结识一大批当时在英国具有较高的学术地位、社会影响和抱有自由主义思想的名流，对其政治思想的形成起到了重要作用。1640 年，英国资产阶级革命爆发，王权与国会的矛盾日趋激化，霍布斯撰写了《法律要旨》以表达自己的

政治观点，认为国王应该享有绝对权力，人们只有同意隶属于专制的国王，他们才能在和平环境里共同生活。1642 年，霍布斯把《法律要旨》一书后一部分进行了扩充，以《论公民》为名出版，在这本书中，霍布斯对他的政治学说勾画出轮廓清晰的大纲，可以说，他以后发表的政治论著都是对该书内容的展开。1649 年，国王查理一世被送上断头台，英国废除君主制，建立了共和国。英国政治形势的发展为霍布斯的写作提供了丰富的素材，于是他写成了著名的《利维坦》。后来，他又相继完成《论物体》和《论人》，加上之前出版的《论公民》，构成了他的《哲学原理》三部曲。

荐读理由

霍布斯的政治法律思想集中表现在《利维坦》之中。“利维坦”一词来源于《圣经》中一种能与撒旦相提并论的强大恶魔，霍布斯用它比喻国家是一种奇怪的混合体，具有威慑一切的至高权力。后世有学者把《利维坦》称作“现代人的圣经”，因为再没有一部同时代的著作能如此有力、如此雄辩、如此全面地表达现代思想的精神。

全书内容分为四个部分：第一部分“论人类”，开宗明义地宣布了作者唯物主义的自然观和一般哲学观点，认为物体是独立且永恒的客观存在；第二部分“论国家”是全书的主干，主要描述国家形成的过程；第三部分“论基督教体系的国家”旨在否认自成一统的教会，抨击教皇掌有超越世俗政权的大权；最后一部分“论黑暗的王国”，其主要矛头指向罗马教会，大量揭发了其腐败黑暗、贪污剥削的种种丑行劣迹。

《利维坦》最重要的部分，也是使其不朽的经典就是霍布斯的契约论和主权学说。霍布斯认为国家产生于社会契约的订立，他是近代社会契约论的创始人。霍布斯首先完整论述了他眼中的自然状态，这是一种人类混乱的战争状态，他以性恶论为前提，从人的天性中抽象出

“竞争”“猜疑”和“荣誉”三种造成斗争的主要原因，且一切指向人类的极端利己主义。他指出，人的本性就是自我保存、趋利避害、永无休止地追逐个人利益，在物质资源稀缺的情况下必然导致“每一个人对每一个人的斗争”。

然而，出于对死亡的恐惧和对舒适生活所必需的事物的欲望，人们开始倾向于和平，而社会契约的订立则是社会和平的必要条件。霍布斯将契约定义为“权利的相互转让”，人们都有订立契约、维持和平的愿望，但是由于利己主义的倾向使得自发地遵守契约成为一种奢望。因此，霍布斯认为要在订约双方之上设立一个共同的强制履行契约的力量，要建立这样一种共同权力，以保障全体人的利益，就要求大家把所有权利托付给某一个人或某一个能通过多数意见把大家的意志转化为一个意志的多人组成的集体，“伟大的利维坦”就诞生了，我们称之为国家。

可见在霍布斯眼中，国家的本质就是众多利己的主体聚在一起，为了谋求和平和抵御外敌，订立契约，让渡权利，建立国家。但是，霍布斯又说，根据社会契约形成的主权者超越具体的订约人之上，主权者虽然来源于订约行为，但其本身不受契约约束。这是因为参与订立契约建立一个国家的每个人，都是为把权利交与主权者，不经主权者的许可就不得再订立新的契约。总之，在霍布斯看来，一旦契约形成，主权者就不容更变，他永远正确和至高无上，而且其权力不可分割、不可转让。可见，霍布斯是绝对支持君主政体的，学界对其也有保留意见，毕竟霍布斯主权学说虽具有维护君主制的保守性，但在当时还是非常进步的。

霍布斯的《利维坦》还标志着法律实证主义的开端。主权者进行立法，即产生实在法，就其性质而言，霍布斯认为，它是一个国家的成员必须义务服从的。为了维护实在法的权威性，司法机关进行审判时，必须遵循主权者的意志，不能对其违背。但是，他也承认在一定的情况下可以拒绝执行主权者的命令，而这必须基于人的最基本权利，也就是自然状态中的自我保存。由此可见，虽然霍布斯极力维护主权者的无上权威，但同时也注意到主权者运用权力的底线，即不得抵触人类最基本的自然权利。正如博登海默所说："从实际效果来看，霍布斯的自然法只不过是主权者的一种指南，而真正意义上的法律，则是由主权者的命令构成。据此，说霍布斯是现代实证主义法学和分析法学的先驱是不无道理的。"

先睹为快

因为各种自然法本身，如果没有某种权威使人们遵从，便跟那些驱使我们走向偏私、自傲、复仇等等的自然激情互相冲突。没有武力，信约便只是一纸空文，完全没有力量使人们得到安全保障。

群体纵使再大，如果大家的行动都根据各人的判断和各人的欲望来指导，那就不能期待这种群体能对外抵御共同的敌人和对内制止人们之间的侵害。因为关于力量怎样运用最好的意见发生分歧时，彼此就无法互相协助，反而会互相妨碍，并且会由于互相反对而使力量化为乌有。

如果要建立这样一种能抵御外来侵略和制止相互侵害的共同权力，以便保障大家能通过自己的辛劳和土地的丰产为生并生活得很满意，那就只有一条道路：——把大家所有的权力和力量托付给某一个人或一个能通过多数的意见把大家的意志化为一个意志的多人组成的集体。……其方式就好像是人人都向每一个其他的人说：

我承认这个人或这个集体，并放弃管理自己的权利，把它授予这人或这个集体，但条件是你也把自己的权利拿出来授予他，并以同样的方式承认他的一切行为。这一点办到之后，像这样统一在一个人格之中的一群人就称为国家，在拉丁文中称为城邦。这就是伟大的利维坦的诞生……这就是一大群人相互订立信约、每人都对它的行为授权，以便使它能按其认为有利于大家的和平与共同防卫的方式运用全体的力量和手段的一个人格。

承当这一人格的人就称为主权者，并被说成是具有主权，其余的每一个人都是他的臣民。

延展阅读

《霍布斯与共和主义自由》

本书作者是剑桥大学教授、思想史研究“剑桥学派”的代表性人物昆廷·斯金纳。书中，作者就人类自由之性质的两种对立理论提供了一份精彩绝伦的比较性研究。其中第一种起源于古典时代，是古罗马公共生活所遵循的共和主义传统的内核，文艺复兴时期的意大利城邦共和国更是将此论奉为圭臬；另一种即为托马斯·霍布斯的契约论与主权学，霍布斯对第一种理论的质疑无疑是西方政治思想史上一次不折不扣的划时代事件。

《政府论》

〔英〕洛克　著

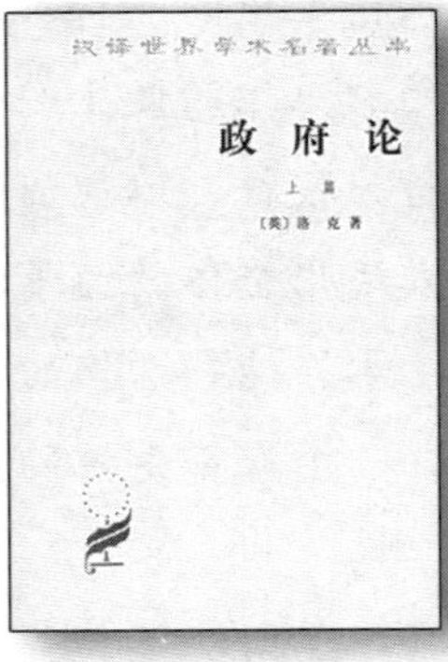

自由主义的奠基人洛克的分权理论，是资产阶级集权理论向现代意义上的三权分立理论过渡的理论，至今英国的宪政制度仍以洛克的理论为依据。作为洛克最重要的著作，《政府论》是北京大学法学院法理学、宪法、行政法与行政诉讼法等课程的推荐读物。

推荐版本：商务印书馆　叶启芳、瞿菊农译

关于作者

洛克（1632—1704），17 世纪英国资产阶级思想家、自由主义的奠基人、古典自然法学派的杰出代表之一。他出身于英国林顿的一个律师家庭，20 岁时进入牛津大学学习，毕业后留校任教。1666 年，洛克结识了艾希利勋爵，即后来的辉格党领袖沙夫茨伯里伯爵，并担任其秘书、顾问和私人代表。他在伯爵家住了 15 年之久，他们经常交换有关政治问题的意见，这对洛克政治思想影响很大。50 岁时，因逃避斯图亚特王朝的迫害，洛克逃亡荷兰。1688 年“光荣革命”胜利后洛克归国，并在新政府担任职务，1704 年辞世。

要理解洛克作品的内涵及其重要性，一方面需要了解他在古典自然法学派中的地位，另一方面需要明白洛克所处的历史背景。中世纪后期，自然法成为新兴资产阶级进行整治革命的武器，格劳秀斯、霍布斯、斯宾诺萨、洛克、孟德斯鸠、卢梭等思想家高举自然法和自然权利的旗帜，为反对宗教与封建统治，进行资产阶级革命作了有力的

思想启蒙和理论宣传，为未来资本主义政治制度勾勒了蓝图，提供了理论论证。古典自然法学派的发展可分为三个时期：第一个时期是西欧的文艺复兴和宗教改革时期，自然法的锋芒针对中世纪的神学和封建主义，其代表人物是格劳秀斯、霍布斯、斯宾诺萨等学者；第二个时期是英国资产阶级革命前后的这段时间，自然法理论的基调主要是资产阶级的个人自由，以洛克和孟德斯鸠为代表；第三个时期是美国独立战争和法国大革命前后，自然法强调平等和民主，代表人物首推卢梭。

生活在英国资产阶级的革命时代，洛克与其他自然法学派的学者有着不同的背景：在这次人类历史上前所未有的伟大革命中，代表封建势力的国王、封建贵族和僧侣结成联盟，凭借王权实行封建专制统治，而资产阶级和新贵族则结成同盟，利用议会和人民的力量反对封建统治。先是推翻王权，宣布英国为共和国，后又王室复辟，最后经过“光荣革命”，英国建立了君主立宪制政体，形成了英国代议民主的政治制度。洛克的《政府论》就是在这种背景下写成的。

荐读理由

《政府论》分为上下两篇，上篇主要是针对英国当时一位非常有名的作家菲尔默所持“君权神授论”的论战，带有很强的针砭时弊的意味，可归之为“破”。而洛克在下篇的重点是“立”，阐释了他主要的政治思想。历来人们在探讨洛克政治思想时，主要是针对《政府论》的下篇。本文将从四个方面介绍《政府论》下篇的主要内容。

洛克首先展示了自己的自然法理论。和以往的许多理论家一样，洛克也认为在法律发生之前，人类处在一种自然状态之中，但他的“自然状态”却独具特色。他认为，自然状态是一种完备无缺的自由状态，人们相互之间自由而平等，没有敌对也没有伤害。何以如此？洛克解释这是自然法使然，自然法是一种理性的法规，教导着有意遵从理性的全人类，教导人们自我保存，同时又维护人类。在洛克看来，生命、健康、自由和财产，是自然法赋予人的不可剥夺、不可转让的权利，即自然权利。这种自然权利概括起来有平等权、自由权、生存权、财产权四种。霍布斯在《利维坦》中主张人类进入政治社会之时，把自然状态中原有的全部或大部分自然权利转让给社会，对此洛克给予了批驳，他认为，在人类进入政治社会时除了放弃对自己和他人行为的裁判权以外，其他权利皆未丧失，人们仍然像以前一样，保有自然状态中的自由。战争是自然状态的一种反常或特例，是自然法遭到破坏时人与人之间所处的一种状态，此时的人们有自卫的权利，也正是为了消灭这种战争状态，国家才得以产生。

洛克的国家理论也是建立在社会契约论的基础上的。在他看来，为了防止自然状态遭到破坏，人们相互协议，自愿放弃私力救济权，将其交给社会，由社会委托给立法机关按照全体成员的共同意志来行使。这样人们就由自然状态进入了社会状态，国家出现了，公共权力和法律也就产生了。洛克的观点与霍布斯有很大不同，洛克认为人们转让的仅是保护自己和别人不受他人侵犯的权利，而生命、自由、财产等自然权利不可转移，但霍布斯认为人们订立契约时转让了全部权利，国家可任意处置；其次，洛克认为被授予权利的人也是契约当事人，受契约限制，而霍布斯认为君主掌握人民授予的权利，但行使权力不受任何限制。可见，洛克的思想比霍布斯更具有进步意义。

此外，洛克主张严格地限制政府权力，公权力必须为公意的目的在法治轨道内行使，人们的利益必须得到弘扬。在国家政治形势上，洛克坚决反对君主专制政体，主张建立民主政体或君主立宪政体，因为任何一种国家形式，都可能发生腐化而蜕变为暴政。那么是否可以“贤人善政”？没有监督，何来善政？洛克以一个政治家的慧眼提出了解决这一问题的思路，那就是法治和分权。统治者只能依靠法律来实行统治，不能靠心血来潮的命令去行使专断的权力。政治权力必须分别由不同机关来行使，不能集中在君主或政府手里。在此，洛克超前地提出了立法权、行政权和对外权的分立，并强调立法权高于其他两权，但他严谨地为立法权设定了限制性条件。

关于法律与自由，洛克作出了以下几点讨论：首先，自由是一项基本权利，是其他权利产生的前提；其次，自由是有限的，自由和秩序的关系表现为个人自由与他人自由的平等关系，即对他人的尊重；再次，法律与自由密不可分，自由是法律所保护的价值之一；最后，他特别强调了财产权是其他人权的基础，反映了新兴资产阶级要求自由发展资本主义经济的愿望。

洛克的律政思想对那个时代的资产阶级革命产生了重要影响，他意识到集权是专制社会的罪恶根源，并在资产阶级世界中首次提出以分权来制约君主专制和防止权力腐化的思想，为以后孟德斯鸠的三权分立思想奠定了基础。他的立法权最高的思想，既是人民主权思想的集中体现，也为当时资产阶级君主立宪制政治模式作了有力的辩护，当代英国政治制度仍然以此为理论依据。

先睹为快

如果人在自然状态中是如前面所说的那样自由，如果他是他自身和财产的绝对主人，同最尊贵的人平等，而不受任何人的支配，为什么他愿意放弃他的自由呢？为什么他愿意丢弃这个王国，让自己受制于其他任何权力的统辖和控制呢？对于这个问题，显然可以这样回答：虽然他在自然状态中享有那种权利，但这种享有是很不稳定的，有不断受别人侵犯的危险……这就使他愿意放弃一种尽管自由却是充满着恐惧和经常危险的状况；因而他并非毫无理由地设法和甘愿同已经或有意联合起来的其他人们一起加入社会，以互相保护他们的生命、特权和地产，即我根据一般的名称称之为财产的东西。

因此，人们联合成为国家和置身于政府之下的重大的和主要的目的，是保护他们的财产；在这方面，自然状态有着许多缺陷。

……

在这种状态中，由于人人有惩罚别人的侵权行为的权力，而这种权力的行使既不正常又不可靠，会使他们遭受不利，这就促使他们托庇于政府的既定的法律之下，希望他们的财产由此得到保障。正是这种情形使他们甘愿各自放弃他们单独行使的惩罚权力，交由他们中间被指定的人来专门加以行使；而且要按照社会所一致同意的或他们为此目的而授权的代表所一致同意的规定来行使。这就是立法和行政权力的原始权利和这两者之所以产生的缘由，政府和社会本身的起源也在于此。

延展阅读

《论宗教宽容》

此书的全称为《论宗教宽容：致友人的一封信》，是洛克写的论宗教宽容的四封书信中的第一封信，写给他的好友菲力·范·林堡格。洛克在这封信中批判了君权神授思想，系统地阐述了政教分离和信教自由的主张，提出了宗教问题上的自由主义思想——自由神论。此书的核心是政教分离、宗教平等与信教自由。全书通过概念梳理展开逻辑论证和横向比较，带有鲜明的理性主义特征。洛克指出，宗教迫害行为之下总是隐藏着伪善的世俗欲望。长官和教会的职责排除了迫害作为手段的合法性。全书重点在于对宽容范围和相关责任的讨论。此书与弥尔顿的《论出版自由》、米克尔约翰的《言论自由与民主自治》一道被认为是西方论述言论自由的经典作品。

《波斯人信札》

〔法〕孟德斯鸠　著

18 世纪法国启蒙思想家孟德斯鸠以其三权分立理论和君主立宪学说闻名于世，《波斯人信札》和《论法的精神》作为其最重要的两部经典作品，是北京大学法学院外国法制史、西方法律思想史、宪法、法理学、刑法总论、行政法和行政诉讼法、经济法等课程的必读作品。

推荐版本：商务印书馆　梁守锵译

关于作者

说到孟德斯鸠（1689—1755），大多数读者一定不会感到陌生，提起他的分权理论和君主立宪学说，更是如雷贯耳。虽然当今世界在政治制度上完全实现三权分立的国家只有美国，但诸多议会制国家在政体建立时都或多或少地受到了分权思想的影响。在经济生活中，现代管理结构设计也更加强调分权与制衡，这背后的思想无疑就是民主与监督。作为法国大革命的思想先驱、欧美各国特别是美国政治体制的奠基者、理性主义自然法学的主要代表之一的孟德斯鸠，其理论和学说对后人产生了极大的影响。

孟德斯鸠之所以在学术上能获得巨大成就，与其丰富的法律实践经验和学术社交经历是分不开的。孟德斯鸠家族属世袭贵族，从祖父辈起就有入职法院、律师事务所的传统。孟德斯鸠 19 岁获得学士学位与律师资格，在巴黎的社交界和学术界开始了其学术生涯的最初阶段，不仅结识了许多颇有名气的学者，更重要的是与启蒙运动的先驱们建立了非常密切的联系。

就启蒙而言，法国所有的启蒙思想家——卢梭、伏尔泰、孟德斯鸠等，对民族、对世界均有着同样重要的贡献和意义，但是，决定他们成为启蒙思想家以及其理论特色的重要因素却各有不同。身为资深律师的孟德斯鸠，家有良田，生活富足，学术事业稳步前进，既无流浪之苦，也无牢狱之灾，但生逢法国近代最黑暗的路易十四封建王朝时期，穷兵黩武，民不聊生，于是他与许多仁人志士一样满怀着对社会和时代的责任感开始探求解决社会矛盾的方案。

1714 年，年仅 25 岁的孟德斯鸠少年得志，被任命进入法国波尔多高等法院任职，两年后就任庭长。虽然都是法律人，但法官比律师有更加宽广的交际圈和更全面立体的学习环境，通过地位、身份和名望的提高，孟德斯鸠结识了许多高层次的朋友，更加勤奋地钻研法学知识、进行学术研究。值得一提的是，28 岁的孟德斯鸠凭借自身的学术实力与人格魅力，被选任为波尔多科学院院长，写成了第一部具有重大影响的著作《波斯人信札》，仅第一年就再版十次，获得了巨大成功，孟德斯鸠也因此一举成名。

1728 年，39 岁的孟德斯鸠当选为法兰西学士院院士，得到了法国知识分子梦寐以求的荣誉。之后，他开始环游欧洲，实地考察各国政治制度、法律、民俗、宗教等情况，丰富了社会经验，拓宽了思维，启迪了智慧。他凭借多年的研究与思考，发表了他一生中最重要的著作——《论法的精神》，这部花费了近 20 年才得以完成的气势恢宏的巨著成为孟德斯鸠政治法律理论的最高成就，对人类的法律文化产生了久远的影响。

荐读理由

《波斯人信札》是孟德斯鸠第一部，也是唯一的一部小说。这本书由 160 封长短不同的虚构的信组成，记录的是波斯富豪郁斯贝克和黎伽在游历西方期间，与留在波斯的亲友间、二人彼此间、与同在欧洲的其他朋友间的通信，主要交流他们对欧洲社会的感受。信中作者借他人之口将欧洲社会与东方社会的制度、习俗等进行比较，从而勾画出一幅颇具新意的法国社会生活画面。通过这些画面，孟德斯鸠辛辣地讽刺了当时法国极其腐朽没落的封建专制制度和风俗习惯。除此之外还有一部分郁斯贝克和妻妾之间的信札，内容与前述不同，主要目的是向西方读者详尽地描述东方社会的习俗风貌，被称为“后房故事”。本书中，孟德斯鸠大量地涉及了政治与习俗，主要探讨了宗教、哲学、历史、法律、人口、婚姻家庭等问题。

关于政治。孟德斯鸠无情地揭露了法国的专制制度，将批判的矛头直指权力无限的“太阳王”路易十四，认为无论在亚洲、非洲还是欧洲，君主专制都是一种“横暴的政治”。他指出，共和制是品德、荣誉和声望的真正归宿，在共和政体下，人民才能充分地发扬光大自己的品德。他在谈到共和政体时，其逻辑起点是“人性恶”，这是几乎除卢梭外一切启蒙思想家的思想体系的共同前提。孟德斯鸠认为，既然人性本恶，社会便需要一个政治权威，需要法律和纪律，否则就是一个柏拉图式的“乌托邦”。但是，一个社会不能没有美德而仅仅依靠强权，长治久安的社会是权威、法律与道德并存，共同发挥作用的社会。孟德斯鸠在书中表现了他对英国资产阶级革命中人民的勇敢和毅力的欣赏，这些论述无疑启发了法国人民的革命精神。

关于法律。孟德斯鸠以书信形式讨论了法兰西法律的渊源及其包含的若干因素，探讨了国际法的发展过程，研究了刑法。在他心目中，刑法具有极大的社会政治意义，是衡量政治是专制还是民主的一把尺子，以至在其后来的著作《论法的精神》中，他把刑法和公民自由联系起来，进行了极为详尽的阐述，提出了许多具有恒久意义的观点。

关于战争。孟德斯鸠认为君主为了开拓疆域或满足私欲而进行的侵略战争毫无正义可言，而正义战争必然会取得胜利，因为人人明白为何作战，愿意为集体的安全和利益作出最大贡献，甚至牺牲生命。殖民战争当然是非正义的战争，为消除侵略战争的危机，有效的办法是各国都从事谋求人民福利的和平建设。

关于宗教。中世纪时期，宗教掌控了欧洲社会的各个方面，文艺复兴开始了人文主义的追寻，启蒙时代到来，有更多的无神论者开始公开批判宗教僧侣主义。孟德斯鸠却以自然神论者的身份在宗教的名义下批判他所痛恨的天主教，并从经济的角度论证新教比天主教优越。他对天主教的批判，在当时的历史条件下是极其进步、并且具有重大意义的。仅就这点，孟德斯鸠也不愧为一个对人们的思想有着启迪作用的伟大的资产阶级启蒙思想家。不仅如此，他还坚持主张宗教信仰自由，认为对于各种宗教应该有一种宽容态度，各个宗教之间应该容忍。

《波斯人信札》是法国启蒙运动最为重要的文学作品之一，它为作为启蒙文学的主要艺术形式——哲学小说奠定了基础。本书与卢梭的《爱弥儿》《忏悔录》及狄德罗、伏尔泰的作品一起，用尖锐、深刻的语言表达了作者们对于黑暗势力的深恶痛绝；以形象、生动的词句描绘了美好的社会理想；以富于哲理的论述初步构建起了新兴资产阶级的阶级观念。这一切，都很好地启迪了各个革命阶层的觉悟与智慧，为建立新的资本主义制度起到了独特的作用。

先睹为快

第19封信　郁斯贝克寄友人吕斯当

我们在托卡只逗留了八天，步行三十五天后，到达士麦那。

从托卡到士麦那，没有一座城市值得一提。我惊讶地看到奥斯曼帝国的虚弱。这个疾病缠身的躯体不是用温和适度的摄生之道来维持，而是靠不断削弱和损坏躯体的烈性药物强撑着。

帕夏们的官职全靠金钱贿买，到各省时已经倾家荡产，于是像对待被征服的国家那样对治下州县大肆掠夺。禁卫军专横跋扈，胡作非为。要塞只剩下断垣残圮，城市十室九空，乡村田园荒芜，农耕商业完全停顿。

政府统治严酷，但罪犯却普遍可以逍遥法外。耕地的基督徒，收税的犹太人，都惨遭各种横征暴敛。

土地的所有权没有保障，因此，经营土地的热情大为降低。不管是契约证书还是产权，都因当权者恣肆妄为而成为一纸空文。

这些野蛮人完全荒废了他们的技艺，连军事技术也丢到一旁。欧洲各国不断精益求精，而他们仍然停留于往昔的愚昧无知之中。他们只是在新发明千万次被用来对付他们之后才想到要加以采用。

他们对航海毫无经验，根本不会驾驶船只。据说为数寥寥从巉岩间出来的基督徒，就使所有的艾斯曼人心惊胆战，使他们的帝国疲于奔命。

他们没有能力经商，只好勉强地容忍勤劳敢干的欧洲人来经营。他们让外国人从他们身上发财，还以为是给外国人莫大的恩惠。

延展阅读

《带一本书去巴黎》

林达，是一对美籍华人作家夫妇合用的笔名。作者行走在浓厚的法国历史文化氛围中，“在旅行中寻找历史”，面对巴黎众多历史遗迹，用大量的历史细节和场景，丰富并深刻了对巴黎艺术、文化、历史、社会的理解。本书文笔细腻动人又不失激情，掩卷沉思，不免有触碰历史的真实感。

《论法的精神》

〔法〕孟德斯鸠　著

推荐版本：商务印书馆　许明龙译

关于作者

见《波斯人信札》之“关于作者”。

荐读理由

《论法的精神》是一部伟大的著作，不仅仅是因为它系统地呈现了三权分立理论与三种政体体系，内容遍涉法律、政治、经济、宗教、历史、地理；也不仅仅是因为它以独特的方式研究了法理学、宪法学、刑法学、民法学、国际法学等一系列基本法律问题；更重要的是，孟德斯鸠作为一个出身于贵族家庭的新兴资产阶级，能够比同时代的其他启蒙思想家更深刻地提出社会发展的规律性和动力问题，从而启迪了一代代的法学、政治学、社会学、经济学研究者。笔者不敢妄言区区千字小文可以承载孟氏浩瀚鸿篇，只希冀激发读者阅读《论法的精神》全书的兴趣与激情。

全书分为三卷。第一卷主要是关于法的概述以及法与政体之间的关系，第二卷讨论的是法与政治权力的关系，第三卷论述了法律与地理环境的关系。

作为古典自然法学的代表人物，孟德斯鸠与格劳秀斯、霍布斯、洛克、卢梭等人一样，也认为自然法是人类理性的体现，他假设人类有一种自然状态，国家起源于社会契约。但与《利维坦》中观点不同的是，孟德斯鸠认为自然状态下，人们的首要目的是繁衍后代而不是互相攻击，人们由于相互畏惧而相互亲近。他宣称，封建制度与人类理性是互相矛盾的，是违背人类自然规律的，只有资产阶级的国家和法律才是符合理性、合乎自然规律的。

在此基础上，孟德斯鸠提出了自己的政体理论。孟德斯鸠认为，在研究法的精神时，必须“首先研究同每一种政体的性质和原则的关系。因为政体的原则对法律具有至高无上的影响力，一旦论证得以确认，人们将会看到法律会从原则里脱颖而出，就像喷涌而出的泉水一般”。他将政体分为共和政体、君主政体和专制政体三种。在共和政体下，主权属于全体人民或人民的一部分，共和政体又可分为民主政体与贵族政体；在君主政体下，主权属于君主，君主依照法律进行统治；在专制政体下，主权属于君主，但君主不是依照法律而是依照个人意志进行统治。

更为突出的是，孟德斯鸠提出了著名的政体原则的概念，即使政体行动的东西，“使政体运动的人类感情”。具体地讲，共和政体的原则是“品德”，君主政体的原则是“荣誉”，专制政体的原则是“恐怖”。至于这三种政体孰优孰劣，孟德斯鸠认为好坏是相对的，具体要看这种政体是否适合该国社会的政治、经济、地理、气候的要求。比如在炎热的气候下，人们怠于劳动，所以专制政体是最适合的；在寒冷的气候下，人们比较刚毅、活泼，所以共和制最合适；等等。这就是孟德斯鸠享有盛誉的“地理环境决定论”。这种理论，在政治思想领域曾经产生了很大的影响。

《论法的精神》中重点讨论的第二个问题即自由和分权。孟德斯鸠对于自由的内涵有着经典的论述："在一个国家里，也就是说，在一个有法律的社会里，自由仅仅是：一个人能够做他应该做的事情，而不被强迫去做他不应该做的事情。"如果一个公民能够做法律所禁止的事情，他就不再有自由了，因为其他人也同样会有这个权利。要保障人们的自由，从国家政治制度角度必须限制政府权力，防止权力滥用和权力腐败，保障政治自由在法律上不至于落空。孟德斯鸠智慧地、更是逻辑地由此从自由转向分权。他正式定义且区分了立法、行政和司法权力及其分立与制衡机制。

孟德斯鸠的三权分立学说在理论上比洛克的分权理论更为系统、深入、细致，为资产阶级政治制度的建立奠定了基础，对法国《人权宣言》、法国 1791 年宪法和美国 1787 年宪法产生了直接影响。今天，关于分权学说发生了许多变化，产生了各种评论，但有一点还是为人们所坚持的，即权力的分立和制衡是保障人们自由和社会民主的必要手段，是对付专制的一种最为恰当的方式。

孟德斯鸠还在书中用大量篇幅探讨了中国清朝的法律，并将之与英国法、俄罗斯法进行比较。总体上看，孟德斯鸠将古代中国视为一个专制国家，但是与其他典型专制国家相比，中国有时又具有贵族国家甚至民主国家的特征。

孟德斯鸠的《论法的精神》是整个人类进步的重要组成部分，是人类极其珍贵的文化遗产。孟德斯鸠的名字，将与他不朽的著作一起，在人类文明史上永放光辉。

先睹为快

政体有三种：共和政体、君主政体、专制政体。即使是学识最浅薄的人，他们所拥有的观念也足以发现这三种政体的性质。我设定三种定义，或者更准确地说是三种事实。其一，共和政体是全体人民或仅仅部分人民掌握最高权力的政体；君主政体是由一人以固定和确立的法单独执政的政体；专制政体也是一人单独执政的政体，但既无法律又无规则，全由他的个人意愿和喜怒无常的心情处置一切。

这就是我所说的每一种政体的性质。应该看一看，哪些法直接产生于政体的性质，因而也就是最重要的基本法。

在共和国中，当全体人民掌握最高权力时便是民主政体，部分人民掌握最高权力时便是贵族政体。

在民主政体中，人民在某些方面是君主，在另一些方面是臣民。

全体人民只有通过表达其意志的选票才能成为君主。最高权力掌握者的意志就是最高权力者本身。在这种政体中，确立选举权的法当然就是基本法。规定如何投票、谁投票、投给谁、就什么事情投票，这些事情都很重要，其重要性不亚于君主政体下需要知道谁是君主、他将如何治理国家。

里巴尼奥斯曾说：在雅典，一个外邦人因混入公民会议而被处以死刑。原因何在？因为他篡夺了最高权力。

确定组成公民会议的公民数量极为重要，否则就可能弄不清表达意见的是全体公民抑或只是部分公民。在斯巴达，公民会议由一万名公民组成。诞生于渺小而走向伟大的罗马，注定要经历命运的种种坎坷。有时候它的所有公民都在它的围墙之外，有时候整个意大利连同世界的一部分都在它的围墙之内；组成公民会议的人数从未固定过，这正是罗马衰亡的重要原因之一。

掌握着最高权力的人民应该亲自做他们能做好的一切事情，自己做不好的事情，则应交由执行人去做。

执行人如果不由人民任命，那就不是人民意志的执行人，因此，这种政体的一个基本准则就是由人民任命执行人即官吏。

人民像君主一样需要，甚至比君主更需要一个参政会或参议院的指导。不过，这个机构的成员应该由人民遴选，否则很难对其产生信任。可以像雅典那样由人民亲自遴选，也可以像罗马在某些场合所做的那样，由人民指派的若干官吏遴选。

延展阅读

《托克维尔回忆录》

在此书中，托克维尔用他那敏感纤弱却又犀利纠结的贵族精神评述了路易·菲力浦、路易·拿破仑、阿道夫·梯也尔、路易·勃朗、奥迪隆·巴罗、阿尔方斯·拉马丁、阿尔芒·马拉斯特、弗朗索瓦·维维安等法国大革命时期的重要历史人物，记言叙事摹人皆运笔精巧，极具画面感，行文酣畅，译笔出色。也许由于用语刻薄，此书在托克维尔死后34年（1893年）才首次刊印出版，这时，上述的人物都已去世了。了解历史即知晓当时思想家们的生活背景才能更好地体悟他们的思想内涵与精神实质，卢梭、伏尔泰、孟德斯鸠等伟人的学说是如何潜移默化影响后世的，在此书中也可见一斑。

《人性论》

〔英〕休谟　著

《人性论》被现代学者们视为休谟最重要的一部著作。休谟在《人性论》中阐述的怀疑论，被康德称为“打破了自己的独断论的迷梦”，并且形成了一个怀疑论的传统。他的思想具有一种承前启后的历史作用，对当代哲学的影响巨大。

推荐版本：商务印书馆　关文运、郑之骧译

关于作者

休谟（1711—1776），18 世纪英国哲学家、历史学家、经济学家，被视为苏格兰启蒙运动以及西方哲学历史中最重要的人物之一。

休谟生活在英国资产阶级“光荣革命”结束到产业革命开始的社会变革时代。这一时期，资产阶级的进步性和保守性交织在一起。休谟作为这个阶级思想的代表人物，他的哲学受到经验主义者约翰·洛克和乔治·贝克莱的深刻影响，同时吸收了英格兰知识分子如艾萨克·牛顿、弗朗西斯·哈奇森、亚当·斯密等人的理论。在此基础上，休谟提出了以动摇于唯物主义和唯心主义之间的怀疑论为特色的哲学体系。

休谟的社会历史观点以人性论为基础，把对财富、享乐和权力的追求看作人的本性，认为无论何时何地，人性是一致的和不变的；历史的作用就在于发现有关人性的普遍原理，提供经验教训。基于此，休谟撰写了《人性论》。

休谟首次提倡近代不可知论，对感觉之外的任何存在持怀疑态度，对外部世界的客观规律性和因果必然性持否定态度。他认为，感性知觉是认识的唯一对象，知觉分印象和观念两类，但认为人们不可能超出知觉去解决知觉的来源问题。否认因果联系的客观性，认为因果联系只是由于印象出现先后而形成的一种观念。在伦理观上，休谟主张功利主义，认为快乐和利益是一致的。他还用其经验论、怀疑论和功利主义伦理学论述了有关上帝观念和宗教问题。

在经济方面，休谟反对重商主义，他是 18 世纪货币数量论的代表，他关于国际贸易的学说对英国古典政治经济学有很大的影响。1752 年，休谟提出著名的“休谟机制”，即在国际上普遍实行金本位制的条件下，一个国家的国际收支可通过物价的涨落和现金（即黄金）的输出输入自动恢复平衡。这一自动调节规律也被称为“物价—现金流动机制”。

荐读理由

《人性论》写于 1732 年至 1736 年间。休谟想要创立一个完整的科学体系。他在《人性论》“引论”中指出，一切科学都离不开以“人性”为研究对象，各门具体科学最终都涉及“人性”的某个方面。人性论则是从总体上来研究“人性”的科学，是一切科学的唯一稳固的基础。所以，他把自己的哲学著作取名为《人性论》。

作者试图把实验推理的方法推广应用于精神哲学，剖析人性中的理智和情感。作品出版后，因公众对此书的反应冷淡，休谟又对全书进行了修订和改写。他在书中说：“论知性和情感这两篇是单独构成一系列完整的推理连锁的；我欣然利用这种自然的划分来试一试一般读者的趣味。”因此，修改后的《人性论》分为三卷：知性、情感和道德学。

第一卷阐述认识论，提出了休谟的不可知论和唯心主义学说；第二卷以感性观点说明伦理学和美学问题，认为快乐的感觉是善和美的共同基础；第三卷论述快乐论、功利论的伦理学原理以及人性论、契约论的政治学原理。

休谟《人性论》中的一个重要观念就是对于自宗教改革以来西方近代世俗人性观念的充分肯定。他提出支配人生活的是意志、情感（或激情）而非理性，道德和政治的基础是“自利心”，以及同“自利心”相辅相成的“同情感”。在休谟的话语中充满了对于资本主义制度的充分肯定。休谟毫不隐讳地把对财富、权力和享乐的追求与对贫贱的鄙视看作是人的本性。他承认人性中自私因素的本质性和合理性。他说，“财富的本质就在于获得生活中的快乐和舒适的能力”，“没有东西比一个人的权力和财富更容易使我们对他尊敬，也没有东西比他的贫贱更容易引起我们对他的鄙视”。

先睹为快

凡自命在哲学和科学方面给世人发现任何新事物的人们，总喜欢贬抑前人所提出的体系，借以间接夸耀自己的体系，这对他们来说是最通常和最自然的事情。诚然，对于那些可以提交人类理性法庭的最重要的问题，我们现在仍然愚昧无知；这些人如果满足于惋惜这种愚昧无知，那么一切熟悉科学现状的人们很少会对他们不欣然同意的。一个具有判断力和学识的人很容易看到这样一个事实，即那些最为世人称道，而且自命为高高达到精确和深刻推理地步的各家体系，它们的基础也是很脆弱的。盲目接受的原理，由此而推出来的残缺的理论，各个部分之间的不相调和，整个体系的缺乏证据；这种情形在著名哲学家们的体系中到处可以遇到，而且为哲学本身带来了耻辱。

据我看来，对于各式各样的形而上学的推理，一般人之所以发生厌恶心理，就是因为这个缘故。甚至自命为学者，而且对其他任何学术部门给予恰当重视的一些人，也同样具有这种厌恶心理。他们所谓形而上学的推理，并不是指有关任何特殊科学部门的推理，而是指在任何方面相当深奥的、需要思考才能理解的任何一种论证。由于在这类研究中我们往往枉费心力，所以我们通常总是毫不犹豫地就摈弃它们，以为人类既然不得不永远受错误和幻想的支配，那么我们至少也应该使我们的错误和幻想成为自然的和有趣的。不过，只有最坚定的怀疑主义和极大程度的懒惰，才能为这种厌恶形而上学的心理辩解。因为，真理毕竟是人类能力所及的，我们可以断言，它必然是隐藏在深奥的地方。最伟大的天才花了极大的精力，还是没有收获；我们如果希望真理可以不劳而获，那真可谓是狂妄自大了。在我下面所有阐述的哲学中，我并不自以为具有这种优越条件，而且我的哲学如果是十分浅显容易，我反而会认为是对它的一种极大的反对理由。

延展阅读

《英国史》

在休谟生活的时代，首先是历史学研究，尤其是《英国史》的出版给他带来了声誉，而后学界才开始重新审视他的哲学、道德、经济等思想贡献。这套六卷本的巨著分别为《罗马—不列颠到金雀花王朝》《安茹王朝、兰开斯特王朝、约克王朝》《都铎王朝》《伊丽莎白时代》《斯特亚特王朝》和《克伦威尔到光荣革命》，每完成一卷出版一卷，创作历时 15 年，全书超过 100 万字，再版超过 100 次，甫一上市便成为畅销书，并一举使休谟跻身历史学家的行列。通过阅读此书，读者可以更加深入地了解到英国的政治制度是如何演变、法律规则是如何变化的等等，相较于专业的教科书，读来更有历史感和真实感。

《论人与人之间不平等的起因和基础》

〔法〕卢梭 著

作为启蒙运动卓越代表的卢梭，其社会契约论和人民主权思想对后世有着深刻影响，富有启迪和借鉴作用。《社会契约论》和《论人与人之间不平等的起因和基础》是卢梭最重要的作品，也是北京大学法学院法理学、宪法、行政法与行政诉讼法、经济法等课程的必读作品。

推荐版本：

- 商务印书馆 李平沤译
- 广西师范大学出版社（2002 年） 高煜译

关于作者

相信很多读者都还记得，在高二的历史课本中，最重要的历史时期之一就是启蒙运动，它与文艺复兴共同标志着欧洲社会由中世纪的黑暗神权社会走向自由民主的资本主义时代。而启蒙运动中最为重要的两位思想家，一位是主张三权分立的孟德斯鸠，另一位就是提出社会契约论的卢梭。以他们为代表的古典自然法学派开创了现代法治思想的先河，赋予人的理性以至高无上的地位，认为法律应该为人服务，以保护人的权利和自由为价值，违背人类理性的法没有合法性基础。他们用理性启迪了人类，唤醒了正义和自由，开辟了资本主义民主与法治的新时代。

卢梭（1712—1778），法国启蒙思想家，激进的民主主义者，18

世纪启蒙运动卓越的代表之一，古典自然法学派的重要人物。他出身贫寒，先后当过学徒、仆人、随从、家庭教师、秘书等，社会经历复杂，但丰富的人生阅历使得卢梭比他人更加全面而深刻地认识了这个社会。卢梭一生未接受过系统的学校教育，他后来能够成为著名学者，完全是靠自学成才的。他参加法国第戎科学院的征文活动获头等奖，一举成名。但他的命运并未因此好转，多次因为著作、思想激进而被迫流亡，以至于一生都颠沛流离。1778 年，卢梭在贫寒交加中病逝。他死后第 11 年，法国大革命爆发了，革命者给了卢梭以巨大的荣耀，他的遗体在隆重的仪式下移葬于先贤祠，与伏尔泰并列。在法国国民议会的大厅里竖立着卢梭的半身像，面对着华盛顿和富兰克林。

卢梭聪明好学，才华过人，一生著述颇丰。他在政治、法律、哲学、文学、教育、音乐等方面都有建树。其政治法律方面的思想主要集中在其名著《社会契约论》和《论人与人之间不平等的起因和基础》中。

要理解卢梭的作品及其思想，首先应当对法国及欧洲当时的历史背景进行了解。卢梭生活的 18 世纪的法国，正处于大革命前夜，危机四伏，社会矛盾异常尖锐。在等级森严的社会中，僧侣和贵族几乎垄断了一切权力，新兴资产阶级和广大人民处于一种无权并受压迫的地位。封建统治异常专制，特权阶级横征暴敛、穷奢极欲。新兴资产阶级为封建王权提供了滚滚财源，但政治上却一无所获，他们对封建王权日益不满，要求变更社会制度的愿望日益强烈，一场新的革命即将爆发。卢梭就生活在这场伟大的变革中，其思想无疑是时代精神的真实反映。

荐读理由

本书是卢梭为参加法国第戎科学院的征文活动而写的论文，书名亦被译为《论人类不平等的起源和基础》。这本阐发其政治思想的著作，在思想体系上可视为 1762 年发表的《社会契约论》的基础和绪论。

本书分为两大部分：第一部分详述了人类的自然状态以及在自然状态中发展起来的、导致人类进入文明社会的因素；第二部分论述了社会状态中人类的不平等、政治奴役和道德堕落的发展。

与其他自然法学者不同，卢梭否认理性是人之本性，他认为人首先是情感的动物，人在社会状态下的正义、所有权、权利等并不是与生俱来的。卢梭指出，他所说的自然状态仅仅是一种假定，而不是人类进入政治社会之前的实际状态，其用意是以此为前提，推定政府的生成。在自然状态中，人类过着离群索居的生活，没有固定的家庭生活，没有住宅，没有财产，人没有互相攻击和掠夺的本性，只有怜悯他人和自我保存的天然感情。在卢梭看来，人们虽然关心“自我保存”，但这种情感却不会危及他人。因此，自然状态是一种和平状态，是最适合人类生活的自由平等状态，并非如霍布斯在《利维坦》中所说的那种“一切人反对一切人”的战争状态。卢梭将其称之为人类的“黄金时代”。

但是人有独特的异于禽兽的自我完善能力，共同劳动、家庭的发展促进了人与人的交往，使人的潜在机能被激发起来，导致社会状态的出现。私有制是文明社会的基础，农业和冶金术的发明是导致这一巨大变革的决定性原因。从此人类产生了许多新的欲望和偏见，道德急剧堕落，富人和穷人的差别出现，人类落入了可怕的战争状态。于是富人哄骗穷人订立社会契约，社会和法律就是这样起源的，它们保护富人欺压穷人，这是不平等发展的第一阶段。订立了契约就需要有保障其实施的强力机构，权力的设立是不平等发展的第二阶段，它确立了强者和弱者的区别。暴君政治的出现是不平等发展的第三阶段和顶点，它确立了主人和奴隶的区别。既然暴君依仗暴力蹂躏法律，人民就有权用暴力推翻他。

这就是卢梭社会契约论和人民主权说的逻辑线索。相较于文明社会，卢梭偏爱人类的自然状态，并认为文明为人类套上了枷锁，“人是生而自由的，却无往不在枷锁之中”。从表面上看这是一种落后倒退的思想，其实不然，这正反映了思想家对不平等的现实的不满，表现了卢梭对资本主义未来生活的向往与渴望。这种自然法理论对封建专制给予了无情的抨击和批判，为建立一个合乎人性的资本主义社会提供了理论依据。

先睹为快

谁第一个圈出一块土地，大言不惭地说“这是我的”，并且找到了一些傻乎乎的人竟相信了他的话，谁就是文明社会的真正奠基人。假如这时有人拔掉木桩，或者填平沟渠，并向同胞们大声疾呼：“不要听信这个骗子的话！如果你们忘了果实属于大家而土地不属于任何人，你们就全完了！”那么人类将免除多少犯罪、战争和谋杀，免受多少不幸和恐怖啊！但是当时事态的发展，很可能到了不能再保持以前那种状态的地步。因为在人的头脑中，私有制的概念不是一下子形成的，它与以前产生的许多概念有关，而这些概念只能是相继产生的。人类必须获得许多进步，获得许多技艺和知识，世世代代往下传，并且不断地使之增长扩充，才会走到自然状态的末期。因此，我们要回溯到久远的从前，尽力本着一种观点，以最自然的顺序把一系列缓慢发生的事件和知识连接起来。

人的第一个意识是他的存在意识。他所关心的首要事情是自我保护。大地为他提供了生活必需的东西，本能地驱使他去利用它们。饥饿和其他种种欲念使他相继采取各种生存方式。其中有一种欲念会促使他繁衍后代，而这是一种盲目的欲念，不含任何发自内心的感情，只会产生纯粹的动物行为。需要已经满足，两性彼此就不再相识，甚至孩子一旦自立，也不再属于母亲。

这就是人类的初始状态，人起先只过着纯感觉的动物般的生活，几乎不去利用大自然赋予的资质，也根本不想向大自然索取什么东西。但是人不久就遇到了困难，必须学会克服它们。例如：树太高，树上的果子人够不着；其他动物与人争夺食物；还有觊觎人性命的猛兽。所有这些都迫使人去努力进行身体训练。他必须锻炼得机敏灵活，奔跑迅速，精力充沛，斗志顽强。他很快就会利用树枝、石块这些天然武器。他学会了克服大自然的障碍，学会了在必要时与野兽搏斗，学会了与自己的同类争夺生活必需物，或者为自己让与强者的东西寻求补偿。

延展阅读

《忏悔录》

这是作者的另一部精品。

这部名为“忏悔”实为“控诉”的《忏悔录》，是卢梭于晚年撰写的自传体小说，讲述了他被侮辱、被伤害的一生。作品思想内容丰富，人物形象鲜明，情节生动真实，是卢梭文学创作中最为重要的一部。卢梭在书中以惊人的诚实、坦率的态度和深刻的内省，叙述了自己从出生到1766年离开圣皮埃尔岛之间50多年的生活经历，讲述了他的全部思想感情，剖析了他的行为和内心世界。小说的问世，开拓了浪漫主义文学的道路，深刻地影响了19世纪欧洲思想和文学的发展。

《社会契约论》

〔法〕卢梭　著

推荐版本：商务印书馆　何兆武译

关于作者

见《论人与人之间不平等的起因和基础》之“关于作者”。

荐读理由

本书重点讨论了两个问题，即卢梭的国家理论与卢梭的法律和法治思想。

作为社会契约论的集大成者，卢梭的国家理论是以社会契约论为基础构建的。他认为，按照自然法的原则，人们要在完全平等的基础上自愿联合起来，通过订立社会契约建立国家，制定法律，以保护每一个人的天赋权利。每个人将自身一切权利全部都转让给整个集体，这一结合行为就产生了一个道德与集体的共同体，以代替每个订约者个人，并形成独立的公共人格，以前称为城邦，现在则称为共和国或政治体，国家就这样形成了。

卢梭的国家理论中的核心是人民主权思想，他坚决主张国家主权应该属于人民而且永远属于人民。他认为人民主权应有下列原则：主权是不可转让的；主权是不可分割的；主权是不可代表的；主权是绝对的、至高无上的和不可侵犯的。正因如此，卢梭主张实行民主共和政体，反对任何形式的君主立宪，在这点上，他和孟德斯鸠、洛克持完全相反的意见。卢梭的人民主权理论无疑更富有进步意义和革命精神。在他的理论中给予了人民前所未有的自由，不给神权和王权半点立锥之地；他的理论是反对封建专制最有力的武器，使古典自然法学说和资产阶级启蒙思想达到历史最高水平。

关于法律和法治。同其他启蒙思想家一样，卢梭也将法律分为自然法和人定法，后者又被分为政治法、民法、刑法、风俗习惯和舆论。卢梭认为法律具有两个本质属性：对象普遍性和意志普遍性。即法律只调整某一类人或某一类行为，不调整个人行为；法律必须反映全体人民的意志。卢梭认为人民服从法律就相当于服从自己。关于立法，卢梭也有一套原则理论：首先，立法必须以保护人民的自由和平等为原则；其次，立法应注意各种自然和社会的条件；第三，要保持法律的动态稳定。

卢梭认为法律是自由的基石，“根本就不存在没有法律的自由，也不存在任何人是高于法律之上的”。同时他又认为自由是立法的目标之一。在他看来，自由和法律相辅相成，法律是自由的基础和保障，自由是法律的目标和价值，二者可谓一荣俱荣、一损俱损。卢梭还提出了法律面前人人平等的思想。他强调，立法者不是个人，立法应当由全体人民普遍参加；任何人都必须受法律的约束，哪怕是君主也不能自居法律之上。

卢梭对法律和法治的认识无疑是深刻并超前的，他关于法律的分类，基本接近于现代法律的分类；对法律本质的认识也符合现代法学的标准；对法律与自由、法律与平等的论述正是现代法治的应有之义。卢梭虽早已离我们而去，但他的这些思想依然对我们富有启迪和借鉴作用。

先睹为快

事物之所以美好并且符合秩序，乃是由于事物的本性所使然，而与人类的约定无关。一切正义都来自上帝，唯有上帝才是正义的根源；但是如果我们当真能在这种高度上接受正义的话，我们就既不需要政府，也不需要法律了。毫无疑问，存在着一种完全出自理性的普遍正义；但是要使这种正义能为我们所公认，它就必须是相互的。然而从人世来考察事物，则缺少了自然的制裁，正义的法则在人间便是虚幻的；当正直的人对一切人都遵守正义的法则，却没有人对他也遵守时，正义的法则就只不过造成了坏人的幸福和正直的人的不幸罢了。因此，就需要有约定和法律来把权利与义务结合在一起，并使正义能符合于它的目的。在自然状态中，一切都是公共的，如果我不曾对一个人作过任何允诺，我对他就没有任何义务；我认为是属于别人的，只是那些对我没有用处的东西。但是在社会状态中，一切权利都被法律固定下来，情形就不是这样的了。

我说法律的对象永远是普遍性的，我的意思是指法律只考虑臣民的共同体以及抽象的行为，而绝不考虑个别的人以及个别的行为。因此，法律很可以规定有各种特权，但是它却绝不能指名把特权赋予某一个人；法律可以把公民划分为若干等级，甚至于规定取得该等级的权利的种种资格，但是它却不能指名把某某人列入某个等级之中；它可以确立一种王朝政府和一种世袭的继承制，但是它却不能选定一个国王，也不能指定一家王室；总之，一切有关个别对象的职能都丝毫不属于立法权力。

根据这一观念，我们立刻可以看出，我们无须再问应该由谁来制定法律，因为法律乃是公意的行为；我们既无须问君主是否超乎法律之上，因为君主也是国家的成员；也无须问法律是否会不公正，因为没有人会对自己本人不公正；更无须问何以人们既是自由的而又要服从法律，因为法律只不过是我们自己意志的记录。

我们还可以看出，法律既然结合了意志的普遍性与对象的普遍性，所以一个人，不论他是谁，擅自发号施令就绝不能成为法律；即使是主权者对于某个个别对象所发出的号令，也绝不能成为一条法律，而只能是一道命令；那不是主权的行为，那只是行政的行为。

延展阅读

《爱弥儿》

这是作者的另一部精品。

本书又称《论教育》，是卢梭的重要著作。此书出版时，轰动了整个法国及西欧资产阶级国家，影响巨大。这部书不仅是卢梭论述资产阶级教育的专著，而且是他阐发资产阶级社会政治思想的名著。《爱弥儿》一书通过对卢梭所假设的教育对象爱弥儿的教育，来反对封建教育制度，阐述他的资产阶级教育思想。本书共分五卷。卢梭根据年龄提出了对不同年龄阶段的儿童进行教育的原则、内容和方法。在第一卷中，着重论述对 2 岁以前的婴儿如何进行体育教育，使儿童能自然发展。在第二卷中，主张对 2 岁至 12 岁的儿童进行感官教育。在第三卷中，他认为 12 岁至 15 岁的少年由于通过感官的感受，已经具有一些经验，所以主要论述对他们的智育教育。在第四卷中，他认为 15 岁至 20 岁的青年开始进入社会，所以主要论述对他们的德育教育。在第五卷中，他认为男女青年已有了自然发展的需要，所以主要论述对女子的教育以及对男女青年的爱情教育。卢梭提出的按年龄特征分阶段进行教育的思想，在教育史上无疑是个重大的进步，它对后来资产阶级教育学的发展，特别是对教育心理学的发展，提供了极其可贵的启示。

《论犯罪与刑罚》

〔意〕贝卡里亚　著

这是任何一个对法律有兴趣或者关心生命、自由、权利的人都不应错过的伟大著作，在短短 6 万字里，刑法学家贝卡里亚用精妙而又朴实的语言提出了罪刑法定、罪刑相适应及刑罚人道化等人道主义刑罚原则，对后世影响深远。此书也是北京大学法学院刑法总论、刑法分论、刑事诉讼法、法理学等课程的必读作品。

推荐版本：北京大学出版社　黄风译

关于作者

切萨雷·贝卡里亚（1738—1794），意大利著名的法学家，资产阶级刑事古典法学派的创始人之一。他的著作《论犯罪与刑罚》一书具有划时代的意义，标志着刑法学作为独立学科的诞生，贝卡里亚也因此被誉为“近代刑法之父”。

贝卡里亚出身于米兰的一个侯爵家庭，他祖母去世时留下了丰厚的遗产，依靠遗产和其他家庭收入，贝卡里亚出生后一直过着贵族的富裕生活。作为长子，贝卡里亚还有两个弟弟和一个妹妹。贝卡里亚天资聪颖，幼年在教会学校上学时就被同学称为“小牛顿”。16 岁时贝卡里亚进入帕维亚大学攻读法律专业，1758 年毕业后回到米兰，加入了其好友韦里创办的“拳头社”。在这个小团体中有年轻的数学家、法学家和经济学家，成员都是血气方刚、风华正茂的青年，贝卡里亚与这些当地上流社会的青年知识分子们打成一片。对贝卡里亚来说，“拳头社”的活动对他的思想启蒙和视野扩展起着十分重要的作用。

生活于资产阶级启蒙思想广为传播的时代，年轻的贝卡里亚深受资产阶级启蒙思想家孟德斯鸠、爱尔维修、伏尔泰的影响，接受了卢梭的“社会契约论”的学说。1764 年，在他的激进的自由主义同伴们的启发、鼓励与帮助下，26 岁的贝卡里亚完成了他的成名作，也就是后来震动了全世界的一本仅 6 万字的小册子:《论犯罪与刑罚》。

贝卡里亚这些振聋发聩的论述，立即引起宗教和保守势力的惊慌，在众友人的斡旋下，尽管贝卡里亚没有受到实际的宗教迫害，但《论犯罪与刑罚》被列入天主教会的禁书目录中，理由是它过分地宣传了理性主义哲学。贝卡里亚的书在法国知识分子中引起了强烈反响，但由于贝卡里亚天生敏感、怯懦的性格，使得其并未如预想的那样在学术界一帆风顺取得辉煌的成就。1768 年，贝卡里亚受聘成为米兰宫廷学校经济贸易学教授，后因生活入不敷出，又兼任政府公务人员。直到 1791 年被任命为伦巴第刑事立法改革委员会成员，为贝卡里亚一展自己的抱负提供了机会，可惜他仅留下了一些书面的咨询意见，三年后，贝卡里亚就因中风辞世了。

荐读理由

在这本书中，贝卡里亚深刻揭露了旧刑事制度的蒙昧主义本质，依据人性论和功利主义的哲学观点分析了犯罪与刑罚的基本特征，明确提出了后来为现代刑罚制度所确认的三大刑罚原则，即：罪刑法定原则、罪刑相适应原则、刑罚人道主义原则；并呼吁废除刑讯逼供和死刑，实行无罪推定。

在卢梭的“社会契约论”学说中，人是生来自由的，只是由于生存斗争日益尖锐，才为了平安地享受自由而将部分自由交给社会统一掌握，这些自由便形成立法权和惩罚权。贝卡里亚完全接受卢梭的理论，并认为，只有根据社会契约代表整个社会掌管由公民自愿交出自由的人，才拥有为犯罪规定刑罚的立法权；而法官的唯一使命就是审查和裁定公民的行为是否符合成文的法律，不得以任何借口增加对犯罪公民的既定刑罚。除此之外，贝卡里亚还坚决地否认法官拥有解释法律的权力，认为如果允许法官解释法律，可能会因法官的主观感情或价值观导致不公正。

贝卡里亚依据资产阶级启蒙思想和功利主义哲学，认为犯罪应当是一个充分明确的、不容改变的法律定义，只有在维护社会契约秩序的目的下，法律才能对违背社会契约的行为作出“犯罪”的评价，只有法律才能规定什么是犯罪。同时他认为对犯罪过于严厉的刑罚，虽然在一定程度上可以遏制一些人犯罪，但是对另一些人来说可能更具有犯罪的吸引力。刑罚的残酷性造成了同预防犯罪的宗旨相违背的有害结果，以酷刑或者重刑来预防犯罪是难以达到其预期效果的。“严酷的刑罚也违背了公正和社会契约的本质”，因为“刑罚的目的仅仅在于：阻止罪犯再重新侵害公民，并规诫其他人不要重蹈覆辙”，而“不是要摧残折磨一个感知者，也不是要消除业已犯下的罪行”，因为“人的心灵就像液体一样，总是顺应它周围的事物，随着刑罚变得日益残酷，这些心灵也变得麻木不仁了”。

贝卡里亚同时提出了三项原则来适用刑罚：第一，要维护刑罚的肯定性，即在观念上建立起犯罪和刑罚的必然因果联系以威慑罪犯；第二，应当使刑罚的强度和性质与犯罪的严重程度和性质相对称；第三，要使犯罪及时得到惩罚，使人们自然而然地将犯罪看作是惩罚的原因。

为了反对旧时代的刑讯逼供这一恶习，贝卡里亚提出了“在法官判决之前，一个人不能被称为罪犯”的无罪推定原则。他认为，“如果犯罪是肯定的，对他只能适用法律所规定的刑罚，而没有必要折磨他，因为，他交代与否已经无所谓了。如果犯罪是不肯定的，就不应折磨一个无辜者，因为，在法律看来，他的罪行并没有得到证实”。刑讯的方法“能保证使强壮的罪犯获得释放，并使软弱的无辜者被定罪处罚”，其造成的后果就是“无辜者处于比罪犯更坏的境地。尽管二者都受到折磨，前者却是进退维谷：他或者承认犯罪，接受惩罚；或者在屈受刑讯后，被宣告无罪。但是罪犯的情况则对自己有利，当他强忍痛苦而最终被无罪释放时，他就把较重的刑罚改变成较轻的刑罚”。

相较于前人，贝卡里亚强烈地反对死刑制度，认为死刑是滥用刑罚权的极端反映。他从死刑违背了社会契约、并不是威慑犯罪的最有效的手段、易引起旁观者的同情和怜悯、其威吓作用是多余的、死刑会败坏社会道德和一旦发生错误则无法挽回等方面论证了废除死刑的必要性。此外，贝卡里亚还在该书中提出了诸如审判公开、正当程序、诉讼时效、刑事证据的合法性等刑事诉讼的基本原则。

《论犯罪与刑罚》是第一部系统研究现代刑法理论的著作，它系统地阐明了现代刑法和刑事诉讼法理论的基本原则，成为刑事法律从古代法走向近代法乃至现代法的开端，被刑法学者们奉为经典之作。贝卡里亚也被资产阶级刑法学者誉为“近代刑法的始祖”，他在该书中所确立的原则为以后的刑法变革奠定了基础，今天各国刑事法律的基本原则和基本司法制度都是在贝卡里亚思想的直接或者间接影响下确立的。

先睹为快

法官对刑事案件的判决，都应该遵循三段论式的逻辑推理。大前提是一般法律，小前提是行为是否符合法律，结论是自由或者惩罚。一旦法官被迫或者自愿做哪怕只是两种三段论推理的话，就会出现捉摸不定的前景。

为了不使刑罚成为某人或某些人对其他公民施加的暴行，从本质上来说，刑罚应该是公开的、及时的、必需的，在既定条件下尽量轻微的、同犯罪相对称的并由法律规定的。

刑法的目的仅仅在于：阻止罪犯再重新侵害公民，并规诫其他人不要重蹈覆辙。

对于犯罪最强有力的约束力量不是刑罚的严酷性，而是刑罚的必定性。

严峻的刑罚造成了这样一种局面：罪犯所面临的恶果越大，也就越敢于规避刑罚。为了摆脱对一次罪行的刑罚，人们会犯下更多的罪行。刑罚最残酷的国家和年代，往往就是行为最血腥、最不人道的国家和年代。

延展阅读

《犯罪构成要件理论》

小野清一郎（1891—1986），毕业于东京帝国大学（即今天的东京大学）法学院，后赴柏林大学留学，受到了贝林格倡导的构成要件理论和以构成要件论为中心所建构的犯罪论体系的影响，这也使他后来的研究向理论法学倾斜。小野先生的刑法学是以道义责任论和构成要件理论为两大支柱构建的。在日本，正是小野清一郎和泷川幸辰一起，使以构成要件理论为核心的客观主义刑法理论体系在日本刑法学界取得通说地位。本书详细地研讨了构成要件的概念及其理论功能；构成要件与违法及道义责任的关系；构成要件中的规范要素和主观要素；构成要件与行为；构成要件与因果关系；构成要件的修正形式以及构成要件与共犯、罪数；作为刑事诉讼的指导形象的犯罪构成要件；构成要件和公诉事实及诉讼原因；构成要件与证据；构成要件与上诉审的结构等问题。

《联邦党人文集》

〔美〕汉密尔顿、杰伊、麦迪逊　著

《联邦党人文集》被誉为美国宪法的“圣经”，是对美国宪法和联邦政府所依据的原则的精辟说明和高度的理论阐述，构建了美国的基本政治制度，成为人类政治历史领域的一项创造性突破和重大建制。此书是北京大学法学院宪法、法理学、行政法和行政诉讼法、经济法、外国法制史等课程的必读作品。

推荐版本：商务印书馆　程逢如等译

关于作者

《联邦党人文集》对于美国的重要性可以说仅次于《独立宣言》和宪法，它的最初形式并非理论专著，而是85篇报刊评论。1787年5月，根据美国联邦国会的邀请，在乔治·华盛顿的主持下，在费城举行了全国代表会议。会议的原定目的是：修改执行已有八年之久的《邦联条例》。但是，经过了近三个月的秘密讨论以后，会议不仅否定了这个条例，而且重新制定了一部取而代之的新宪法。因此，这次会议就成了美国历史上著名的制宪会议。新宪法在费城会议通过后，要由十三个州的代表会议分别批准，而且规定有九个州同意，即可生效，因此就发生了美国历史上一场最激烈的论战。本书就是这次论战的产物。它是亚历山大·汉密尔顿、约翰·杰伊和詹姆斯·麦迪逊三人为争取批准新宪法在纽约报刊上以“普布利乌斯”为笔名而发表的一系列的论文文集。为了克服邦联体制的缺陷，它要支持建立一个有活力的全国政府；为了消除人民对联邦政府的恐惧，它要说明受到民意约束、体现分权制衡原则的公共权力与个人自由是协调的。与抽象地阐述政治学说的思想家们不同，联邦党人的政治理论寓于对具体问题的讨论。

亚历山大·汉密尔顿（1757—1804），原为律师，后曾任华盛顿的军事秘书和革命军团长；参加过被称为制宪议会先驱的安那波利斯会议，是制宪会议的成员；新政府成立后，任首任财政部长。

约翰·杰伊（1745—1826），律师兼外交家。主要从事外交活动，是1783年美国独立条约的签订人，也是1793年中立宣言的起草人；1794年，曾同英国签订解决合约签订后争端的“杰伊条约”。新政府成立后，任临时国务卿，后任第一任司法部长、纽约州长等。

詹姆斯·麦迪逊（1751—1836），独立运动的主要人物之一。曾参加第一届大陆会议；在费城制宪会议中作用卓著，并保存了最完整的会议记录，有“宪法制定人”之称。新政府成立时任众议院议员；在第一届国会期间，在拟定人权法案时起了重要作用；后任国务卿和第四任总统。《联邦党人文集》中最重要的第10篇和第51篇皆为麦迪逊所作，它们表达了美国最重要的立宪思想，因而几乎具有宪法性地位。

荐读理由

《联邦党人文集》作为一部政治学的经典名著，对后世诸多国家的政治制度产生了深远的影响。联邦党人创新性地以分权制衡原则构建了一套比较完善的国家基本政治制度。实践也证明，分权制衡是人类政治文明和法治文明的智慧结晶和经验总结。

在《联邦党人文集》中，汉密尔顿、杰伊和麦迪逊基于对具体宪法制度的讨论，共同提出了立宪设计的五个规范性原则：

第一，使私利服务于公益。该原则基于两项前提性判断：首先，在美国这样一个利益多元化的商业社会，美德和自觉已不足以维护公

 089

共利益，因此必须探寻保障公益的新方式；其次，由于自利本身可能同时具有利他的社会属性，故可以通过合理的制度设计使个人在追求私利的同时有助于公益。联邦党人采取了现实主义的态度，承认共和国必然在很大程度上承认差异、自利和个人选择的正当化。人的天性有趋利避害的一面，但是不可否认的是，美德也是人与生俱来的一部分。与霍布斯的人性本恶的观点相反，麦迪逊指出对人性的某种尊重和信任是必要的，而共和政体要比任何其他政体更加以这些品质的存在为先决条件。至于自利与利他之间的调和，联邦党人们提出，如果保持权力是政治家的利益，那么即便出于策略考虑，增进公众利益仍然不失为政治家的明智之举。例如，无论议员有什么希望和打算，大多数因受人民拥戴而飞黄腾达的人，不会轻易实行损害人民权利的做法。在具体实施方案中，我们可以看到，从第 51 篇讨论众议院的宪法设计开始，对各机关的不同任期、选任方式、资格、机构规模、权力清单等的安排，都极为精密细致，而这也正是理解联邦党人政治理论的制度主义特征的一个关键。

第二，防止做自己案件的法官。霍布斯曾在《利维坦》中说："我们既然假设每一个人所做的一切都是为了自己的利益，所以任何人在自己的争讼案件中充当公断人都不相宜。"联邦党人也坚持这一常识性公理。麦迪逊指出，人不应被准许审理他自己的案件，因为他的利益肯定会使他的判断发生偏差，而且也可能败坏他的正直为人；由于同样的理由，人的团体也不宜于同时既做法官又做当事人。汉密尔顿也宣称，任何人均不能作为其本人或与其本人有任何干系或其本人有所偏私一类案件的裁判者。这一原则也是为分权体制进行辩护的重要理论基础。基于这一原则，立宪设计中对立法机关的防范也是最为严密的：两院分权、总体否决、司法审查、权利法案等等，都旨在减少立法机关做自己案件的法官的能力和机会。麦迪逊也是从这一原则推出宪法至高无上的地位，因为普通法律是由政府制定的、能够更改的，而宪法是由人民制定的、政府不能更改的。在论述司法审查的必要性时，这一判断是一个关键前提。

第三，以野心对抗野心。分权制衡是美国宪法的重要原则，而联邦党人对分权的理解是独特的：分权不是要划清各部门的行动范围使其互无关联，而恰恰是要通过权力的部分共享来实现彼此制衡。而且，要实现有效的权力监督，必须给予各个部门的掌权者内在的激励，而不仅仅是规定纸面的权力。引申来看，这一原则不但有助于维持政府各部门之间的建设性紧张关系，也凸显了权利法案所保障的公民自由的政治意义。因为宪政体制不是一台“永动机”，需要不断添加燃料，即只有通过周期性选举源源不断输入政治压力，才能为权力的多中心设置提供运行的动力，即公共权力寄于民意。

第四，控制和利用党争。一方面，党争是政治自由的必然产物，麦迪逊希望把容忍党争作为维护共和国政治自由的基本手段；另一方面，党争的弊害也会损害代议制。因此，在联邦党人的宪法设计中，利用众多党派的事实，实现派系自我抑制，即对党争保持警惕和利用。同时，让宪法制约政党，分散和削弱党派活动的力量，使派别利益难以集中和串通起来，否则，联邦政府将沦为执行党派意志的工具。这种宪法安排的最终整治后果是积极的，“有组织的反对派的早期创立，通过对持异议者的合法性的承认，反而巩固了这个年轻的共和国”。

第五，减少制度挑战良心的机会。联邦党人认识到，制度的根本功能是防止私利在公共生活中的泛滥，立宪设计必须建立在承认自利是政治社会一般状况的前提上，即良好的制度是普遍公益感的前提而非结果，时刻要对当权者提高警惕。联邦党人还注意到，人不但自利，还很软弱。在论述严格的薪俸保障对法官独立品格的意义时，汉密尔顿指出，不能把法官的独立品格寄希望于其个人修养，相反，法官的独立和坚定是制度严密的结果，所以宪法要通过终身任职、薪俸可增不可减等严格措施来保障法官的独立。需要强调的是，联邦党人希望立宪设计减少制度挑战个人良心的机会，但这并非否定良心对于制度的意义，他们关注的是制度本身对于形成公益感和良知的意义。

联邦党人是现代制度主义理论的先驱，他们的立宪设计既基于人性特征的某些描述性假定，也依赖于若干规范性政治原则，所有这些，都支持他们认为立宪活动是可以“深思熟虑和自由选择”的，而不需消极地受制于“机遇和强力”。《联邦党人文集》不但有助于我们理解美国宪法制度的某些独特含义，也有助于引导我们理解现代宪法理论的一般特征。

先睹为快

第二，在共和国里极其重要的是，不仅要保护社会防止统治者的压迫，而且要保护一部分社会反对另一部分的不公。在不同阶级的公民中必然存在着不同的利益。如果多数人由一种共同利益联合起来，少数人的权利就没有保障。只有两个方法可防止这种弊病：其一是在不受多数人约束，也就是不受社会本身约束的团体中形成一种意愿；其二是使社会中包括那么许多各种不同的公民，使全体中多数人的不合理联合即使不是办不到，也是极不可能。第一个办法在一切具有世袭的或自封的权力的政府中是很普遍的。这充其量不过是一个不可靠的预防办法，因为一种不受社会约束的权力可以赞助少数人的合理利益，同样也可以赞助多数人的不合理见解，也可能被用来反对两者。第二个办法可用美利坚联邦共和国来作范例。它所有的权力将来自社会和从属于社会，社会本身将分为如此之多的部分、利益集团和公民阶级，以致个人或少数人的权利很少遭到由于多数人的利益结合而形成的威胁。在一个自由政府里，保障民权一定要和保障宗教权利一样。在前一种情况中，它包括各种各样的利益，而后一种情况则包括各种各样的教派。两种情况下的保证程度，将决定于利益和教派的多少；也可认为，决定于国家的幅员和同一政府下所包括的人数。对这个问题的这种看法，必然会特别向共和政府的所有诚实而考虑周到的赞助者推荐一种适当的联邦制度；因为这个看法表明，随着联邦的领土可能形成几个范围较小的邦联或州，会使多数人便于结成压迫他人的集团；在共和政体下对每个阶级公民权利的最好保证就会削弱；因此政府某些部门的稳定和独立（唯一的另一保证）必然会相应加强。

延展阅读

1787 年美国宪法

美国宪法可以说是当今世界上最著名的宪法之一，它不仅是美国的根本大法，更重要的是它奠定了美国政治制度的法律基础。美国宪法是世界上第一部成文宪法，分为序言、正文（共 7 条）及 27 条修正案，以三权分立、联邦体制、宪法至上、人人平等为原则，其主要目的是限制政府权力和保障人民自由。

《辩论：美国制宪会议记录》

这本书记载了 1787 年美国建国之父们设计联邦政府的全过程，记录了代表们在每天会议上的发言。全书按麦迪逊在制宪会议期间的原始手稿排印，一天不缺，写法类似连续剧，记下了历史人物在每天不断深入的辩论上的发言。从中，读者不但可以看到剧情（不断增加的议题）的展开，而且透过台词，可以观察出历史人物们逐渐展开和变化的思想，了解他们的性格。全剧收尾时，留下一种悲剧的气氛，掩卷后，令人陷入长久的沉思。

《道德与立法原理导论》

〔英〕边沁 著

该书是功利主义伦理学创始人和法律改革家边沁的代表作，系统阐述了法学理论的重要分支——与自然法学相对立的功利主义立法学思想，是北京大学法学院经济法、宪法、法理学、西方法律思想史等课程的推荐读物。

推荐版本：商务印书馆 时殷弘译

关于作者

提到边沁（1748—1832），首先想到的就是其著名的功利主义理论。那么什么是功利主义？简单来讲就是避苦求乐，根据人行为本身所引起的苦与乐的大小程度来衡量该行为的善与恶。从人性出发，凡是能够减轻痛苦、增加快乐的，在道德上就是善良，在政治上就是优越，在法律上就是权利。从广义上讲，功利主义思想早在古希腊时期就由德谟克利特提出过，文艺复兴运动的实质也是追求人性的解放，而到了培根时期，近代快乐主义就开始了。对边沁影响颇大的贝卡里亚曾说过，制定法律的人“只考虑一个目的，即最大多数的人的最大幸福”。

功利主义由边沁在《道德与立法原理导论》中系统提出，后经19世纪的思想家密尔修正成为一门风靡西方的“显学”。作为系统阐述功利主义思想的主要代表，边沁认为，政府的职责是通过避苦求乐来增进社会的幸福，大多数人的最大幸福就是判断是非的标准，功利原理应当贯穿于立法、执法和守法的各个方面。

边沁生于伦敦的一个律师世家，家资颇丰。幼年时期的边沁聪颖好学，喜爱阅读，对英国当时古板保守的教学方式非常厌倦，在牛津大学这样的知名学府的求学经历对他来说甚至只是一段不愉快的回忆，“我认为谎言和虚伪是英国大学教育的必然结果，而且也是唯一的必然结果”。少年时期的边沁就满怀改革梦想，自信有朝一日必能改变英国“污秽的现状”。15 岁时，边沁顺从父愿，进入林肯律师学院学习法律，并在高等法院法庭中做见习生。24 岁第一次以律师身份登上法庭，但这也是最后一次，英国司法界的腐败状况令他非常厌恶，他很快就结束了自己的律师生涯，将更多精力投入到学术研究和法律改革中。

1789 年，法国召开了著名的三级会议，边沁也满怀希望地构思着某些制度改革，以期能够在法国轰轰烈烈地实现，他更强烈的愿望是立法机关委任他设计一个功利主义原则指导下的法典化体系，为此他积极向各国政府推荐自己。然而边沁的改革倡议屡屡受挫，使他的思想发生了很大变化，从博爱主义转向哲学激进主义，并全力鼓吹改革。

边沁一直单身，没有家眷，独特的生活方式使他得以献身于全人类。晚年时，边沁知名度很高，受人尊敬，被认为是其参与创立的伦敦大学学院的精神领袖。

荐读理由

1798 年出版的《道德与立法原理导论》是边沁最著名的作品，该书系统地阐述了功利主义伦理学和功利主义立法学思想，标志着其功利主义法学体系的正式形成。该书也是边沁创作活动的一个分水岭，并同时为他奠定了著名伦理学家和法学家的地位。

在该书中，边沁从批判启蒙时期的自然法理论和当时的保守思想出发，提出了他的功利主义原理：避苦求乐是人们行为的动机和出发点；判断行为的好与坏要看该行为的后果是否符合功利原则，即“最大多数人的最大幸福”。接着他以功利主义原则为基础，引申出他的政治法律和社会改革思想，并成为激进主义社会改革运动的理论基础。可见，边沁的功利主义思想由苦乐原理、功利原理以及法律调节与社会改革思想三个相互联系的部分组成。

边沁在该书中首先阐述了个体道德论上的苦乐原理。与之前的功利主义者不同，边沁坚持痛苦和快乐没有质的不同，是可以在量上进行计算的。为此，边沁对痛苦和快乐作了具体的分类，认为复杂的苦乐只是简单的苦乐上数量的增加，没有质的差别，只有通过像数学那般严格、无法比拟的更为复杂和广泛的探究，才会发现构成政治和道德科学之基础的真理。通过计算，人们可以更便捷地去追求那种强度高的、持续时间长的、确定性强的、纯度高且范围广的最大化的快乐。

其次，边沁在苦乐原理的基础上，提出了功利原理，从而将个体道德理论扩展到社会伦理领域。边沁将功利主义分为三个层次：人类行为的目的是追求幸福；功利也是利益；功利不仅是个人的，也是社会的。他强调，功利原则是以行为给人带来幸福的效果为最高价值的原则，功利主义强调道德行为的效果，而不是行为的动机。

最后，法律调节和社会改革思想是边沁功利主义理论的必要而有机的组成部分。其功利主义理论具有非常强的实践性品格，其最终目的是为了更好地改造社会制度和法律立法体系；同时，法律又是功利主义改革的工具。法律作为调节伦理关系、控制社会秩序的手段，深为边沁所重视，尤其是对社会制裁力以及立法的研究。约翰·穆勒曾评价道：“边沁的研究从法律开始，在这个领域他取得了最伟大的成就。他发现法律的哲理杂乱无章，他将其改造成为科学。”

边沁深信功利主义是制度的基础，法律体系也是以功利原理为基本出发点的。在他看来，功利原理的目的在于最大限度地促进“最大多数人的最大幸福”的实现，立法是指导社会达到最大幸福的艺术，因此功利主义原则的实现最要体现在立法领域中。边沁认为，所有的法律都是一种邪恶，是一种妨害个人追求幸福的罪恶，因为它干涉了人的自由。同样，颁布和实施法律的政府也是一种邪恶。然而“所有惩罚都是损害，所有惩罚本身都是恶。根据功利原理，如果它应当被允许，那只是因为它有可能排除某种更大的恶”。

功利主义法学掀起的法律改革不仅仅限于前面所论及的立法原则和具体制度的改革；作为一个激进主义者和分析法学家，边沁相信逻辑和理性的力量，反对立法理论的历史主义倾向和自然法学，这决定了他也要求改革法律的形式。他尤其不满意普通法体系，他认为这种法律缺乏明确性和完整性，不仅使一般人难以理解，而且给律师和法官在解释时以巨大的压力，妨害最大幸福原则的实现。边沁认为表达合理、清晰明确、全面周到的法典可以用来推动社会前进，并确信立法科学的宗旨在于使人能够“依靠理性和法律之手建造富乐大厦”。

先睹为快

1. 自然把人类置于两位主公——快乐和痛苦——的主宰之下。只有它们才指示我们应当干什么，决定我们将要干什么。是非标准，因果联系，俱由其定夺。凡我们所行、所言、所思，无不由其支配：我们所能做的力图挣脱被支配地位的每项努力，都只会昭示和肯定这一点。一个人在口头上可以声称绝不再受其主宰，但实际上他将照旧每时每刻对其俯首称臣。功利原理承认这一被支配地位，把它当作旨在依靠理性和法律之手建造福乐大厦的制度的基础。凡试图怀疑这个原理的制度，都是重虚轻实，任性昧理，从暗弃明。

但譬喻和雄辩之辞用得够多了：伦理科学并非靠此类手段可以改进。

2. 功利原理是本书的基石。因此在一开头清晰明确地讲述它意指什么，将是恰当的。功利原理是指这样的原理：它按照看来势必增大或减少利益有关者之幸福的倾向。亦即促进或妨碍此种幸福的倾向，来赞成或非难任何一项行动。我说的是无论什么行动，因而不仅是私人的每项行动，而且是政府的每项措施。

3. 功利是指任何客体的这么一种性质：由此，它倾向于给利益有关者带来实惠、好处、快乐、利益或幸福（所有这些在此含义相同），或者倾向于防止利益有关者遭受损害、痛苦、祸患或不幸（这些也含义相同）；如果利益有关者是一般的共同体，那就是共同体的幸福，如果是一个具体的个人，那就是这个人的幸福。

延展阅读

《论一般法律》

此书是《道德与立法原理导论》的续篇，边沁这样来表达此书的意旨：“展示一个共同的标准，在每一个国家流行的不同体系就可以相应地进行比较，因此表明它们的相同点与相异点，考察它们相应的优点与缺点；最终，一个体系中的优点可以被移植到另外每一个其他体系，所有技艺中最重要的技艺——立法技艺的完善，如同其他技艺一样，可以通行全球，每一个立法者都可以他的邻国的和同时代的智慧来增益他自己的智慧。……根据这个方法，就可以形成一套图表，以展示世界上各个政府（它们的政策被认为是值得关注的）根据包含在所讨论的自然提纲中的各个题目，可以制定的那些条文；对各个立法体系的比较考察，既考虑了它们的相应部分，也将它们融会贯通为一个整体；从神学家那里借来一个表达，那个整体可以被称为普世的法律和谐类型。”

《法的形而上学原理
——权利的科学》

〔德〕康德　著

作为德国古典唯心主义哲学的创始人，康德对法哲学也特别有研究，其法哲学思想主要包含在《伦理学的形而上学》的上册《法的形而上学原理——权利的科学》一书中，试图以深刻的哲学原理来阐释一些经典的法学课题。本书是北京大学法学院法理学、西方法律思想史等课程的推荐读物。

推荐版本：商务印书馆　沈叔平译

关于作者

提到康德（1724—1804），诸位一定不会陌生，这位德国古典唯心主义哲学大师以其“三大批判”（《纯粹理性批判》《实践理性批判》和《判断力批判》）实现了认识论领域的“哥白尼式的革命”。康德哲学在西方哲学史上具有非常重要的地位，所谓“在哲学问题上，你可以赞同康德，也可以反对康德，但不能没有康德”。我国著名康德研究专家郑昕先生也曾说过，绕过康德，只会是坏的哲学，唯有超越康德，才可能有好的哲学。

的确，康德哲学在西方哲学史上起到了承上启下的作用。18 世纪的法国启蒙运动和 1789 年法国资产阶级大革命震动了德国的知识界，逐渐动摇了在德国统治已久的莱布尼茨—沃尔夫的形而上学体系。康德综合了英国的经验主义和法国的唯物主义，成功地开创了德国古典哲学。随后经过费希特、谢林等人的发展，最终在黑格尔那里完成了古典唯心主义哲学体系。

康德通过对理性问题的分析，将认识论与本体论问题区分开来，认为科学知识是一种有限的、相对的和有条件的知识系统，而把形而上学问题作为关于经验的理念的学问，它不是通过科学认知来认识的，而是通过实践理性的道德信仰来确认其本体的存在和意义的。这一思想对现代西方的人本主义哲学有着深刻的影响。

至于康德的哲理法学贡献，似乎不常被人提及，实为遗憾。哲理法学也可以称作法哲学，它是在古典唯心主义哲学体系中孕育成长起来的。哲理法学与一般的法学研究的范式不同，它以深刻的哲学原理来阐释一些经典的法学课题，把传统法学的研究对象，如财产权、婚姻家庭以及国家等问题，放在一种庞大的哲学体系之下予以重新考察，从而得出了一些哲学化的法学观点。在康德的法哲学代表作《法的形而上学原理——权利的科学》中，他将人类的理性分为理论理性和实践理性，前者为自然立法形成了科学知识，后者为人自身立法形成了社会法则，在康德看来，只有自由的人才能自主地行为，因而实践理性就是自由意志。关于“自由意志”的观点贯穿其法哲学理论始终，对黑格尔及以后的哲理法学家的法哲学研究都有着重要的影响。

荐读理由

在一般人看来，康德、黑格尔等德国哲学大师的作品多是佶屈聱牙，晦涩难懂，概念繁多且难以与中文有确切对应的理解。然而本书相对于康德的代表作品“三大批判”而言，要易读许多，主要原因是康德深受罗马法的影响，并吸收了洛克、卢梭和孟德斯鸠的启蒙思想，其法哲学体系中的诸多概念可以在已有的民法体系中得到理解。

康德将人类的理性分为理论理性和实践理性，唯有自由的人才能自主地行为，因此实践理性就等于自由，自由意志成为康德的道德形而上学的起点，也是其法哲学的理论出发点之一。康德认为，人只有在有意识的活动过程中的选择行为才能被称为自由。自由意志从消极方面说是不受感官冲动和刺激的决定；而从积极方面说，自由意志是理性实现自己的能力，即对自己的行为制定法则的能力，康德称这种不同于自然法的法则为“道德的法则”。

本书以“什么是权利科学？什么是权利？”开篇，论述作为权利科学的法哲学。在康德的法哲学体系中，权利是核心概念。他认为权利是外在行为的法则，既然外在的立法不考虑行为的动机，因此它们的强制性不能建立在内在的责任意识上，而只能建立在外在的权威上。康德举例说明这一点：“当人们说债权人有权要求债务人的债务时，这丝毫不是说债权人可以让债务人的心里感觉到那是理性责成他这样做，而是说，债权人能够凭借某种外在强制力迫使任何一个债务人还债。”可以看出，康德继承了卢梭等人关于社会共同体的观点，即自然人放弃单独行使暴力的权利，通过缔结社会契约步入文明状态，把保护生命和财产的权利交由一个公共机关行使。这个公共机关就是国家，因此国家是一切现实法律的来源和基础，康德明确表示反对一切有碍国家稳定团结的行为。

接下来，康德对权利进行了划分，分为“天赋的权利”和“获得的权利”，前者构成“私法”，后者构成“公法”。在“私法”这部分，康德首先通过对“占有”的分析，说明了实践理性的法律公设问题。他将占有分为感性的占有和理性的占有，前者是事实上可见的占有，如您现在手中的这本书；后者是法律的占有，如您衣柜中并未穿在您身上的衣服。康德从法律的占有推论出文明社会的法律状态的必要性，他假设在人类进入文明社会之前经历了自然状态，在那里，每个人都通过个人力量与自我意志占有财产，这种状态是暂时的、偶然的，不具有普遍性。为使自然状态下的占有获得普遍性，每个人都要承诺不侵犯他人的占有，因而建立一个代表公共意志的权威机关，通过它颁布的法律确认每一个人的占有是法律的占有。因此，法律占有的前提是人类文明共同体的存在，这一点是康德的全部权利形而上学的拱顶石。

总之，康德运用启蒙时代的自然状态、文明状态以及社会契约等观点，说明了个别的占有如何成为普遍性的法律的占有问题，解释了人类文明共同体的现象。可见，不同于一般法学家论述占有的法律问题，康德的立意是多么的深远。

《法的形而上学原理——权利的科学》是康德对启蒙运动以来所宣扬的自由、平等的道德和正直法律观念进行的系统整理，为后人留下的一笔宝贵的法律文化遗产。当代德国著名法哲学家阿图尔·考夫曼在评价康德时说道：整个新的法哲学和法律教义学都受到康德的影响，并且继续受到康德的影响，他开创了一个法哲学的时代。

先睹为快

在任何情况下，人民如果抗拒国家最高立法权力，都不是合法的。因为唯有服从普遍的立法意志，才能有一个法律的和有秩序的状态。因此，对人民来说，不存在暴动的权利，更无叛乱权。最不该的是，当最高权力具体化为一个君主时，借口他滥用权力，把他本人抓起来或夺去他的生命，这还有什么合法性可言呢？哪怕是最轻微地尝试这样做，也是重大的叛逆罪。这样一个有意推翻他的国家的叛徒应该受到惩罚，作为政治上的叛国罪，甚至可以处以死刑。人民有义务去忍受最高权力的任意滥用，即使觉得这种滥用是不能忍受的。理由是，对最高立法权的任何反抗，只能说明这与法理相悖，甚至必须把它看作是企图毁灭整个法治的社会组织。为了给这种反抗予以合法的资格，那就需要规定一项公法去允许它。然而这样一来，最高立法就由于这一项法律而不再是最高的，但作为臣民的人民，将会成为统治者去统治他们本来要服从的那个人（机构)，这是自相矛盾的。如果问："在人民和统治者为双方的这个争辩中，谁该去当法官?"这个矛盾会变得更为明显。因为人民和最高统治者在宪法上或法律上被认为是两个不同的法人；如果允许人民反抗，对此问题的答复等于是：人民必须成为在他们自己的案件中的法官。

延展阅读

《纯粹理性批判》《实践理性批判》

这两本书是康德最为重要的两部著作，《纯粹理性批判》是康德全部哲学著述中意义最为特殊和重大的巨著，正是这部巨著开始了 18 世纪末至 19 世纪 40 年代的德国哲学革命，改变了整个西方哲学前进发展的方向和进程，奠定了整个批判哲学体系以及以后的全部哲学研究工作的认识论、方法论、逻辑学和形而上学的基础，成为康德哲学对后世直到当代西方哲学经久不衰的深刻影响的源泉。《实践理性批判》是康德《纯粹理性批判》的归宿和目的。全书包括"纯粹实践理性的原理论"和"纯粹实践理性的方法论"两大部分，它突出人的主体性问题，强调人格的尊严与崇高，表现了强烈的人本主义精神。

《法哲学原理》

〔德〕黑格尔　著

作为哲理法学的集大成者，黑格尔认为“法学是哲学的一个部门”，其《法哲学原理》呈现了这位伟大哲学家的法哲学体系，虽然艰深难懂，但不可跳过。该书是北京大学法学院法理学、西方法律思想史等课程的推荐读物。

推荐版本：商务印书馆　范扬、张企泰译

关于作者

黑格尔（1770—1831），生于德国斯图加特城的一个官僚家庭，23岁毕业于图宾根神学院，随后做了六年的家庭教师。1800年在谢林的帮助下进入耶拿大学做讲师，在此受到歌德的影响。1818年，48岁的黑格尔升任为柏林大学哲学教授，在这里，黑格尔建立了自己的学派，并成为普鲁士的官方哲学家。1830年被选为柏林大学校长，次年去世。

黑格尔说：“哲学如果没有体系，就不能够成为科学。”他自负地认为哲学史终结于他的哲学体系。的确，黑格尔的哲学体系庞大繁复，弄清楚其体系和法在这个体系中的位置，对理解黑格尔的法哲学思想尤为重要。黑格尔把他的哲学体系分为逻辑学、自然哲学和精神哲学。逻辑学是研究万事万物本原的学问，包括存在论、本质论和概念论三部分。黑格尔接受柏拉图的理念论，认为事物的本质就是概念，而现实世界中没有离开具体事物的纯粹概念，所以逻辑学中的概念必须体现在具体的事物中，黑格尔称此为“外在化”的过程。纯粹概念首先外在化为自然，于是有了自然哲学，自然哲学又包括力学、物理学和

有机学。其中在自然哲学的最高阶段——有机学中，人作为生命力最完善的有机体出现了，产生了人就产生了人的意识和精神，由此黑格尔过渡到精神哲学。在精神哲学中，黑格尔把精神分为主观精神、客观精神和绝对精神三个阶段。在精神达到哲学阶段时，就把握了“纯思想、纯概念”，回复到了逻辑学中的纯粹理念。由此可见，黑格尔哲学中的精神经过了一番概念的辩证发展，最终回到了它本身。

在《法哲学原理》一书中，黑格尔对客观精神作了最详细而系统的论述，客观精神包括抽象法、道德和伦理三个阶段，法哲学就处于客观精神阶段，也就是人类客观的社会历史领域。所以，黑格尔同康德一样，在非常广泛的意义上使用“法哲学”，它并非是指一般的法学或法律教义学，而是指整个社会制度的人文关怀。

黑格尔作为一位哲学家，创造了近代哲学史上最完备的哲学体系，法哲学构成了其体系中重要的一环。虽然黑格尔《法哲学原理》一书中的国家观常被后人指责为极权主义，但不可否认黑格尔继康德和费希特之后，深化了法哲学的研究，与康德一样，在德国的现代法学发展中有许多黑格尔的后继者，他们在现代法哲学史上被称为“新黑格尔主义”。

荐读理由

黑格尔哲学的抽象性决定了其法哲学的晦涩性，但从他的《法哲学原理》中，我们可以大致看出其法哲学的基本结构：

按照黑格尔哲学体系方法论，事物先从纯粹概念开始，经过外在化的辩证发展，最后返回到最初的概念，从而形成一个完整的圆圈。由于“法学是哲学的一个部门”，同样的道理，法哲学中“法的概念及其现实化”，就遵循着从纯粹的概念到概念在现实中定在的发展路径。从《法哲学原理》的体系安排来看，抽象法—道德—伦理正是沿着这条线索展开的。以书中探讨的“所有权”为例，在抽象法阶段所有权仅仅是抽象的概念，但进入伦理阶段，在现实的伦理实体即市民社会里，所有权扬弃了抽象性，是受到现实司法保护的所有权，是概念和现实结合的所有权。

接下来，黑格尔分析道，法哲学最终的目的是认识法的理念，即自由，而自由就是指意志的自由。在康德那里，自由意志被当作实践理性的先验假设，自由是人类意志的根本性的规定。实践理性就等于自由。如果说自由意志在康德那里仅仅是一个假设的逻辑起点，那么在黑格尔这里，自由意志被实体化、本质化，其发挥到极点就衍生出全部的客观精神。黑格尔批判一般的法学研究者，如孟德斯鸠，认为理解了法律制度和法律历史，似乎已经做完了一切有关法的本质的事情，其实真正的本质的东西，即事物的概念他们却没有谈到。因此，黑格尔认为，通过哲学阐明法的理念，并不能立即得出现世国家所需要的法典，而法哲学的立意在于阐述整个人类的客观精神。

在法哲学的体系中，自由意志的最初的定在就是单一的意志，即人格。黑格尔在书中说道，“人间最高贵的事就是成为人”，法的命令就是“成为一个人，并尊重他人为人”。在这里，人格是抽象的、无规定性的，包含着一切可能。所以，抽象法以人格为基础，也仅仅是一种“单纯的可能性”。这个自由意志的人格以三种方式给自己以定在：所有权确立了单个人的自由；一个人格与另一个人格发生契约关系，体现了双方共同的自由意志；通过不法和犯罪体现了普遍的意志。

在抽象法的阶段，法还停留在概念的层次，它必须与现实的人类社会结合才能成为自在自为的法。所以黑格尔在《法哲学原理》中的“伦理”部分又用了很大的篇幅讨论了具体的法，或者按照黑格尔自己的说法就是“作为法律的法”。在此，尤其需要强调的是，黑格尔对制定实在法抱有极大的热情，并对普通法嗤之以鼻，认为它存在着“惊人的混乱”。可见，制定法典是对一个民族抽象思辨能力的考验，真正的法典是通过思维进行体系化的，黑格尔还就此批判了以萨维尼为代表的历史法学派认为德国当时制定一部统一的民法典的时机还不成熟的观点。他们认为体系化的法律可以网罗现实中所有的事件，妄想一步到位地制定一部一劳永逸的法典。实际上，这里运用了哲学中“真理只是无限接近绝对”的观点，黑格尔以其哲学的眼光审视法典化的问题，既鼓舞德国人充分运用思辨能力来把法律体系化、制定法典，又提醒人们不要把法典神圣化，社会现实迟早会推动法典新的发展。

总而言之，在伦理的阶段，黑格尔把抽象法具体化为实在法，结合德国的历史条件，阐述了法典的问题，可以说为后世德国制定民法典提供了有力的支持。

先睹为快

通过占有，物乃获得“我的东西”这一谓语，而意志对物也就有了肯定的关系。在物和我的意志这一同一性中，物同时被设定为否定的东西，而我的意志则在这一规定中成为特殊意志，即需要、偏好等。但是我的需要作为单一意志的特殊性是肯定的东西，它要满足自己，至于物作为自在的否定的东西，则专为我的需要而存在，并为其服务。使用就是通过物的变化、消灭和消耗而使我的需要得到实现；这样，物的无我性质就显示出来，该物也就完成了它的使命。

直接把握某物而加以利用，这本身就是对单一物的占有。但是，如果其利用系出于持续的需要，而且是对不断再生的产品的反复利用，又为保持其再生而限制其利用。那么，这些和其他情况，使上述对单一物的直接把握成为一种标志，表明这种把握应具有普遍占有的意义，从而应具有对这种产品自然的或有机的基础或其他条件加以占有的意义。

因为我所有之物，就其自身说，其实体乃是它的外在性，即它的非实体性——这种物同我对比起来，其本身不是最终目的（第42节）——又因为实现这种外在性就是对该物的使用或利用，所以完全使用或利用一物就是指该物的全部范围而言。其结果，如果使用权完全属于我，我就是物的所有人，关于其物，再没有什么东西在整个适用范围以外有所遗留而可供他人所有的了。

延展阅读

《精神现象学》

这是作者的另一部精品。

这本书被称为西方哲学史上最为晦涩难解的哲学著作之一，也是一本前所未有的奇书。就通常的理解而言，这部标志着黑格尔哲学成熟的著作是很难归类的。黑格尔以恢弘的气势将从古至今的人类历史、思想史、文化史统统纳入了他的视野之中，把哲学、伦理学、心理学、文学、美学、宗教、政治、经济等熔为一炉，再现了人类精神的发展过程，以其强烈的历史感和深邃的辩证法来解决哲学所面对的难题。虽然本书无关法学，但对了解黑格尔的哲学内涵有重要帮助。

《论立法与法学的当代使命》

〔德〕萨维尼　著

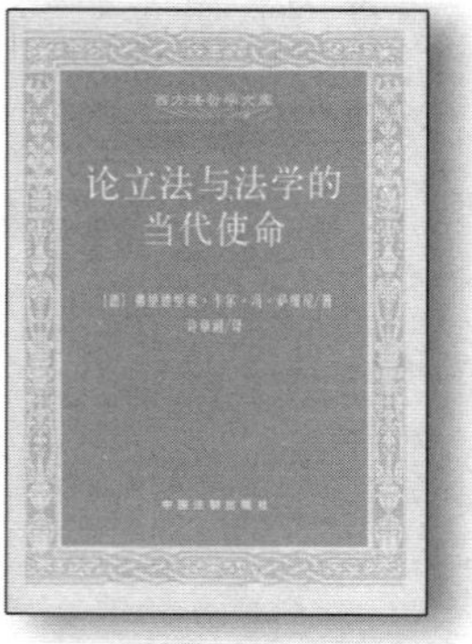

萨维尼被称为“历史法学大师”，法学院教授在讲授“中世纪罗马法和现代罗马法”、国际私法的“冲突法本座说”、物权法的“占有”时，都首先要提到他的理论与作品。该书是北京大学法学院法理学、民法总论、债权法、物权法、国际私法等课程的推荐读物。

推荐版本：中国法制出版社　许章润译

关于作者

萨维尼（1779—1861），德国历史法学的代表。“罗马法”“德国民法典”“德国历史法学”“潘德克顿学派”“法律关系本座说”……这些关键词都能与他的名字联系在一起。他所倡导的历史法学派在19世纪的德国，无论是在学术界还是在司法实践中，都产生了巨大的影响：在学术领域形成了著名的“潘德克顿学派”和概念法学，而在司法实践中则对民法典的编纂起到了决定性的作用。

萨维尼生于德国法兰克福一个富裕的公职家庭，虽然早年父母双亡，但他继承了大片田产，这意味着他可依其精神特质独立地往任何方向发展。萨维尼自幼沉默寡言、性格内向，既具有贵族高尚、勤勉、认真、严肃以及博学多才的特点和风格，又对周围环境保持适当距离的态度，促使他在以后的所有学术性、政治性与人事方面的争议中总是寻求超越党派的立场。正是因为这些特质，萨维尼选择了学术研究与教学作为他的生命事业，从事培育思想与提高学术风格的工作。对于萨维尼，教学不是谋生的工作，他更像是传教士，因为他有着清晰的概念式思考能力与体系安排的天赋，以及艺术家纵览全局的能力和高度的语言感受。

萨维尼关于法律本质的论述，算是他最具风格的法律理论。他说，法律如同一个民族所特有的语言、生活方式和素质一样，本身就具有一种固定的性质和明显的属性。一个民族之所以能够融为一体，是由于这个民族的共同信念和民族内部的同族意识。他对法律一般起源的研究也使他相信，习惯法乃是一个民族的共同信念的最真实的表示，因此它高于制定法，并认为，规定明确的制定法只有在它体现了普遍的民族习惯和惯例时才是有用的。法典作为唯一的法律权威，实际上就要求法典对可能出现的每一案件作出明确的判断和指示。而法理学最困难的问题就是区分主要原理和规则之间的密切关系以及准确的程序。因此，萨维尼的一贯立场便是崇尚习惯法，反对立法，反对法典编纂。

萨维尼声称，法学家必须具备两种精神：第一，他熟悉每个时代和每种法律形式细节，这是一种历史的精神；第二，他能够从每一个概念和每一个规则来看它和整体的生动关系，这是一种系统的精神。而18世纪的法学家具有这两种科学精神的极少，这也是他认为德意志没有编纂一部良好法典的能力的重要原因。

对于萨维尼的历史法学，人们评价不一。黑格尔对他反对立法和法典编纂以及对于德国法学家的不信任予以批评，马克思从政治上对萨维尼的保守和反动进行了批判，霍姆斯则指出萨维尼没有找到法律发展中的社会利益。然而接下来的法治历史告诉我们，无论是在当时的政治和法律变革中，也无论是对当时和日后的法学研究，还是其他国家政治法律的变革和法学研究的发展，萨维尼及其历史法学都产生了相当重要的影响。这些影响在一定程度上勾勒了许多国家的民法制度，并对民法学甚至是整个法学的发展打上了深刻的烙印。

荐读理由

要理解本书的意旨就首先要了解当时的时代背景，即历史主义是如何产生的：从文艺复兴到 19 世纪末，欧洲政治史的发展过程就是一个民族、国家不断建立的过程。与此相适应，思想史上也出现了反映这种社会现实的思潮，博丹在 16 世纪提出主权论，马基雅维里则为建立统一的意大利出谋划策……而这种本在文艺复兴时期就已开始抬头的民族主义在经历了拿破仑横扫欧洲的战争和民族压迫之后进一步得到了激发，人们不再像以前那样强调人的共同性，而是开始强调各民族自己的特点和精神，而要挖掘这些资源就必须探索各民族自己的历史。于是，历史主义应运而生，萨维尼及其所倡导的德国历史法学就是在这样的背景下走上历史舞台的。

在被唤醒的民族精神的鼓动下，1814 年海德堡大学的民法学教授蒂堡发表了名为《论制定一部统一的德国民法典的必要性》的小册子，该书分析了当时德国政治和法律的现状，指出德国政治上分裂的原因之一就是法律的不统一。以他为首的法典编纂派得到了许多人的支持，但遭到了萨维尼的反对。《论立法与法学的当代使命》一书就是萨维尼对蒂堡观点的反驳。

萨维尼在该书中主张，法律就如同语言、伦理一样，“有机地”源自民族的本质与特色。把不同的民族结合起来的乃是民族的共同确信、内在必然的相同情感，简言之就是民族精神。法律的发展受到这些“内在的必然法则”的支配，它跟随着这个民族的兴衰起伏。原始的、真正的法律规范都是民族透过“内在悄然的力量”所自然衍生，透过民族精神在各种不同法律制度里遗留下来的痕迹，而只要它已经成为民族的法律制度之一，就不会因它原本来自其他民族而被排斥。因为罗马法已经是德意志法律生活的一部分，因此，也必须精确地研究罗马法法制，而不仅仅是日耳曼法。萨维尼认为德意志立法的准备工作还不充分，必须更清楚地详究罗马法原典，凭此才能清楚地描述普通法的一般原理，如是才能据此立法。

然而，萨维尼的观点也有其自身的局限性。不可否认，每个时代都具有基于内在的本能，需要制定法律的能力。因此，萨维尼的这一观点的直接影响相当有限，德意志民法典未能立即制定的原因实为欧洲复辟风潮阻止了德意志通往自由、统一的道路。可是，这本小书提出了许多重要的问题：立法政策的问题、成文法是否等同整体法秩序等，关于它们的讨论至今未息。就此而论，该书的间接影响相当大。

先睹为快

关于为德国制定一部法典的必要性的通常的理据，已于前章述说。现在我们来思考一下进行这一立法的能力问题。如果我们的能力不敷应对，则我们竭思改善的自身状况反而必会为一部法典所损害。

培根主张，应当制定一部法典的时代，必当在智慧上超迈此前的一切时代，因而，一个必然的结论乃是，其立法能力必定为其他时代所阙如，因而，应当认为这一时代在其他方面亦且具有高度修养。最近，罗马法的反对者们仍在喋喋不休于下述论争：理性之于所有相同的国族和时代总是共同无偏的，而且，因为我们拥有过往时代的经验以为凭藉，因此，吾人所为之一切必将较过往所为更佳。——但是，即便是这种每一时代均各有其全新使命的观点，亦属最为危险的偏见。在美术中，我们必得承认对比的效果，那么，为什么在涉关政治和法律时，我们不愿作出同样的承认呢？

延展阅读

《论占有》

这是作者的另一部精品。

作为萨维尼的名著，该书被认定为真正学术性地处理法律问题的楷模，对民法解释学有着几乎无可比拟的影响。该书分为六篇，分别论述了占有的概念、占有的取得和丧失、占有的保护、围绕占有发生的各种财产权利，以及占有所涉及的法律理论问题等。该书真正的重要之处在于：它辩证地结合了历史性批判与释义学的体系思想，试图从个别的历史现象中找出“更高的统一体、生命原则”，具体地说，就是找出各种法律制度的指导原则。凭借这种历史性、体系性界定法律概念的方法，萨维尼同时成为新的法律史、法律阐释学的开创者。

《法理学的范围》

〔英〕约翰·奥斯丁 著

奥斯丁作为边沁的弟子，继承了其功利主义思想，并创立了分析法学，系统阐述了法律命令说，《法理学的范围》一书就是了解和研究奥斯丁法学理论最详尽也是最重要的文献。该书是北京大学法学院法理学、西方法律思想史等课程的推荐读物。

推荐版本：北京大学出版社 刘星译

关于作者

约翰·奥斯丁（1790—1859），英国法学家，分析法学的创立者，是系统阐述法律命令学说的第一人，被认为是“现代英国法理学之父”。奥斯丁生于英国的一个商人家庭，22岁结束兵役后研读法律，并于1818年从事律师职业。后来，奥斯丁放弃律师职业，1826年正值英国伦敦大学建立，他即被任命为该大学的首任法理学教授。同年，奥斯丁赴德国研究法学和法律，并撰写课堂讲义。奥斯丁在伦敦大学和英国法学协会开设的法理学系列讲座非常有名，其代表著作《法理学的范围》和《法理学或者实证法哲学讲演录》均为根据讲座内容整理而成。

奥斯丁作为法学家，其最大的贡献在于第一次全面系统地提出了法律构成要素理论，创立了分析法学。那么，什么是分析法学？分析法学是如何产生的？分析法学从狭义上讲，是指19世纪边沁和奥斯丁所创立的法律命令说，也就是所谓古典分析法学。它采用分析方法，力求总结出法律制度的一般概念、范畴和原则。

19世纪上半期，在资产阶级掌握国家政权之后，法理学所面临的主要任务不再是法律的批判而是为建立概念清晰、结构严谨、体系严密的实在法律体系服务，将革命时期所倡导的人权、民主、自由和法治观念具体化。在此情况下，分析法学应运而生，它把实在法作为自己的研究对象，致力于实在法的逻辑分析，试图解释实在法的一般特征，从实在法之中抽象出一般概念和原则。而分析法学的产生以奥斯丁在1832年出版的《法理学的范围》一书为标志。他在书中提出：我所称的“一般法理学”是指这样一门科学，它所关注的是阐明不同法律制度所共有的一些原则、概念和特点；通过对法律制度的分析，我们能够获得这样的认识，即那些较为完善和成熟的制度，由于具有完善性和成熟性，从而也就富有卓越的指导意义。

当然，从人类思想的进化历程来看，分析主义的产生似乎是一种必然。法国哲学家孔德认为，人类思想进化分为三个阶段：在神学阶段，人们用超自然或神的力量来解释所有现象；在形而上学阶段，人们求助某些终极的原则和概念来论证自己的理论；而在实证主义阶段，人们在自然科学方法指导下，抛弃了哲学、历史学和科学中的一切先验假设，关注经验考察和实施联系。在法学界，古典自然主义法学和哲理法学之后的法学家们，开始关注实证现象和实在法理论，对可观察的实际经验进行分析，从而促进了分析法学的产生。到了20世纪，以哈特为代表的“新分析法学”诞生，其理论与奥斯丁创立的“分析法学”一样包含于“分析实证主义法学”中。但需要注意的是，分析法学虽然产生于19世纪，但法律分析活动却源远流长，早在古罗马就有盖尤斯等五大法学家解释法律的活动。在奥斯丁之前，对分析法学的产生作出了直接贡献的学者是霍布斯以及奥斯丁的老师边沁，他们的法学理论为奥斯丁提供了直接的借鉴。

最后给出分析法学的几个最重要的特征：法律与道德相分离；法律研究既不同于社会研究也不同于历史研究；法律的核心构成要素是规则。

荐读理由

《法理学的范围》集中收录了奥斯丁对其法学理论全方面自我阐述的法理学讲义共六讲，是了解和研究其理论最详尽也是最重要的文献。此书算是我们的推荐书单中有很强学理性的一本，可以说，阅读奥斯丁是一个夹杂着启迪和枯燥、费解和明晰、热情和平淡的奇异过程，这种混杂的阅读情绪似乎也折射了奥斯丁法理学理论本身的复杂和争议。

奥斯丁在其第一讲中便满怀热情和信心地对法理学这门学科的研究范围进行严格的归纳和限定。除了对于法律本身的概念分析，其各讲所分析评判的主要内容有：其他法律概念及其内容；各种法律概念之间的相互联系；功利原则及其与法律之间的联系；非法律对象范围及其与法律对象范围之间的联系和区别等。

被称作"法"的对象，究竟具有怎样的基本特质？这一直是法学家在思考的主要问题。在法学的语境中，起点就是阐述"法"的特征、确定"法"的概念。说明了通过基本对象的特征和概念，阐述法律科学的范围的任务就指日可待了。在此，奥斯丁提出了《法理学的范围》一书中第一个重要的命题：法律是由主权者发布的以制裁为后盾的命令。在他看来，法律是由一个确定的共同优势者发布并以制裁加以推行的命令；社会大众习惯性地服从于该优势者，而让该优势者则没有服从一个确定的人类优势者的习惯。正是因为"命令"被奥斯丁视为其理论的核心，所以，奥斯丁的理论也被称为"法律命令说"。

这样的定义与法律的现代语境和功用是恰恰相悖的，在我们对法律的期许当中，法律这只"看得见的手"更应当是对于政治优势者的限制、对于公权力的制约和分离，以弥补威权、专制和市场所带来的极权和失衡。然而，让我们惊叹的是，应然与实然之间的间隔同大众熟悉的法律条文和司法实践的现实差距无时不在验证奥斯丁对于法律现实文本的精确而本质的理论揭示。他说，“我的目的在于界定法理学的范围和对象，在于区别政治优势者制定的法，和其他各类准确意义上的以及并非准确意义上的法”。奥斯丁对于法律概念的界定以及对其概念界定的全面论证是他对于法律的核心研究和其价值所在，然而也正是这些造成了对他“标准的批评是，他把法律的概念简约为主权、命令、习惯性服从和制裁，忽视了把人们的行为置于规则治理之下的法律事业可能具有的多种含义”。诸多学者批评奥斯丁不适当地缩小了法理学的研究范围，把道德关怀排除在法理学之外，仅仅关注“本本上的法”而忽视“社会中的活法”，即没有看到“法制的丰富性”。

本书中值得我们思考的另一个主题即“恶法亦法”。法律实证主义思想是奥斯丁分析法学的核心，也是分析法学与自然法学最重要的差异。按照自然法学说，实在法只有符合某些具有更高效力的原则，它才能被称为法律。奥斯丁则认为，法律之所以是法律，具有法律上的效力，是因为它是主权者的命令，与法律所反映的道德价值没有关系。“恶法亦法”成为分析法学的口号和旗帜，与自然法学的“恶法非法”相对，构成了划分两大阵营的标准之一。

奥斯丁认为，法律的价值评价与法律的存在分属于两个不同的领域，前者属于立法学领域，后者属于法理学研究的问题，即“科学法理学”关注的重点。“科学法理学”的研究主题是实在法，与具体规则的好坏无关。换句话说，实际存在的法律，有可能我们碰巧不喜欢它，但它仍然是法律。可想而知，对分析法学“恶法亦法”的批判充斥于自然法论著之中。但值得说明的是，“恶法亦法”是分析法学基本立场的逻辑结果，并非否定法律和道德具有一定联系，更不是赞扬“恶法”。对“恶法亦法”的正确理解应该是：在法理学的范围内，不涉及实在法的功过是非，它只探讨法律实际上是什么；关于实在法的好坏，或实在法应该是什么的问题，那不是“科学法理学”探讨的问题，而是立法学的研究对象。

最后我们关注的是此书中奥斯丁对习惯的法律地位的探讨。如果说“法律是主权者的命令”，那么，“习惯法”是“法”么？德国历史法学派的学者们认为，习惯本身具有法律的强制性，因为社会成员已经在遵守或维持着这些习惯规则。而奥斯丁反驳道，习惯虽然似乎以被统治者的自然遵循为基础，不是政治优势者设立的，但习惯转变成法律必须有一个过程：一种是被主权立法机关采纳，另一种是被法庭采用。当习惯被法官采用并以国家强制力为保障加以实施时，习惯就变成了实在法。在此之前，习惯仅仅是道德规则，由公众舆论作为实施的保障。当然，法官从表面上看仅仅是一个执行者，不具有创造法律的权力，但从实质上看，法官代表主权者行使着国家权力，也可以看作是主权者默示的命令。

当然，奥斯丁的理论在历史上从来不乏旁人的批驳，即便是其后“新分析法学”的代表人哈特也认为“在主流的解读中，奥斯丁被看作是一位方法论者，他的实质贡献就是他所犯的错误”。然而，随着思考范式的变迁，我们会对奥斯丁的法理学观念产生新的解读和意见。在这个意义上，《法理学的范围》依然为我们提供了一个优秀的“分析”范本。从中，我们应该体会“分析法学”的方法起点，欣赏步步衔接的逻辑推论，品味渐次深入的思考分析。即便诸学者提出了许多诘难，我们依然必须承认，奥斯丁的《法理学的范围》是后来法理学得以开辟新视域、得以激发新话语的重要作品。

先睹为快

准确意义上的法，具有命令的性质。如果没有命令的性质，无论何种类型的法，自然不是我们所说的准确意义上的法。从广义的角度来看，法包括了准确意义上的法，以及并非准确意义上的法。我们可以将这些广义而言的法，相应地划分为如下四类：

第一，神法或者上帝法，即上帝对人类设定的法。

第二，实际存在的由人制定的法，即我们时常径直而且严格地使用“法”一词所指称的规则，这些规则，构成了普遍法理学的真正对象，以及特定法理学的真正对象。

第三，实际存在的社会道德，也即实际存在的社会道德规则，或实际存在的社会伦理规则。

第四，隐喻意义上的法，或者比喻意义上的法，亦即人们仅仅在隐喻或比喻的意义上使用“法”一词所指称的对象。

延展阅读

《萨维尼法学方法论讲义与格林笔记》

如题目所述，本书分为两个部分，前半部分是萨维尼先后在柏林大学等高校开设的三十多次法学方法论课程的讲义整理，内容清晰、流畅、优雅并且富有洞察力，直接影响了不止一代法学家。除了法学方法本身，萨维尼对于评判地、历史地阅读，对于大学教育的功用等等的评论，都非常精彩。后半部分也是本书的主要部分：萨维尼的学生雅各布·格林所作的1802—1803年法学方法论听课笔记，该笔记是萨维尼法学方法论课程资料中，最系统、最完整的一部。雅各布·格林与其弟威廉·格林被后人合称为“格林兄弟”，人们对其了解通常仅限于家喻户晓的《格林童话》，殊不知格林兄弟合编的《德语大词典》以及雅格布·格林撰写的《德语语法》在德国语言学史上也具有举足轻重的地位。此外，格林兄弟也是法学家，著有《论法中的诗意》《德意志法律遗产讲稿》，在那个时代产生了重大影响。凭借其在日耳曼法律史方面的出色研究，雅各布·格林成为历史法学派日耳曼法分支的代表之一，1840年被柏林大学聘为法学教授。

《论自由》

〔英〕约翰·密尔 著

自由思想是英国思想家密尔政治、法律思想中最为突出的内容，也正是因为如此，密尔被后世尊为“自由主义之圣”，《论自由》一书则被视为自由主义宣言。该书不仅思想深刻，语言也很流畅朴实，几乎每一句话都是箴言，此书也是北京大学法学院民法总论、物权法、债权法、商法、经济法、法理学、宪法等课程的必读作品。

推荐版本：商务印书馆 许宝骙译

关于作者

约翰·密尔（1806—1873），又译约翰·穆勒，19世纪英国杰出的思想家、经济学家和政治改革家，生于伦敦，自幼受父亲严格的家庭教育，10岁即可阅读希腊文和拉丁文的报刊和书籍，后来受业于边沁和奥斯丁门下，成为功利主义学派的又一领军人物。17岁时，密尔进入英国在东方殖民的枢纽机构“东印度公司”供职，并在该公司工作达35年之久，1865年当选为议员。在经验主义和实证主义者柏克莱、休谟、边沁、孔德等人的影响下，密尔成为西方新闻传播事业自由主义理论的集大成者。密尔著述颇丰，是他所处的那个时代英国乃至世界思想界的风云人物，其成就也是多方面的，在哲学、政治学、经济学、逻辑学、社会学等多个学科，都留下了耐人咀嚼的名著，除《论自由》外，还有《逻辑体系》《政治经济学原理》《代议制政府》《功利主义》，以及《威廉·汉弥尔顿哲学的批判》等。在法律思想上，他同样是一位值得重视的人物。综观起来，密尔法律思想的主要贡献包括：

首先，他修正了边沁的功利主义，注重快乐的“质”而非“量”，从而为功利主义法学派奠定了更为扎实的理论基础。第二，他对自由的讴歌与论述，奠定了法律的人道主义基础，具体内容将在《论自由》一书中详述；第三，他对立法机构“代表低能”与“多数暴政”的论证，为“民主万能”敲响了警钟，在密尔看来，代议制虽然是理想的政府形式，但存在智力条件不充分等缺陷。

当然，密尔的思想中也存在着一定的缺陷，最典型的就是杰出人物统治论观念。在密尔的观念中，资产阶级才是一个有教养的、用心良好的绅士阶级，而平民大众在提高文化素质和道德修养之前，不宜参加国家事务的管理。

荐读理由

这本《论自由》是密尔表达其自由主义人权思想最重要的著作，它与洛克的《政府论》（下篇）、罗尔斯的《正义论》并称为自由主义三大经典著作。莫奎尔在论述自由主义发展历史时，称密尔为“自由主义之圣”，还有人把《论自由》的发表作为自由主义理论体系最后完成的标志，由此足见密尔在自由主义发展史中的重要地位。

此书共五章：引论、论思想自由和讨论自由、论个性为人类福祉的因素之一、论社会驾于个人的权威的限度、本书教义的应用。而密尔关于自由的思想，大体包括自由的概念、自由的环境和自由的范围三个方面。

密尔关于自由的基本观点是：自由意味着成年人想干什么就干什么，只要在行使这种自由时不伤害别人同样的权利。他认为，人类的一切行为都应该是为最大多数的人们创造幸福、维护幸福和增加幸福，社会为此所能作的最大贡献的主要方法之一，就是给予其成员以自己去思想和行动的权利。

在《论自由》中，密尔首先将自己探讨的范围限于“公民自由”或“社会自由”的范围，即人们通常所言的“法不禁止即自由”。密尔的自由概念包含四个基本理念：第一，自由是与权力相对的一种个人对于国家的防御；第二，自由与“权力的性质和限度”相关联；第三，自由从内容上而言即意味着个人的自治；第四，自由的价值是可以为人们带来“好处”。

然而，要使自由得以实现，还必须具备以下条件：首先是生活资料的满足。密尔指出，“在生活资料有了保障之后，人类的下一个强烈欲望就是个人自由”。其次，是自由者本身的素质。自由权的赋予，本身是以“人是理性的”这一假定为前提的，而如何使人们有能力享受自由，就成为民主社会中公民教育的一项重要内容。正如密尔所言：“人类对于自由的珍重一般总是远远不及对于权力的珍重的。”而最重要的，是宽容的社会环境。在密尔之前，人们常把国家当作限制自由的渊薮，但密尔认为，对自由的最大危害并不在于国家专制，而在于社会暴虐，即当社会作为集体而凌驾于构成它的个别人之上时，它的肆虐手段并不限于通过其政治机构而做出的措施，张千帆教授曾称之为“多数人的暴政”。社会暴虐所依赖的力量，首先就是道德的诋毁，同时，法律也推波助澜，加剧了社会道德对人们的奴役。更值得注意的是，这种借助道德来压制自由本身，也是人类的“恶性”使然。在道德诋毁之外，社会暴虐所依赖的手段就是社会舆论，它具有较大的盲目性、流变性，谁又能否认，有时谣言甚于锁链？总之，“社会”虽然在很大程度上常被人们视为抵御国家暴力的避风港，密尔的慧眼则没有被人们对社会的讴歌而遮蔽，在他看来，要想实现真正的自由，不但要国家“还政于民”，更需要社会“还政于民”。在今天看来，密尔的远见在网络、通信还极不发达，信息传播仅限于口头和报纸的19世纪，是多么的超前与伟大！

《论自由》还讨论了自由的范围：一是良心的自由，即思想的自由，密尔认为“迫使一个意见不能发表的特殊罪恶乃在它是对整个人类的掠夺”，而意见自由本身也包括出版自由、宣传自由等，这与思想自由几乎同样重要，因为它们是自由表达的渠道。二是追求个人志趣和趣味的自由，包括个性自由和选择自由。为了培养人们的个性，密尔还特别提出了“孤独”在人类生活中的意义，在他看来，“孤独，即人能经常一个人独处，是思想深刻和性格沉稳所必不可少的条件”。三是个人之间互相交往和联合的自由，在此，密尔强调了国家对人民联合的恐惧，因而国家总是想方设法在人民之间制造矛盾，或通过设定各种强制措施削弱人民的集合。

而《论自由》一书最珍贵之处，在于密尔在一个半世纪前就为新闻言论自由建立了辩护的三大论点，这些论点在今天仍不失其思想光芒，尤其值得我们反思：

第一，任何见解都有可能是正确的，所以政府在压制任何论点的时候，都存在着其所压制的是正确论点的可能性。

第二，所有论点多少都包含了一些正确与错误、合理与不合理的主张，而对见解的压制将使社会失去言论中正确或合理的那部分。

第三，即使某种见解全错了，没有一点对的地方，它也仍然有其存在的价值，因为它将有助于我们澄清正确的见解，以防正确的见解因养尊处优而失去生命力。

先睹为快

这样一个时代，说对于“出版自由”，作为反对腐败政府或暴虐政府的保证之一，还必须有所保护，希望已经过去。现在，我们可以假定，为要反对允许一个在利害上不与人民合一的立法机关或行政机关硬把意见指示给人民并且规定何种教义或何种论证才许人民听到，已经无需再作什么论证了。并且，问题的这一方面已由以前的作家们这样频数地又这样胜利地加以推进，所以此地就更无需特别坚持来讲了。在英国，有关出版一项的法律虽然直到今天还和在都铎尔朝代一样富于奴性，可是除在一时遇到某种恐慌而大臣们和法官们害怕叛乱以致惊慌失态的时候而外，却也不大有实际执行起来以反对政治讨论的危险；而一般说来，凡在立宪制的国度里，都不必顾虑政府——无论它是不是完全对人民负责——会时常试图控制发表意见，除非当它这样做时是使自己成为代表一般公众不复宽容的机关。这样说来，且让我们假定政府是与人民完全合一的，除非在它想来是符合于人民心声时从来就不想使出什么压制的权力。但是我所拒绝承认的却正是人民运用这种压力的权利，不论是由他们自己来运用或者是由他们的政府来运用。这个权力本身就是不合法的。最好的政府并不比最坏的政府较有资格来运用它。应合公众的意见来使用它比违反公众的意见来使用它，是同样有害，或者是更加有害。假定全体人类统一执有一种意见，而仅仅一人执有相反的意见，这时，人类要使那一人沉默并不比那一人（假如他有权力的话）要使人类沉默较可算为正当。如果一个意见是除对所有者本人而外便别无价值的个人所有物，如果在对它的享用上有所阻碍仅仅是一种对私人的损害，那么若问这损害所及是少数还是多数，就还有些区别。但是迫使一个意见不能发表的特殊罪恶乃在它是对整个人类的掠夺，对后代和对现存的一代都是一样，对不同意于那个意见的人比对抱持那个意见的人甚至更甚。假如那意见是对的，那么他们是被剥夺了以错误换真理的机会；假如那意见是错的，那么他们是失掉了一个差不多同样大的利益，那就是从真理与错误冲突中产生出来的对于真理的更加清楚的认识和更加生动的印象。

延展阅读

《极权主义的起源》

本书为德裔美国籍犹太政治学家汉娜·阿伦特于 1951 年出版的分析极权主义的政治学论著。她以反犹主义、帝国主义及极权主义三个论述视角来分析极权主义的起源，追索其中的极权主义因素，然后审视欧洲的殖民帝国主义。在研究极权主义运动和政府的机构、组织和运作时，她集中分析了极权主义统治的两种形式——纳粹时期的德国和斯大林时期的苏联。在结论一章中，她出色地分析了人类的孤立和孤独是产生极权统治的先决条件。本书与《通往奴役之路》《开放社会及其敌人》《1984》等书出版的环境类似，是饱受战乱的知识分子对极权政权与乌托邦思想的反省之作。

完善篇

法律大厦的崛起

《旧制度与大革命》

〔法〕托克维尔　著

《旧制度与大革命》写于1851年到1856年之间，与19世纪一些思想家、哲学家不同，托克维尔不是凭空“思考”法国革命，而是扎扎实实地依靠对原始材料的分析研究得出结论。他在前言中就写道：我献给公众的这本著作的宗旨是要阐明，这场在几乎整个欧洲同时酝酿的伟大革命为什么爆发于法国而不在他处，为什么它好像自发产生于它即将摧毁的社会，最后，旧君主制怎么会如此彻底、如此突然地垮台。

推荐版本： 商务印书馆　冯棠译

关于作者

托克维尔（1805—1859），法国著名的历史学家、社会学家，出身贵族世家，但在政治上倾向于自由主义，曾拒绝继承贵族头衔。他经历过五个“朝代”（法兰西第一帝国、波旁复辟王朝、七月王朝、法兰西第二共和国、法兰西第二帝国），早年热衷于政治，1838年曾出任众议院议员，1848年二月革命后参与制定第二共和国宪法，并一度出任外交部长。后路易·拿破仑·波拿巴建立第二帝国，托克维尔对政治日益失望，迫使他成为“国内流亡者”。

托克维尔“擅长思想胜于行动”。他具有社会科学家所应有的冷静、理性、客观，同时，他又葆有着人文学者的那种热情、理想与信念。他的主要代表作有《论美国的民主》和《旧制度与大革命》。

荐读理由

在托克维尔之前已有梯也尔、米涅、米什勒、路易·勃朗、拉马丁等文人政客撰写的法国革命史和帝国史。这些著作基本上都是多卷本的叙述史，也对这场大革命有独到见解。但托克维尔的视野更为广阔、更为深凿：他把1789年以后的60年历史看作一个整体，统称之为法国革命。

《旧制度与大革命》写于1851年到1856年之间，当时的法国正处在拿破仑三世发动政变、建立和巩固第二帝国的时代，信奉自由主义的托克维尔对之悲观失望。在书中，托克维尔开宗明义地指出，他从事的是“关于法国革命的研究”，而不是写另一部大革命史。

与那些凭空“思考”法国革命的思想家、哲学家不同，托克维尔不仅重读了18世纪的名著，而且研究了许多不大知名而且不值得知名的著作，这些著作并非精雕之作，却更好地反映了真实的时代精神。他阅读、利用了前人从未接触过的大量档案材料，包括古老的土地清册、赋税簿籍、地方与中央的奏章、大臣间的通信、三级会议记录和1789年的陈情书等。他是第一个查阅有关国有财产出售法令的历史学家，他还努力挖掘涉及农民状况和农民起义的资料。根据这些史料，他得以深入了解、具体描绘旧制度下的土地、财产、教会、三级会议、中央与地方行政、农民生活、贵族地位、第三等级状况等，并阐发自己的论点。

托克维尔特别重视民族特征和传统对法国革命的影响，从中我们也可以看到托克维尔是如何看待普遍性与特殊性、必然性与偶然性之间的辩证关系的。他在全书的结尾描绘了法国民族性的各种表现之后指出，唯有法兰西民族“才能造就一场如此突然、如此彻底、如此迅猛，然而又如此充满反复、矛盾和对立的革命。没有我所陈述的那些原因，法国人绝不会进行大革命；但是必须承认，所有这些原因加在一起，也不足以解释法国以外类似的革命”。

托克维尔的著作自1870年起被冷落了七八十年后，随着保守的自由主义思想的抬头，托克维尔的政治观点重新受到了重视。越深入探讨法国革命的根源和特点，人们越感到有进一步研究旧制度的必要，特别是从政治文化角度去进行探索。而托克维尔的《旧制度与大革命》以及其他著作已在这方面开辟了道路。尤其是新任中纪委书记王岐山在一次党风廉政建设座谈会上，向与会者郑重推荐了此书，使得《旧制度与大革命》一度洛阳纸贵。

先睹为快

有件事乍看起来使人惊讶：大革命的特殊目的是要到处消灭中世纪残余的制度，但是革命并不是在那些中世纪制度保留得最多、人民受其苛政折磨最深的地方爆发，恰恰相反，革命是在那些人民对此感受最轻的地方爆发的；因此在这些制度的桎梏实际上不太重的地方，它反而显得最无法忍受。

18世纪末，德意志境内几乎没有一处彻底废除了农奴制度，同中世纪一样，大部分地方的人民仍牢牢地被束缚在封建领地上。弗里德里希二世和玛丽亚—特雷萨的军队几乎全是由名副其实的农奴组成的。

然而，他们不像大多数德国同行那样，完全不问政治，埋头研究纯哲学或美文学。他们不断关心同政府有关的各种问题；说真的，他们真正关心的正是这些。他们终日谈论社会的起源和社会的原始形式问题，谈论公民的原始权利和政府的原始权利，人与人之间自然的和人为的相互关系，习俗的错误或习俗的合法性，谈论到法律的诸原则本身。这样，他们每天都在深入探索，直至他们那时代政治体制的基础，他们严格考察其结构，批判其总设计。的确，并不是所有作家都把这些重大问题作为进行特殊而深入研究的对象；大部分人只不过是蜻蜓点水，聊以自娱；但是，所有作家都遇到了这些问题。这种抽象的文学政治程度不等地散布在那个时代的所有著作中，从大部头的论著到诗歌，没有哪一个不包含一点这种因素。

延展阅读

《论美国的民主》

该书使托克维尔享有世界声誉。这本书共分上下两卷，上卷讲述美国的政治制度，并对美国的民主进行社会学的分析；下卷以美国为背景表达其政治哲学和政治社会学思想。作者一方面盛赞美国独立后出现的一个平等、民主的新社会，并且预言民主将是世界历史的大势所趋，任何力量都不能阻挡。但他对民主依然抱着深深的不信任，他提出了民主社会下“多数暴政”的问题，这将使少数人丧失自由，迫使他们诉诸武力，导致社会陷入无政府状态。

《古代法》

〔英〕梅因　著

梅因是英国著名的历史法学家，其《古代法》是19世纪法律史的经典著作，是北京大学法学院外国法制史、西方法律思想史的必读作品。

推荐版本：商务印书馆　沈景一译

关于作者

梅因（1822—1888），早年毕业于剑桥大学，后来作为法律史教授先后在牛津、剑桥大学讲授法律学和法律史学。1862年至1869年任英国驻印度总督的法律顾问，在此期间他协助编纂印度法典，并搜集了关于印度法律的大量资料，这对他后来的古代法研究裨益颇多。梅因将自己的一生贡献给了对古代法律的研究，并取得了辉煌的成就。

在法理学上，梅因被认为是英国历史法学的代表、早期人类学法学的代表、比较法学的先驱。梅因之于英国历史法学派，犹如萨维尼之于德国历史法学派，但二者又有着明显的区别：德国的历史法学在发展初期肩负着沉重的政治包袱，即为了编纂高质量的民法典而进行学术方面的准备，带有一定的功利色彩；而英国的历史法学学术性更加单纯，因为没有类似德国那样的完成国家统一的任务。此外，德国的法学理论追求一种哲学式的抽象，德国法学家习惯用高度抽象的语言来表达具体的社会生活和规则，这使得他们的作品更加难懂；相反英国的理论则着眼于社会的现实，并从中总结出规律，所用语言也较为平实，体现了一种深刻的经验基础和实用性质。

作为英国历史法学的代表，梅因的成就主要集中在他对罗马法、印度法和人类早期法律发展的研究方面，另外他对历史法学的研究方法也颇有贡献。在这一点上应该说梅因已经超过了他的德国前辈，因为他并不将自己的视野局限于某一特定国家法律本身的发展，而是力求从这种发展中寻求一种规律性的东西。换言之，梅因的著作理论性更强一些，这在《古代法》一书中表现得尤为突出。

荐读理由

梅因的《古代法》成书于19世纪中叶，当时，曾在西方思想界风靡一时的自然法理论日趋衰微，功利主义和历史法学在西欧已占统治地位。而当时学术界对法律史的研究很肤浅，大部分学者满足于在理论上的推论或某种假设。鉴于此，梅因在书中首先主张采用类似自然科学中观察的方法来取代那些先验的假设。接下来梅因探讨的主要是研究古代社会法律制度所需依据的原始资料的问题，他认为法典不应成为研究法律的起点，因为在法典之前法律早已萌芽并得到发展，而后来的法典却并未真实反映那时的情况。因此，他注重对早期文学作品的研究，如荷马史诗，他认为这些东西应该成为我们了解古代生活习俗的主要依据，法律史的研究就是要力求从这些文学作品中发掘出法律概念的早期形式。

古代法律研究中的一个重大问题就是法律发展的分期，通过研究，梅因以法典时代为分界点，将法律的发展分为自发和人为两个阶段。梅因认为，法典的功效在于能够保护社会，使之不受寡头统治的欺诈，使国家制度不致自发地腐化和败坏，换言之，即法典能够确立一种明确的、稳定的、可供预期的统治。然而，成文法一经形成，便产生了法律发展与社会发展之间的距离问题，即法律的滞后性。这就需要一定的手段来弥合，方能实现社会的公平。对此，梅因提出了三种方法：拟制、衡平和立法。

梅因所有的结论中，最有影响力的就要数他关于人类社会进步历程的结论了：迄今为止，所有进步社会的发展，都是一个从身份到契约的过程。在梅因眼中，原始社会是一个许多家族的集合体，而这些家族集团是由于对父辈的服从而结合在一起的。个人对于家族形成某种依附，这种依附关系，在罗马法中表现为家子、女性和奴隶对于家父的服从和依赖。因此梅因得出如下结论：如果说一个现代社会的单位是“个人”，那么一个古代社会的单位就是“家族”。在这种家族体制下，个人道德的升降往往和个人所隶属集团的优缺点混淆在一起，或者说个人处于比较次要的地位，“人”的一切关系都是被概括在“家族”关系中的。

随着社会的不断进步，个人行为逐渐取得了独立性，当个人能够完全依照自己的意志作出行为并自己独立承担相应的后果时，就到了梅因所谓的契约时代。在这种新的社会秩序中，所有这些关系都是因“个人”的自由合意而非他所属团体的意志而产生。“身份”意味着一定的资格和条件，预示着一种不平等；而“契约”则代表着平等和自由，这就是从“身份”到“契约”的社会运动的规律，也体现着社会的不断进步。梅因的这个结论，虽然在后来受到一些挑战，但毫无疑问，它深刻地反映了人类社会的发展规律。

梅因在《古代法》中提出了关于古代社会的一系列重要论点，展示了古代法律发展的恢弘图景。他开创性地运用了历史和比较的方法，体现了他通过历史来阐释法律与社会之间关系的基本思路。梅因通过自己的努力开创了英国历史法学在法学史上的地位，使得英国法学研究的内容在一定程度上得到了充实，并在使历史法学成为19世纪的学术主流方面作出了贡献。

先睹为快

关于我们所处的时代，能一见而立即同意接受的一般命题是这样一个说法，即我们今日的社会和以前历代社会之间所存在的主要不同之点，乃在于契约在社会中所占范围的大小。这个说法所根据的现象，有些都是常常被提出来受到注意、批评和颂扬的。我们决不会毫不经心地不理会到：在无数的事例中，旧的法律是在人出生时就不可改变地确定了一个人的社会地位，现代法律则允许他用协议的方法来为其自己创设社会地位；真的，对于这个规定有几个例外，不断地在热烈愤慨下遭到废弃。例如，黑奴问题，到现在仍被剧烈争论着，其真正争执之点是：奴隶的身份究竟是不是属于过去的制度，又如雇主和工人之间能合乎现代道德的唯一关系，究竟是不是完全由契约决定的一种关系。承认过去和现在之间存在这种差别，是最著名的现代思想的实质。可以断言，“政治经济学”是今日有相当进步的唯一伦理研究部门，它将会和生活的事实不相符合，如果“强行法”对它一度占据的领域的绝大部分不肯加以放弃，并且人们不能具有直到最近才允许他们有的决定其自己行为规律的一种自由。受到政治经济学训练的大多数人都有这样一种偏见，认为他们的科学所根据的一般真理是有可能变为普遍性的真理的，并且，当他们把它作为一种艺术而运用时，他们一般都着重于扩大“契约”的领域，缩小“强行法”的领域，只有在必须依靠法律以强制“契约”的履行时，才是例外。一些思想家在这种思潮影响下作出的鼓动，开始在西方世界中很强烈地感觉到。立法几乎已经自己承认它和人类在发现、发明以及大量积累财富各方面的活动无法并驾齐驱；即使在最不进步的社会中，法律亦趋渐倾向于成为一种仅仅的表层，在它下面，有一种不断在变更着的契约规定的集合，除非为了要强迫遵从少数基本原理或者为了处罚违背信用必须诉求法律外，法律绝少干预这些契约的规定。

延展阅读

《欧陆法律史概览：事件、渊源、人物及运动》

这是一部大陆法系非常经典的法律著作，通过对罗马法与日耳曼法、意大利法、法国法、德国法、荷兰法、瑞士法、斯堪的纳维亚法、西班牙法、教会法等的论述，介绍了西欧各主要国家的法律演变史。作者之一是英国历史法学派代表人物梅特兰，他也是英国法律史学的开创者，强调以对某一特定制度的描述和分析为重点，但并非热衷于对一般性理论的追求，认为要有历史学家的头脑和法学家的分析技术才能做好法律史。

《法律、立法与自由》

〔英〕哈耶克　著

哈耶克是20世纪西方著名的经济学家，由于其在经济学上的成就，他曾在1974年获得诺贝尔经济学奖，而其自由主义法律思想也颇负盛名，《法律、立法与自由》集中了哈耶克关于法律与自由、法律与正义等问题的思考，该书也是北京大学法学院法理学、西方法律思想史等课程的推荐读物。

推荐版本：中国大百科全书出版社　邓正来、张守东、李静冰译

关于作者

哈耶克（1899—1992）可能是20世纪最伟大的古典自由主义学者。哈耶克早期以研究货币和经济周期理论成名，提出货币投资过度理论。哈耶克一直反对社会主义，反对计划经济，认为社会目标是个人目标的总和，社会目标不能抑制个人目标。而社会主义贬低人的个人目标，让个人遵从于社会的目标，限制了利己的动力，计划经济中的集中决策没有市场经济中的分散决策灵活，所以社会主义不可能有高效率；而且社会主义违背人性，计划经济导致政府极权，是“通向奴役的道路”。哈耶克的自由主义思想在西方国家学术界有重要影响，1974年他与瑞典经济学家缪达尔共同获得诺贝尔经济学奖。

但你如果仅仅将哈耶克定义为一位经济学家就错了，哈耶克的学术贡献远远超出了经济学范围。他毕生发表了130篇文章和25本专著，涵盖的范围从纯粹的经济学到理论心理学，从政治哲学到法律人类学，从科学哲学到思想史……在这方方面面，哈耶克绝不是玩票，而是见解卓著。他至少对我们关于三个领域的理解作出了重大贡献：

政府干预、社会主义的经济后果及社会结构的发展。

1899 年 5 月 8 日，哈耶克出生在维也纳一个知识分子家庭，1918 年进入维也纳大学，在大学学习期间爱好经济学，并于 1921 年和 1923 年分别获得法学和政治学博士学位。哈耶克一生的大部分时间都在从事教学和研究工作，曾先后执教于维也纳大学、哈佛大学、伦敦经济学院、芝加哥大学等知名学府。研究初期哈耶克主要研究经济学，在中后期的研究中，哈耶克主张将哲学、法理学、经济学等结合起来进行探讨，尤其对自由问题深感兴趣。

自由是哈耶克永恒的理想。他继承了 18 世纪启蒙思想家的思想，以个人主义出发，强调维护人的自由。这种自由包括政治自由、思想自由和经济自由。其中，经济自由是自由的基础。实现经济自由的途径是实行市场经济，让市场机制充分发挥调节作用，让人们在市场上进行自由竞争。因此，市场经济就是一种由个人主义出发而形成的、能保证人的自由的“自然秩序”，是一种最符合人性的经济制度。长期以来，凯恩斯的理论和政策都是哈耶克批评的目标。哈耶克认为，判断一个社会好坏的标准不是经济福利，而是人的自由程度。哈耶克特别反对把经济福利作为理想社会的目标。他认为追求经济福利的目标必然导致国家干预经济。理想社会要通过法治才能实现，要做到这一点，就要实现思想解放，把人的思想从崇尚国家的现代蒙昧主义中解放出来，自觉地为实现这种理想而奋斗。

下面，我们就通过《法律、立法与自由》来从法学的角度走进哈耶克的自由世界吧。

荐读理由

《法律、立法与自由》是哈耶克历经 17 年的思考而分别于 1973 年、1976 年和 1979 年发表的最后一部系统性学术著作。这部重要著作大体上依据“法律、立法与自由”这个总标题所关涉的庞大主题而相应的被分成三卷：第一卷为“规则与秩序”，第二卷是“社会正义的幻象”，第三卷则是“自由社会的政治秩序”。哈耶克的这部著作乃是他经由社会理论到自由理论再到法律理论的阐发而试图达致宏大的自由主义社会哲学体系过程中的重要一环，其论著阐发了一个思想体系，其抱负之宏大完全可以与马克思的思想体系相媲美，但是却远不如他们易于受到批判，因为哈耶克的体系是以一种在哲学上站得住脚的有关理性之范围和限度的观点为基础的。

哈耶克的自由主义法律思想主要集中在本书的第一卷中。在第一卷里，尽管哈耶克费了很大的力气探讨法律与立法的关系，该书却并非是一部专业的法律学著作。他的法律理论是以解决个人自由与社会秩序之关系的问题为旨归的。同时，法律理论在哈耶克的著作当中又成了理解个人自由与社会治学之关系的重要途径和基本前提。

哈耶克认为，自由是一个消极概念。自由状态是人的这样一种状态，在这种状态中其中一些人对另一些人的强制被减少到社会所能达到的最低限度。他坚信自由只有一种，这是一种“原始意义上的自由”，即个人自由。而哈耶克主张个人自由的根据主要在于人的无知。人类之所以需要自由，是为了给文明进程中难以预测的未知领域留出无限发展的空间。个人自由之所以重要，在于拥有不同知识的个人可以不断发现、交流、纠正和利用各种信息，从而超越无知，这正是个人自由的价值所在。因而，哈耶克把自由称为“最高政治目标”。

尽管哈耶克极力鼓吹个人自由，但他并没有把自由推向绝对。他认为自由必须以法律的存在为先决条件。在他看来，法律、自由和财产是不可分割的三位一体，自由因遵循原则而得以维持，因追求目的便利而遭到摧毁。他进一步指出，通过法律和道德规则给个人自由施加限制，会比中央控制造就更加伟大、更加自由的秩序。

除了法律与自由，法律与秩序也是哈耶克在该书中讨论的重点之一。哈耶克认为，存在着两种秩序类型，即自发秩序和人造秩序或组织，在实在法中体现为私法和公法。自发秩序规则独立于任何共同目的，它们不是针对特定的人制定的，而是适用于不特定的一切人或一切场合。而组织规则则致力于具体内容和特定结果，是组织为了执行指定任务而制定的规则。由此得出，法律是指那些服务于自发秩序的形成、独立于目的的规则，其本身并非是被“发明”出来的，而立法大致与制定法近义。法律与立法的区别可以说是抽象规则与具体命令的区别。立法向人类开放出了诸多全新的可能性，并赋予了人类以一种支配自己命运的新的力量观或权力观。然而，那些关于谁应当拥有这种权力的讨论，却在很大程度上遮蔽了这样一个更为基本的问题，即这种权力应当扩展至多大范围。

此外，哈耶克在书中还强调实行法治的重要性。在他看来，法治是自由社会最伟大的成就之一。哈耶克认为，法治关键之所在是对政府权力进行限制，法治就是要使执掌强制权力的机构的行动自由减少到最低限度。维护自由、反对专制的目标是建立法治，人们应该关注所使用的手段和方法，而不是要达到的目的。权力的产生有赖于民主，权力的限制则依靠法治，二者不可或缺。

《法律、立法与自由》或许并不如哈耶克的其他著作，如《通往奴役之路》《自由秩序原理》等易读，因为作为其晚期的作品，哈耶克意识到，他的著作不大可能获得更大众的读者，因此，《法律、立法与自由》从一开始就明确其是写给专家的，而不指望其他人来阅读。只有读过几遍，具有相当深厚的政治学、经济学理论背景，并且对哈耶克其他著作有所研究的人，才能对这部著作给出正确评价。但鉴于为读者提供大师最伟大的作品的宗旨，笔者还是向大家推荐此书。

先睹为快

现代人已经变得极不愿意承认这样一个事实，即他们在知识上的构成性局限实是他们不可能经由理性而建构社会整体的一个永恒的障碍。现代人之所以不愿意承认这个事实，主要是因为他们无限信赖科学所具有的力量。有关科学知识迅猛发展的信息如此之多，以至于人们渐渐感到，所有知识上的局限都注定会很快消失。然而，这种信心却是以一种对科学的使命和力量的误解为基础的，亦就是以一种错误的信念为基础的，而这种错误的信念以为，科学乃是一种探明或确定特定事实的方法，而且科学技术的进步也能够使人们探明并操纵他们可能需要的所有特定事实。

在大多数行为规则最初就拥有的上述两项属性中，第一个属性乃是它们在个人的行动中为行动者所遵循，但又不是以阐明的形式为行动者所知道。这些行为规则会在那种能够被明确描述的行动的常规性中凸显自身，但是这种行动的常规性却并不是行动者能够以这种方式陈述这些规则的结果。这些行为规则所具有的第二个属性是，这种规则之所以渐渐为人们所遵循，乃是因为它们实际上给予了那些遵循它们的群体以更具优势的力量，而不是因为这一结果先已为那些受这些规则指导的行动者所知道。尽管这样的规则实是因人们遵循它们所产生的某些后果而渐渐为人们普遍接受的，但是人们却并不是旨在达致那些后果——亦即行为者无须知道那些后果——而遵循它们的。

延展阅读

《自由秩序原理》

这是作者的另一部精品。

该书又译为《自由宪章》，在此书中，哈耶克把哲学、法理学、经济学综合起来对自由进行了研究，阐述了自生自发秩序的理念——自由主义社会理论的核心和概念。这本书基本上是从原则的角度出发来阐述观点，较之当初颇为流行的《通往奴役之路》，该书学术意味更浓，不过较《法律、立法与自由》可读性更强。如哈耶克在导论里所说，他是“用这样一种几近冷血的、纯知识的方法去处理一个为大众视为崇高情尚、为大众全力捍卫且不为他们视为知识问题的理想”，因为他认为，“尽管追求自由的斗争之所以始终得以维持，在很大程度上是因为它得到了人们热望自由这一不可或缺的强烈本能倾向的支援，但是，这些本能倾向既不是一种安全的指导，亦不是某种防止错误的措施”。

《通往奴役之路》

〔英〕哈耶克　著

《通往奴役之路》一书是对古典自由主义和自由意志主义理论的阐述中最著名且最受欢迎的书籍之一。无论在出版当时或现在，本书对政治思想领域中古典自由主义的复兴都发挥了极大的作用。这本书为哈耶克赢得了广泛的关注，他的世界性声誉由此奠定。

推荐版本：中国社会科学出版社　王明毅等译

关于作者

见《法律、立法与自由》之“关于作者”。

荐读理由

《通往奴役之路》一书在哈耶克的学术生涯中占有极其重要的地位，于1944年出版。这本书为哈耶克赢得了广泛的关注，他的世界性声誉就是由此奠定的。

哈耶克在这本书中论证道，当时正在计划中的福利国家不是为个人自由的战斗在和平时期的继续，而是朝着专制的方向迈出了一步。因此，他认为追求计划经济，其无意识的后果必然是极权主义。为了反对这种计划经济，哈耶克有力地重申了他一贯坚持的古典自由主义观点，同时，也允许适度的政府活动。他在书中提到，“对于那样的计划经济的批评，是不能与完全教条式的自由放任态度混为一谈的”。《通往奴役之路》也的确支持政府对于邮政、道路、污染和工厂噪音等的管制。

哈耶克认为苏联和纳粹德国这样的国家早已经在“通往奴役之路”上了，而当时许多民主国家也正在重蹈覆辙。哈耶克写道：“为达目的而不择手段在个人主义伦理学看来是对于所有道德的否定，但那在集体主义的伦理学里却成为最高的原则。”

应该强调的是，哈耶克的自由主义包括对许多有用的社会制度的赞赏，但这些制度只能是人的自发行动的后果，而不能是人设计的结果。这一论点是从休谟、亚当·斯密和苏格兰历史学派那里继承过来的，它在哈耶克的著作中占据了重要位置。由此出发，哈耶克认为，良好的社会不是简单地依赖于在政府所提供的法律框架内追求私利，相反，它应依赖于一套复杂的法律、道义传统和行为规则的框架，这套框架的特点应该为大多数社会成员所理解和认同。

哈耶克进一步主张，社会大众会感觉计划的失败是因为国家权力不够或无法有效推行目标所造成的，这样的感觉会使大众开始投票支持中央集权，并会支持那些看似“可以让计划付诸实现”的“强人”攫取政治权力。哈耶克认为，在经过这一连串的恶化后，一个国家将会不可避免地转变为极权主义。对哈耶克而言，“通往奴役之路”代表了国家进行中央集权的开端，随着自由市场制度的瓦解，所有个人的经济自由和人身自由都将化为乌有。

《通往奴役之路》一书是对古典自由主义和自由意志主义理论的阐述中最著名且最受欢迎的书籍之一。无论在出版当时或现在，本书对政治思想领域中古典自由主义的复兴都发挥了极大的作用。

先睹为快

纳粹领袖把民族社会主义革命说成是一次反文艺复兴运动，可能不由自主地说了真话。它是毁灭现代人从文艺复兴时代起建立的尤其是个人主义文明的一个决定性步骤。个人主义在今天名声不佳，这个词和利己主义与自私自利联系在一起。但我们所说的与社会主义和一切形式的集体主义相对立的个人主义，与这些东西没有必然的联系。只有在本书的进程中，我们才能逐步搞清这两种对立原则之间的不同。由基督教与古典哲学提供基本原则的个人主义，在文艺复兴时代第一次得到充分发展，此后逐渐成长和发展为我们所了解的西方文明。这种个人主义的基本特征，就是把个人当作人来尊重；就是在他自己的范围内承认他的看法和趣味是至高无上的。纵然这个范围可能被限制得很狭隘；也就是相信人应该发展自己的天赋和爱好。“Freedom”和“Liberty”这些字眼儿常常被滥用，以致我们在使用它们表明它们当时所代表的理想时，也颇费踌躇。宽容或许是唯一还能保留这个原则完整意义的字眼儿，这个原则在那个时期整个过程中都处于上升状态，只是在近来才又趋低落，且将随极权主义国家的兴起而彻底消亡。

从一种严格组织起来的等级制度逐渐转变成另一种制度，在这种制度之下，人至少能尝试去创造自己的生活，有机会了解和选择不同的生活方式，这种转变是和商业的发展密切相关的。新的人生观随着商业从意大利北部的商业城市传到西部和北部，通过法国和德国西南部传到低地国家和不列颠诸岛，坚实地扎根于没有受到专制政治势力压抑的地方。在低地国家和不列颠，它长期得到充分的发展，并且第一次有机会自由生长，成为这些国家社会政治生活的基础。而正是从那里，在17世纪后期和18世纪，它再次以充分发展了的形式开始传到西方和东方，传到新大陆，传到欧洲大陆的中部，在那里，毁灭性的战争和政治上的压迫严重地压制了类似发展较早的开端。

延展阅读

《致命的自负》

本书是哈耶克生前的最后一部作品，也是他最重要和最具有代表性的著作之一。这部著作在某种程度上是“哈耶克对自己毕生所反对的‘极权社会主义’思想努力的总结”。正是由于本书集中体现了哈耶克全面而系统地批判他所谓的“社会主义”的主题，认为“社会主义”的思想主张是一种“致命的自负”“一种谬误”，它的译介出版势必会在中国读者中产生影响。

《法律的概念》

〔英〕哈特 著

英国法理学家哈特被学界誉为“新分析法学的旗帜”，他通过与富勒、德沃金等人的论战形成自己独特的法律观，使新分析法学的法律观念在法学界产生了深刻的影响。其作品是北京大学法学院法理学、西方法律思想史等课程的推荐读物。

推荐版本：法律出版社 许家馨、李冠宜译

关于作者

哈特（1907—1992），生于英国的一个犹太家庭，22 岁时即以第一名的优异成绩毕业于牛津大学，并在三年后取得律师资格，其后在伦敦担任律师直到 1940 年。1952 年，哈特任牛津大学法理学讲座教授。国际著名法理学家、哈特的论战对象之一德沃金在评价哈特的法哲学理论时指出，他的观点“透彻而精辟，在法哲学的几乎任何一处建设性的思想必须从考虑他的观点开始”。

以哈特为代表的新分析法学，是在第二次世界大战后形成和发展起来的，是现代西方分析实证主义法学中与社会法学、新自然法学并列的三大法学派别之一，其重大的影响力与哈特在其学术生涯中与他人进行的一场场论战密切相关，即哈特与哈佛大学法理学教授富勒的论战、哈特与英国法官德富林的论战及哈特同美国法学家德沃金长达 20 年的论战。

本文介绍的《法律的概念》是哈特最重要的著作，哈特在其中对于法律问题的阐述，使他在法学界成为新分析法学的代表人物。哈特

承袭并拓展了分析法学，在批评分析实证主义法学理论的基础上，形成并发展起他自己的理论。“分析法学”“分析实证主义法学”“新分析法学”……你是不是被这些法学派别搞得一头雾水？那么我们先暂别哈特，首先来了解一下这些名词吧。

“分析法学”指19世纪边沁和奥斯丁创立的法律命令说。边沁明确地区分了立法学和法理学，指出前者指“法律应该是什么”，后者则指“法律实际是什么”，他认为科学的法理学应该严格地被限制在实在法的领域，法律即是主权者的命令，该定义成为奥斯丁创立分析法学的基础。奥斯丁发展了边沁的法理学，将法理学的范围严格地限定于一个国家的实在法，他的理论得到广泛的传播和认同。

“新分析法学”指20世纪对于奥斯丁分析法学的发展，而哈特的法律规则说是新分析法学的代表，认为法律是第一性规则和第二性规则的结合，前者是设定义务的规则，后者是授予权利的规则，由承认规则、改变规则和审判规则构成。

“分析实证主义法学”是“实证主义法学”的一部分，当实证主义运用到法律领域便有了实证主义法学。作为新分析法学的代表，哈特坚持分析法学的立场，认为法律是一种命令，并坚持认为实然的法律应该与应然的法律保持分离。但所不同的是，哈特更加强调要研究法律的概念，认为道德判断的标准是不同于法律判断的，它也不应该通过理论性辩论论证来建立或捍卫。哈特对于分析实证主义法学的界定，使分析法学在奥斯丁的基础上有所拓展，使他的理论具有更强的解释力，更加适应社会的要求，从而建立了他的新分析法学。

荐读理由

先来了解一下本书的写作背景：1957 年，哈特应邀在哈佛大学讲学时作了一个题为《实证主义和法律与道德之分》的学术报告，揭开了论战的序幕，而富勒立即发表了《实证主义和忠于法律——答哈特教授》的长文作为回应。到了20世纪60年代初，哈特发表了《法律的概念》，而富勒则发表了《法律的道德性》。与此同时，西方法学界的学者们，围绕二人的著作及争论，也发表了大量的论文和专著。哈特与富勒论战的背景是对于二战时德国希特勒法律及其效力的认同，而焦点则是法律与道德之间的关系问题，实质上是西方法理学传统中的自然法学和法律实证主义法学两大派别之争。除去论战中的学术光芒，这种百家争鸣的自由思想之精神更值得国人学习，一个欣欣向荣的学术氛围必定是充满着知识的硝烟，而非一团和气、星星之火，刚一冒头即被“垄断思想”熄灭的死寂。

《法律的概念》一书集中反映了哈特的法律观以及他对于法律的作用、法律与道德等方面比较全面的看法，被学术界誉为20世纪法学的经典作品。书中，哈特通过评析奥斯丁的法律是主权者的命令说而引出了法律的规则说，将法律视为第一性规则和第二性规则的结合，并认为这是法理学的关键。哈特还富有启发性地阐述了法律与道德、法律与正义、道德与正义的关系，并比较客观地分析和评价了自然法学、概念法学（法律形式主义）和法律现实主义等西方近代以来有代表性的法学思潮。

本书内容丰富，下面仅围绕法律与道德来简单介绍哈特的观点。哈特在这部分坚持法律与道德的分立，认为法律与道德之间存在紧密联系，但二者之间不存在必然联系。他写道，人类生活在一起的目的是生存下去，而不是为了使人类社会成为一个自杀的俱乐部。由于人性和人的生存目的，必定有一些得到普遍认可的行为规则，它们构成了一切社会的法律和道德的共同因素。没有这样一个内容，法律和道德就无法促进人们在互相结合中所抱有的最低限度的生存目的。这些共同的行为准则就是最低限度内容的自然法。例如，禁止用暴力杀人或施加肉体伤害的规则、要求相互克制和妥协的规则、保护财产权利的规则、镇压盗窃和诈骗的规则等。这些行为准则既是人类社会必须遵循的道德原则，也构成了需要由国家强制力保证实施的法律规则。

哈特于1961年发表的《法律的概念》是新分析法学形成的标志。在这本短小、简练和富于思辨的著作中，哈特提出了著名的“法律规则说”，评析了现代西方法哲学的主要代表性学说的理论，该书是当代不可多得的法理学权威著作之一。

先睹为快

道德哲学致力于这个道德特性的解释，认为道德是必须加以承认的“既有的”事物，而不是人为有意的选择所造成的。但是和解释有别（作为解释的对象）的事实本身，并不是道德所独有的性质。这就是为什么这个道德特性，尽管非常重要，却无法单独作为区分道德和其他社会规范形式的性质。因为在这方面，任何社会传统和道德并无二致：传统也无法由人为的命令去制定或废除。有个不可考的故事说，英国某个公立学校的校长宣布，下学期开始，高年级的学生要穿某种服装，并且成为学校的传统，这个故事之所以滑稽，是因为“传统”的概念和人为制定与选择的概念在逻辑上不相容。规则之成为传统、继而失去传统的地位，是通过规则的形成、施行、不再施行和没落。除了这缓慢且非意志性的历程以外的规则的产生和消灭，都无法获得或失去传统的地位。

道德和传统不能像法律一样借由立法直接去改变，这不表示它们就免于其他形式的改变。尽管道德规则和传统不能借由人为的选择或立法去废除或改变，但是法律的制定或废除，却可能是造成某些道德标准或传统的改变或没落的原因之一。如果法律禁止且惩罚像是在盖伊·福克斯日（Guy Fawkes）（即英国的烟花节）的夜晚举行庆典的传统习俗，这个习俗可能会就此中止，这个传统也会消失。反过来说，如果法律要求某些阶级的人必须服兵役，到最后可能形成传统，甚至在该法律废除以后，这传统还继续存在。同样的，法律也可能规定诚实和仁爱的标准，最后改变且提升目前的道德；反过来说，法律禁止被认为是道德义务的习俗，到最后可能使这习俗的重要性消失，因此也丧失它在道德上的地位；但是，法律经常在与根深蒂固的道德的战争中落败，而道德规则也会生机勃勃地和那禁止同样行为的法律继续并肩而行。

延展阅读

《法律、自由与道德》

这是作者的另一部精品。

本书着手解决的问题是利用刑法对道德的强制执行，特别是对性道德的强制执行。哈特秉承英国自由主义传统，坚持英国著名哲学家密尔“无害他人”的功利主义原则，对道德做了公共性与私隐性的区分，坚持法律与道德的分离，不应当用法律去强制推行道德。在他看来，只有对那些违反了公共生活秩序，并对其他公民造成伤害的行为，法律才应予以规制。对于成年人私下自愿的同性恋行为，并未对他人造成任何损害，属于个人的道德问题和生活方式的选择，故不是法律插足的适当地盘。

《为权利而斗争》

〔德〕耶林　著

社会目的论法学创始人耶林的《为权利而斗争》是他在世界范围内引起轰动的著作，在这本小册子里，耶林从积极主张权利的角度，论证了权利和义务的关系。此书也是北京大学法学院法理学、法学原理、西方法律思想史等课程的推荐读物。

推荐版本：法律出版社　郑永流译

关于作者

耶林（1818—1892），出身于德意志北部的一个小镇上，父亲是一位执业律师。1836 年他进入海德堡大学，后又连续在柏林、哥廷根、慕尼黑等大学接受法律教育，这种游学方式曾一度流行于德国学生之中。耶林获得博士学位后，于 1843 年在柏林大学通过论文审查获得教职，并于次年在该大学教授罗马法，随后历任多所大学的教授。在当时德国法学界，萨维尼的学说依然具有支配性的影响，因此，耶林在 1852 年至 1863 年陆续出版的《罗马法的精神》（全四卷）以其卓尔不群的思想，为他赢得了巨大声誉。

1868 年，耶林接受了奥匈帝国首都维也纳大学罗马法教授的讲席，在这里的四年之间，他的讲课堂堂爆满，听众中不仅包括固定的学生，而且还包括许多慕名而来的社会各界人士甚至政府上层官员。耶林交游广泛，热爱艺术、音乐，是当地法律界、政界以及艺术界、社交界极受欢迎的人士。由于耶林对奥匈帝国法律教育的贡献，奥匈帝国遂授予耶林一个世袭的贵族爵位，这是过去在德、奥学术界极少数非因政治或军事贡献，而是因学术成就——尤其是法学和其他人文社会科学被授予爵位的例子。为了逃避逐渐令人厌倦的社交活动以及过重的教学压力，耶林于1872年返回德国并进入哥廷根大学，在这里他一直工作到去世。

在离开维也纳前，耶林在维也纳法学会上发表了一篇演讲——“为权利而斗争”。这篇演讲获得了极大的成功，两年内即印到了12版，此后又被译成20多种文字。在他生命的最后20年间，他又出版了他的宏伟巨著《法的目的》（全二卷）。耶林是社会目的论法学的创始人，其思想不仅对西欧，而且对全世界都产生了巨大的影响。耶林的《为权利而斗争》是他在世界范围内引起轰动的著作，同时也是迄今为止他的著作中唯一被翻译成中文的作品。

荐读理由

要想深入透彻地理解《为权利而斗争》的内涵，首先应当了解耶林“社会目的论法学”的宗旨。早期耶林同大多数德国法学学者一样，信奉历史法学派大师萨维尼的理论，认为法是一种民族精神。但到了后期，随着思想与研究的日益深入与成熟，耶林认为法在历史发展过程中表现为一种“艰苦的努力”，既不是萨维尼所坚持的民族精神，更不是英国功利主义的论点。耶林指出：“……目的是全部法律的创造者。每条法律规则的产生都源于一种目的，即一种事实上的动机。”人是有目的的动物，作为人活动的一部分的法律也是有目的的。目的多数体现为利益，而利益分为个人利益和社会利益。在此，耶林的社会目的论展现出其独特性，他认为社会利益更加重要，但不能认为这与个人利益的追求有什么矛盾，因为大部分情况下社会目的包含个人目的。例如，个人为达到自己的目的，有时需要和他人进行交换，以实现他人目的的方式来实现自己的目的，此时社会利益和个人利益就实现了很好的平衡。

他在《为权利而斗争》中提道：“主张自己的生存是一切生物的最高法则。……对人类而言，人不但是肉体的生命，同时其精神的生存至关重要，人类精神的生存条件之一即主张权利。”耶林用为一元钱的损害而愿意花两元钱的费用去进行诉讼的例子，用为夺回被邻国占领的一平方英里荒地而甘冒亡国风险与邻国进行战争的例子来证明精神需要、精神利益对人类来说是多么重要。在中国，不也有很多人为了自身权益去努力地斗争么？或许结果只是飞蛾扑火，但如果每一个人都漠视自己的权利，那么，他人还会尊重你的权利么？国家还会保护你的权利么？

耶林的法律目的论批判了萨维尼的历史法学，认为法律绝不是不受控制的、自发生长的民族精神；也纠正了英国功利主义的观点，功利即利益不只是以个人来计算的，还有社会的功利，法律不是以个人，而是以社会目的为主。同时耶林也反对了传统的自由主义观点，即法律仅是防止个人自由受到侵害。耶林认为，法律为了某种社会目的对个人自由加以限制，这完全是正当的。

《为权利而斗争》原本是耶林的一篇演讲稿，后改写成书。全文共分为六章，分别为“法的起源”“斗争是法的生命”“为权利而斗争是对自己的义务”“主张权利是对社会的义务”“为国民生活权利而斗争的重要性”和“现代罗马法与为权利而斗争”。耶林的论点虽然富于激情，但其论证方式却绝不空洞或流于意识形态，其结论雄辩而有力，令人振奋。

耶林在文中开宗明义，他说：“法的目标是和平，而实现和平的手段是斗争。只要法必须防御来自不法的侵害——此现象将与世长存，则法无斗争将无济于事。法的生命是斗争，即国民的、国家权力的、阶级的、个人的斗争。”耶林认为，在客观的角度是法，在主观的角度就是权利。为权利而斗争，就是为法而斗争。从这一点上看，就得到了权利和义务的第一个关系：为权利而斗争是对自己的义务，放弃权利则意味着精神上的自杀。耶林认为，即使是对权利、人格知之不多的普通民众，也会在权利被侵犯时本能地感到痛苦，这是“法感情”的朴素表现。

第二，耶林指出，主张权利也是对社会的义务。由于权利在社会中表现为客观的法，是社会生活条件的综合，对侵犯权利保持沉默，法律条文就成为一纸空文，将导致社会生活的崩溃。即使是对个人权利的主张，意义也远远超过他自身的利益和效果，因为他维护了法律的权威和尊严。

无论如何，简单的介绍都无法代替对原文的直接阅读。在这个对经典作品“提及多于读过”的年代里，阅读耶林作品不仅可以丰富我们的知识，而且还能激励我们的行动。阅读《为权利而斗争》就仿佛是在聆听贝多芬的《命运交响曲》，激励我们要“扼住命运的咽喉”。耶林在文章结尾引用一位诗人的话说，“人必须不停地开辟生活与自由，然后才配有生活与自由的享受”。

先睹为快

世界上一切法权是经由斗争而获得的，每一项既存的法律规则，必定只是从对抗它的人手中夺取的。每一项权利，无论是民众的还是个人的，都是以坚持不懈地准备自己去主张它为前提。这种法权不是逻辑的，而是一个力的概念。正义环绕着它，正义一手提着天平，以此去衡量法权，一手握有干戈，用以去维护法权；没有天平的干戈，是法权的赤裸裸的暴力，没有干戈的天平，是法权的软弱无能。两者休戚与共，只有正义用来操持干戈的力量，不亚于她用来执掌天平的技艺时，一种完满的法权状态才存在。

法权是持续的事业，即不单单是国家权力的，还是整个民众的持续的事业。法权的全部生活，鸟瞰式地看，令我们忆起，一个民族上下孜孜不倦地搏击、斗争和工作的壮观场景，如在经济领域中。每一个处在必须维护其法权的境况中的个人，承担着这种民族事业中自己的那一部分，为在世界上实现法权的观念，尽其绵薄之力。

延展阅读

《为权利而斗争：梁慧星先生主编之现代世界法学名著集》

此书是中国法学家梁慧星先生主编的一部现代世界法学名著集。全书收录了《为权利而斗争》《契约的死亡》《契约的再生》《私法中的人》《私人在法实现中的作用》《合同损害赔偿中的信赖利益》等重要法学文章。耶林的《为权利而斗争》由此首次在中国大陆印发，连同其他几篇文章，为国人带来振聋发聩的影响。通过阅读这些名著，读者能够更为深切地从更多角度感受权利的意义与私法的重要性。

《论经济与社会中的法律》

〔德〕马克斯·韦伯　著

学界泰斗蒙森评价韦伯：“当某一天我不得不走入坟墓时，尚无一人我愿对他说：孩子，拿着，这是我的矛，它越来越沉了，我拿不动了！除了可敬的韦伯！”社会法学大师韦伯的作品是北京大学法学院法理学、经济法等课程的推荐读物。

推荐版本：中国大百科全书出版社　张乃根译

关于作者

德国社会学泰斗马克斯·韦伯（1864—1920），出身于德国一个殷实的大家庭，祖父是一位成功的资本家，父亲是位律师和保守的政治家，他们经常出入柏林议会和帝国议会，并在家中招待各界学术名流，因此，韦伯从小就得以认识当时德国思想界的重要人物，加之韦伯本人天资聪慧，使他很早就打下了坚实的理论思维基础。

18岁时，韦伯进入海德堡大学法学院攻读法律，并于1886年取得见习律师资格。三年后，25岁的韦伯以《中世纪贸易商社史》一文获得博士学位。29岁时，年轻的韦伯应邀担任弗莱堡大学经济学教授，在学术上开始了平生第一次由法学向政治经济学的重大转变。1897年至1900年期间，韦伯因精神崩溃，一度停止了著述和教学活动。1903年开始，韦伯将学术重心转移到方法论研究和社会学研究。由于韦伯名声日隆，1909年，经过韦伯等人的努力，“德国社会学学会”终于在柏林创立，韦伯第一次正式称自己为社会学家。

韦伯是一位真正的学者，其一生研究领域十分广泛，从传统到现代，从政治到经济，从哲学、法律到宗教，都有所涉及。随着时间的推移，他对社会法学的重大贡献越来越被人们所认识。他对法律历史深入细致的研究，对法律与社会关系的独到见解，使后代的社会法学家很难超越他，而且他对中国传统社会的分析，也对我们认识自己的法律传统起到了重大的启发作用。

法律社会学是韦伯的社会理论大厦的一个部分。韦伯对于现代社会困境的揭示体现在法律上便是法律的“形式合理性”与“实质合理性”之间的矛盾。韦伯对法律职业本身的分析也同样富于洞见。在读韦伯的书时，一定要和他的其他社会理论结合起来，才能体悟韦伯的用心：如何通过理解法律更好地理解社会。韦伯一生著作等身，尤以讨论社会、经济和法律之间关系的作品居多，下面就详细介绍其中的一本——《论经济与社会中的法律》。

荐读理由

本书是现代西方法律社会学的经典之作，也是韦伯的遗作，书中包含了丰富的法律社会学理论，读者可以从中全面、完整地了解韦伯的法律社会学理论的基本观点。

在韦伯看来，“法律从来不仅仅是法律本身的问题，相反它更多的是经济与社会中的问题”。如果全面地看问题，法律社会学将是指对所有法律现象和所有社会现象的研究。韦伯没有意识到自己的研究会被后人称为“法律社会学”，在他看来法律也是社会的一部分。法律体系在社会中是与各种其他因素相互作用的，法律在社会中并不是孤立地存在，譬如离开了经济利益，法律规定将无实体意义。因此韦伯并不就法律而论法律，而是从社会行为和社会关系的背景中来定义法律。

韦伯认为法律是这样一种秩序，它的适用要通过专门的人采取行动强制遵守，或者在违反时加以惩罚，以实现这种强制，而这种强制手段就是有关的共同体化的“法的制度”。在他看来，有无这种“专门的人”（现实中也就是公职人员）是习惯法和法律之间的界限，虽然说习惯法也可能出现某种程度的强制，但法律的强制力还在于是一种“正式的威胁和有组织的抵制”。现代制度的特点是，以暴力为后盾的法律强制力由国家来垄断，但国家并不一定通过暴力来实施强制。

接下来，韦伯总结了包括法律秩序在内的各种社会秩序的合法性或正当性的效力，有几种来源：一、来源于传统，即我们常说的“一直就在”；二、来源于效果，特别是感情上和信念上的效果；三、来源于它的绝对命令性；四、来源于实在的制定，因为合乎程序的立法以多数人的同意为基础。

作为一种社会行为的秩序，法律可以追求不同的目的。韦伯在书中写道，法律的首要目的，就在于维护政治权威的利益，证明权威的正当性。社会政治权威的利益是一种存在，但不是一种孤立的存在，往往与各种其他利益交织在一起，如伦理的、宗教的、经济的，甚至是个人情感的各种利益。但经济利益在现代社会中，越来越具有其重要性，虽然法律不能由此被认为仅是保护经济利益的。换句话说，作为行为体系的法律，主要的意义是安排利益秩序。

此外，韦伯还在书中讨论了法的合理性。他认为社会历史的发展，就是人类不断理性化的过程。理性化，也就是合理化；历史的理性化，也就是不断的合理化过程。作为法律秩序来说，它实际上是要求人们服从，问题是人们为什么会服从？服从即表示人们认为这是合理的，韦伯给出了四个原因：纯粹出自习惯、纯粹由于情绪、受到无知利害关系约束以及受到思想动机约束。在此前提下，法律得以不断地向前发展，而这一发展也被韦伯分为了四个阶段：由法律先知传达神启法律阶段、由法律先知宣布法律阶段、由世俗或宗教的权威强加法律于民阶段和由专业法学家精心制定系统法律阶段。

韦伯认为，一个理想的统治下法律秩序的特点是：一、任何规范都可以由立法制定为法律，并要求所有人都服从它；二、法律作为一个整体形成一套抽象的规则体系，这些规则通常是立法的结果，而执法官员的任务则是把这些规则运用于具体案件，执法官员也同样受法律规则的限制；三、占据权力位置的人本身并非统治者，而是暂时任职的官员，由于职务的关系他们才享有有限的权力；四、人们是作为公民而不是臣民来服从依法设立的权威，他们服从的是“法律”，而不是执法的官员。

显然，这是一种典型的形式合理的制度，这种制度模式的发展，得力于资本主义经济的模式发达。韦伯生活的时代，正是德国从一个封建的、分裂的、相对落后的状态向统一的、强大的资本主义状态迅速发展的时代，经济腾飞带来了社会结构的快速转型，传统与现代发生了激烈的冲突，虔诚的情感服从被理性计算的冰水所淹没，价值观念发生重大转变，社会处于渴望和焦虑的矛盾情绪之中。韦伯思想的中心即在于探讨社会的“现代化”过程。

而韦伯的伟大之处在于，从经济与社会中探究影响法律发展与演变的因素，上至古罗马，下至19世纪的德国，展现了令人称奇的历史学、法学、社会学、宗教学、政治经济学的广博知识和高度的驾驭能力，高度概括但又不失缜密论证，透露出了极其实证的学术勇气。需指出的是，韦伯是一个十分严谨的学者，并不为资本主义作什么辩护，相反他也汲取了马克思的不少思想，站在观察者的角度对当代社会进行无情的揭露与批判，这是由于他坚持“无涉个人意念的价值判断”的方法论，也是作为一个学者的过人之处。

先睹为快

能不能说，如没有法律保障，稳定的现代私人经济制度是不可想象的？实际上我们所看到的是，在绝大多数商业交易中，人们并没有考虑要采取什么法律行动。比如，在专业经纪人之间进行的股票交易，除了因不诚信而需提供证据，几乎都是采用这种形式：口头契约，或在经纪人的笔记本上做些记号之类的。尽管如此，但是实际上从未发生什么争端。同样，有一些纯经济目的的合作组织，其规则却基本上是来自国家的法律保护。某些“卡特尔”就是类似的组织。还有些根据私法设立并完全有效的协议，通过组织的手段解决争议，因而不存在任何法律上的原告。在这些情况下，具有强制机制的合作组织便有了一种完全没有法律强制力的“法律”制度。这种强制力仅在一定组织内部适用。卡特尔契约往往没有任何有效的强制手段，而仅仅靠成员的主观认同。然而，这些组织生命力极强，在保障成员们的利益方面富有成效。

尽管如此，以暴力为后盾的法律保障，尤其是由国家实施的保障，与这种组织仍有所区别。如今，经济交换差不多都在法律强制力的保障之下。交换行为的一般动机是获取一定的主观“权利”。用社会学的术语来说，就是在国家强制力保障下个人处置权的可能性。现在，经济上的物品一般同时就是合法取得的权利。这是经济世界的基础。然而，即使在今天，也并非所有的交换都在法律保障之下。

延展阅读

《经济与社会》

这是作者的另一部精品。

本书是在韦伯去世之后，由他的夫人玛丽安妮·韦伯整理出版的。全书分两卷，韦伯在书中全面而系统地表述了他的社会学观点和对现代文明本质的见解。首先对社会学的定义、对象、方法以及一些基本范畴和概念作了详细阐释，统称为社会学的基础。然后分别又互有交叉地阐发了他的经济社会学、法律社会学、政治社会学和宗教社会学思想。韦伯在书中广泛援引世界历史资料，把发生在不同时代、不同文明和不同社会中的经济形式、法律形式、统治形式和宗教形式纳入他独特的概念体系，分门别类地作出类型化比较研究和系统化因果分析。他以现代西方社会为立足点，通过对古今东西方各种文明的比较，突出以理论化为方向的现代西方文明的本质和特征。韦伯社会学的根基建立在理解人的社会行动的主观意义上，通过对不同社会生活领域行为类型的比较和系统分析，达到对特定文明本质的理解和解释。

《新教伦理与资本主义精神》

〔德〕马克斯·韦伯　著

推荐版本： 广西师范大学出版社
康乐、简惠美译

关于作者

见《论经济与社会中的法律》之“关于作者”。

荐读理由

20 世纪初，德国正处于虚弱的魏玛共和国的统治之下，饱受一战割地赔款之苦，工业产值委靡不振，人人处于现代化的巨大压力之下。在思想领域，19 世纪下半期到 20 世纪初，以黑格尔为代表的古典主义哲学让位于以康德、叔本华、尼采为代表的新康德主义、非理性主义哲学。作为经济和思想交会的产物，两大思潮应运而生，其中之一即是以韦伯为代言人的反现代主义思潮。

《新教伦理与资本主义精神》是韦伯对宗教社会学最初的研究。韦伯在这本书中主张宗教的影响是造成东西方文化发展差距的主要原因，并且强调新教伦理在资本主义、官僚制度和法律权威的发展中所扮演的重要角色。

本书共三个部分：第一部分为导论；第二部分为上篇——问题；第三部分为下篇——禁欲主义新教诸分支的实践伦理观。

本书的理论前提建立在精神和文化因素对经济社会具有巨大的推动力的基础之上，论述了新教伦理与隐藏在资本主义发展背后的某种心理驱动力之间的关系。任何一种社会状态既不是经济和物质的单一产物，也不是社会个体理想的简单叠加，而是与该社会的精神文化一脉相承并是它的集中体现。在韦伯看来，商业高度发达的犹太民族创造的只是一种贱民式的资本主义，获利的欲望并不等于资本主义，资本主义也不等于现代资本主义，现代资本主义是建立在理性的基础上的资本主义精神和资本主义生产方式的交融。

韦伯将“资本主义的精神”定义为一种拥护追求经济利益的理想。韦伯指出，若是只考虑到个人对于私利的追求时，这样的精神并非只限于西方文化，但是这样的个人——英雄般的企业家，并不能自行建立一个新的经济秩序。韦伯发现这些个人必须拥有的共同倾向还包括了试图以最小的努力赚取最大的利润，而隐藏在这个倾向背后的观念，便是认为工作是一种罪恶，也是一种应该避免的负担，尤其是当工作超过正常的分量时。“为了达成这样的生活方式而自然吸纳了资本主义的特质，能够以此支配他人，”韦伯如此写道，“这种精神必定是来自某种地方，不会是来自单独的个人，而是来自整个团体的生活方式。”

在定义了资本主义的精神后，韦伯主张，有很多原因使我们应该从宗教改革运动的宗教思想里寻找这种精神的根源。韦伯认为，理性的精神源泉正是一种非理性的宗教冲动——新教伦理，一种为了个人的救赎而兢兢业业、克勤克俭的禁欲主义的“天职”观。在这种宗教情绪的指引下，人们为了上帝的荣耀和选民的身份而努力工作并勤俭节约。当宗教的冲动慢慢冷却之后，宗教热情异化，先前的生活习惯就积淀成为人们的行为准则，正如作者所说：“那些伟大的宗教运动对于经济发展的意义首先在于其禁欲主义的教育影响，而它们的充分的经济效果，一般来讲，只有当纯粹的宗教热情过去之后，才会显现出来。这时，寻求上帝的天国的狂热开始逐渐转变为冷静的经济德行；宗教的根慢慢枯死，让位于世俗的功利主义。”

韦伯在本书中将国家定义为一个“拥有合法使用暴力的垄断地位”的实体，这个定义对于西方现代政治学的发展影响极大。韦伯在各种学术上的重要贡献通常被统称为“韦伯命题”。

先睹为快

初看上去，加尔文主义在社会组织方面的无可置疑的优越性竟能够与这样一种斩断个人和尘世的千丝万缕的联系的倾向有关系，这似乎是不可思议的。但无论看起来多么奇怪，事实上，这种关系源于基督教胞爱在加尔文式信仰所导致的个人内心孤独重压下所采取的特殊形式。首先教义就是如此。整个尘世的存在只是为了上帝的荣耀而服务。被选召的基督徒在尘世中唯一的任务就是尽最大可能地服从上帝的圣诫，从而增加上帝的荣耀。与此宗旨相吻合，上帝要求基督徒取得社会成就，因为上帝的意旨是要根据他的圣诫来组织社会生活。因而尘世中基督徒的社会活动完全是为“增加上帝的荣耀”。为社会的尘世生活而服务的职业中的劳动，也含有这一特性。即使在路德身上，我们也可以发现他以胞爱来证明职业中具体化的劳动的合法性。但在他看来，这仅仅是一个未确定的、纯理性的设想，然而到了加尔文宗那里，则成为他们伦理系统中的一个鲜明特点。胞爱只能为了上帝的荣耀而存在，而不是为肉体服务，那么这种友爱首先只能表现在完成自然所给予人们的日常工作中；渐渐地，完成这些工作开始具有了一种客观的、非人格化的特性：只是为我们社会的理性化组织的利益服务。因为根据《圣经》的启示及人的天然直觉，我们所处的这个极有意义的组织结构以及整个宇宙的安排无疑是上帝为了人类的便利而创造的，这样，就使得为非人格化的社会利益服务的劳动显得也是为了增添上帝的荣耀，从而这种劳动也就成为上帝的意愿了。彻底摒除曾经折磨过其他一些人的神正论问题（the theodicy problem）以及所有那些关于世界与人生的意义的问题，对清教徒来说是不言而喻的，对犹太人是这样，甚至在一定意义上说对所有非神秘主义类型的基督教会也是这样，尽管他们各自的理由可能完全不同。

延展阅读

韦伯一生著作等身，广西师范大学出版社从2004年起，陆续出版了由余英时作总序的“韦伯作品集”中译本系列丛书，已出版的包括《支配社会学》《经济与历史支配的类型》《学术与政治》《经济行动与社会团体》《中国的宗教　宗教与世界》《非正当性的支配：城市的类型学》《社会学的基本概念》《法律社会学》《宗教社会学》《印度的宗教——印度教与佛教》《古犹太教》和《新教伦理与资本主义精神》共十二册，读者可以选择自己感兴趣的主题进行阅读，更为全面地了解韦伯的精神世界。

《法学导论》

〔德〕拉德布鲁赫 著

拉德布鲁赫在《法学导论》的前言中写到，这本书恰是过去他本人作为一个未来法律工作者喜欢读但又没有的书，即人们有理由期待的一部导论、一部法律科学的理论，然而这部著作的魅力还在于其语言的诗意与哲理性。此书也是北京大学法学院法理学、外国法律思想史等课程的推荐读物。

推荐版本：商务印书馆 米健译

关于作者

拉德布鲁赫（1878—1949）可以说是德国20世纪最伟大、影响最深远的法哲学家和刑法学家之一，同时，他也是德国历史上非常重要的社会民主主义者。拉德布鲁赫一生著述等身，涉猎广泛。他的法哲学源于新康德主义哲学，是海德堡学派在法哲学方面的代表人物。

拉德布鲁赫出生于德国的一个农民家庭，他的少年时代是在一个和谐宁静、温馨淳朴的田园乡野里度过的，而少年时代的生活环境，对拉德布鲁赫一生思想与生活的取向和风格产生了深刻的影响，同时也造就了拉德布鲁赫那种蕴含着乡土气息的德行品质和艺术天分。在20岁正式学习法律之前，拉德布鲁赫的梦想是成为一个像歌德一样的诗人和哲学家，但师从刑法改革家弗朗茨·冯·李斯特后，对他未来的职业选择产生了重要影响。凭借着丰富的法律知识、扎实的刑法学功底与深刻的法哲学思想，拉德布鲁赫曾先后在柯尼斯堡、基尔、海德堡等大学担任过刑法和法哲学大学教授，并两度任魏玛共和国司法部部长和《德意志通用刑法典》的编纂者，1933 年由于纳粹政权的排挤和压迫被解除公职；1945 年被重新任命为海德堡大学教授，并担任法学院院长，参与大学重建。其代表作有：《法学导论》《法哲学》《社会主义文化论》《德国通用刑法典草稿》《论刑法的优雅》《英国法的精神》《犯罪史》等。

关于拉德布鲁赫的整个思想体系，中国政法大学教授、《法学导论》的中文版译者米健评述其为三个主题词：第一个主题词是“价值的悖论”，它使拉德布鲁赫在他的否定中表明他的思想，在这种否定中，它必须否认、防范及避免那些不属于其思想本质的东西，因为在他看来，生命本身就具有“悖论”的色彩。拉德布鲁赫的科学思想或者说思想行为，是只能在攻击的命题和方位的反命题间的讨论中实现，以告诉人们“如何”，而不是“何为”超越法律的哲学探讨。第二个主题词可表述为“客观理性”。第三个主题词则是他晚年的思想成果，即“无信仰的信仰”，正是这种特殊的宗教观念，使他生活得如同一个基督教的隐形者、一个上帝面前的独行者。

荐读理由

本书共十二章：法律、国家法、私法、商法、经济法与劳动法、刑法、法院组织法、程序法、行政法、教会法、国际法和法学。拉德布鲁赫以诗意的语言将不同部门法的要旨娓娓道来，一改法律本身刻板、严肃的形象，给初入法学大门的读者们带来高雅、愉悦的阅读感受。例如在第一章介绍何为法律以及著名的法学家思想时，拉德布鲁赫用这样的语言描述道：

“费尔巴哈和席勒的风格如同一座桥梁，它轮廓分明地跨越由一个桥墩伸展到另一个桥墩，萨维尼和歌德沉稳庄重的文辞如同奔涌直下的洪波。前者是伟岸堂堂的巨人，后者则是威仪凝重的哲人。我们今天可以毫无哀怨地回首一个时代，这个时代的法学者们可以与其同时代的诗人共领风骚；同时，这还是一个法律科学仍然参与思想领域最高雅运动的时代。而且正因如此，这两个立于现代法学入口的人物，对那些也处于现今法律科学入口的后学们，正召唤致意。”

然而，法学家自身所秉持的严谨并不因语言的优美而减弱，拉德布鲁赫不仅不为概念和抽象的思维所羁绊，而且还使既有的概念重新面对实际。拉德布鲁赫的学生、德国著名法学家考夫曼曾说，这部法学入门必读书，是以一种如此自谦的手法写成，从而使其读者，特别是年轻的读者，一点儿都不会感到他所面对的是“理论”。可以说，这部书不仅提供了法学的一个轮廓，而且提供了法学的一部导论，它将把法律从更让我们感兴趣、更接近我们内心深处的知识和思想领域引向法律科学的门槛。

先睹为快

道德不需任何外在的立法者和陌生的法官，因为它不需要任何超个人的那类法则。道德争议的完成并不在人与人之间，而是在欲望和良知之间静默的对话中，在我们那卑俗的和较好的自我之间，在我们胸怀中的创造物与创造者之间。在道德中，每个人都像沙漠中的基督一样，单独地与自我处于孤寂之中，只是服从于自己良知的法律和法官。在习惯中，是给予每一个别人以全体人的意志；在法律中，是给予所有人以一种统一意志；而在道德中，每个人都只是自我。

延展阅读

《五分钟法哲学》

这是拉德布鲁赫最具代表性的文章。

第一分钟

对军人而言，命令就是命令。对法律职业人来说，法律就是法律。然而，当军人懂得命令的目的在于犯罪或违法时，他有义务和权利中止服从；但自从大约一百年前最后一批自然法学者从法学家群体中消逝以来，法律职业人就再也认识不到法律的效力和臣服法律的相同例外。法律之有效，只因为它是法律；而且，只要在一般情况下有权力来贯彻执行的话，它就是法律。

对法律及其效力持上述观点（我们称之为实证主义学说），使法律职业人连同整个民族均无自卫能力，来抵抗如此专横、如此残暴、如此罪恶的法律。（按：此处指希特勒统治的“第三帝国”法律）它们最终把法与强权等同起来：哪里有强权，哪里就有法。

第二分钟

有人想以下一句话来补充或取代上述的一段话：凡对人民有利的，就是法。

这意味着：任性、背约、违法，只要对人民有利，就是法。这实际上是说：掌握国家权力者自认为对社会有益的事、独裁者每一次的突发奇想和喜怒无常的脾性、没有法律和判决的惩罚、对病弱者的非法谋杀，如此等等都是法。还可能意味着：统治者的自私自利被当作公共利益看待。故此，将法与臆造的或杜撰的人民利益相提并论，就把法治国家变成了一个不法国家。

不，不是必须声称，所有对人民有利的，都是法；毋宁相反：仅仅是法的东西，才是对人民有利的。

第三分钟

法意图趋向正义。正义不过是指：不管是谁，一视同仁。

如果谋杀政治对手的行为被推崇，谋杀异类的行为被愿求，以相同的行为对待自己志同道合之人，而处以最残忍、最羞辱的刑罚时，这既不是正义，也不是法。

一旦法律有意拒绝去趋向正义，譬如根据任性承认和否认人权，那么这样的法律就缺乏有效性，人民对此就不承担服从的义务，法律职业人也就必须鼓起勇气，否定这些法律具有法的本性。

第四分钟

的确，除了正义，公共利益也是法的一个目标。的确，法律，即便恶法也还总有某种价值——对法保持怀疑的价值。的确，人的不完善性不会总能将法的三种价值，即公共利益、法的安定性、正义和谐地统一起来。故此，人们只能权衡：要么为了法的安定性而宣扬恶的法律、有害的法律或不公正的法律有效，要么因为法的不公正性或危害公共性而否认其有效。必须给整个民族和法学家的意识本身深深打上这样的烙印：可能有些法律，其不公正性、公共危害性是如此之大，以至于它们的效力、它们的法的本性必须被否定。

第五分钟

也有一些法的基本原则，它们的效力比任何法律规则更强而有力，以至于一项法律若与它们相矛盾，就变得无效。人们将这些基本原则称为自然法或理性法。确实，它们在具体方面还包含若干疑点，但几个世纪的努力已经塑造出了这样一个稳固的实体，而且广泛协调地融于所谓人权和公民权宣言之中。至于说它们的某些方面，也还只能由于有心里的疑问而保持怀疑。

在宗教信仰语言里，相同的思想以圣经的两句话写下来。其中一句写着：应当顺从掌握你们权柄的人。另一句写着：顺从神，不顺从人，是应当的——这不只是一个虔诚的愿望，而且也是一个有效的法的规则。不过，这两个圣经语句之间的紧张关系（张力）不能通过第三句话来化解，比方说通过箴言“恺撒的事当归给恺撒，神的事当归给神”来化解，因为这句箴言使人对神俗界限表示怀疑。更确切地说：应该诉诸上帝的声音来解决，而上帝的声音只是面对特殊的情况在个人良心里向人宣示。

《犯罪人论》

〔意〕切萨雷·龙勃罗梭　著

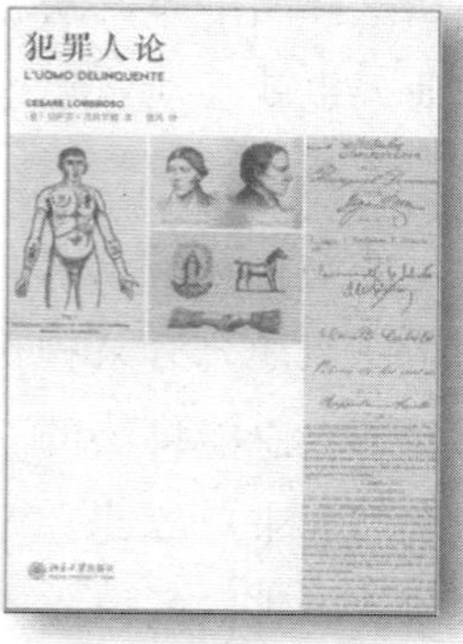

龙勃罗梭是实证主义犯罪学学派的创始人，其著名学说“天生犯罪人”论是意大利刑事学派的代表性理论，《犯罪人论》作为其成名作，集中反映了龙勃罗梭的犯罪学思想，该书也是北京大学法学院犯罪学课程的必读作品。

推荐版本：北京大学出版社　黄风译

关于作者

切萨雷·龙勃罗梭（1835—1909），意大利精神病学家、犯罪学家、实证主义犯罪学学派的创始人和主要代表人物。他是犯罪学史上最重要的开拓性研究者之一，被国外一些犯罪学家称为“近代犯罪学之父”“生物实证主义学派的创建之父”等。这些称号在一定程度上表明了龙勃罗梭犯罪学研究的价值及其在犯罪学历史上所占据的地位。有的学者把龙勃罗梭和他同时代的另外两位犯罪学家菲利、加罗法洛并称为“犯罪学三圣”，三人皆为刑事人类学派的代表性人物，由于他们都是意大利人，因而该派又被称为“意大利刑事学派”。

龙勃罗梭出身于意大利的一个犹太人家庭。在维也纳大学读书时，龙勃罗梭对病理学产生了浓厚的兴趣，这种兴趣逐渐发展成为持久的对精神病学的职业性研究，这使他有可能对脑解剖学和脑生理学进行深入研究。此后，龙勃罗梭从帕维亚大学获得医学学位。1859 年，意大利和奥地利之间发生战争，龙勃罗梭从军入伍，担任军医。战争结束后，龙勃罗梭开始对 3000 名士兵进行系统的观察和测量，试图用测量方法分析和表达他在意大利不同地区的居民中已经注意到的身体差异。在此期间，他也对文身，特别是对他觉得品质很差的士兵身上的淫秽标记作了观察，文身后来成为龙勃罗梭识别犯罪人的特征之一。

从1863年起，龙勃罗梭开始兼管帕维亚医学院中的精神病人，这使他有机会用人类学方法观察和测量精神病人和在精神病院中关押的犯罪人，并对他们进行比较研究。龙勃罗梭特别注意研究犯罪人的头盖骨和相貌。随着研究的深入，龙勃罗梭产生了建立有关精神病人与犯罪人的人类学学说的想法。恰在这时，他得到一个极好的实践机会，于1870年被任命为佩萨罗地方的精神病院院长。当地有一个很大的监狱，为龙勃罗梭研究犯罪人提供了可能，他便用一年时间在监狱中精心研究，搜集了许多有关犯罪人的人类学资料。

1876年龙勃罗梭发表了他的成名作《犯罪人论》第一版，由于当时可供他研究的材料较少，故该书仅是一本小册子。而到1907年《犯罪人论》第五版问世时，该书已经成为一部共有内文三卷和附图一卷的巨著。第一卷和第二卷专讲人类学、法律学和刑事学关系中的犯罪人；第三卷讲精神病学；附图中有102个图表，画有犯罪人的头颅、犯罪人的容貌和身体各部的尺寸、犯罪人的身体和精神的症候以及语言文字等特征。

龙勃罗梭最著名的理论即“天生犯罪人”论，其基本思想是：犯罪的原因并不是由于犯人个人的自由意志，而是由于存在天生的犯罪人，约占犯罪人中的三分之一，或是由于隔代遗传，或是具有堕落性。这种天生犯罪人是生物学上的退化现象，是原始人中所特有的，通过解剖学、生理学和心理学等科学方法可以辨认出这种犯人。后来，他在一定程度上改变了上述观点，认为社会原因也可能造成犯罪。龙勃罗梭认为这些天生犯罪人是侵害社会安宁的犯罪队伍的主要部分和最有害的部分，因此主张预先对他们采取保安措施，予以隔离，从而进行预防。但同时他又提出死刑是最后的惩罚手段，社会应尽可能利用犯人的劳动和才能。

荐读理由

龙勃罗梭在《犯罪人论》的引言中谈到该书是直接对犯罪人进行体质和心理方面的研究，并且将有关的分析结果与正常人和精神失常者的情况进行对比的调查成果的汇集。全书共 18 章，主要的内容可分为以下三个方面：犯罪原因、犯罪人类型、犯罪预防及矫正。而犯罪人类型是其中最重要的一个部分。

在书中，龙勃罗梭将犯罪人分为四种：天生犯罪人、激情犯罪人、精神病犯罪人和偶然犯罪人。其中，“天生犯罪人”是龙勃罗梭研究的重点，对此，他进行了大量的实证研究。在龙勃罗梭时代，观相术、颅相学已经有了很大发展，实证主义、进化论、唯物主义也已经得到广泛传播，体质人类学的人体测量方法在人类学研究中已经得到大量应用，文化人类学对许多地方居民的风俗习惯进行了较多研究。受过系统医学教育并对许多方面感兴趣的龙勃罗梭，通过采用对士兵、精神病人、犯罪人等的观相术和颅相学观察、身体测量、尸体解剖等方法，发现善良的人和不良的人不仅在性情方面，而且在身体解剖特征等方面，都有明显的差异。

在帕维亚时，龙勃罗梭认识了一个凶残的大盗维莱拉，龙勃罗梭在监狱中与他进行了接触，发现维莱拉是一个体力强壮、行动敏捷的人，表现出危险犯罪人或职业犯罪人通常所具有的自负傲慢。因此，龙勃罗梭确信，他找到了解释犯罪行为的正确线索。维莱拉死后，龙勃罗梭对他进行了尸体解剖。当他打开维莱拉的颅骨后，龙勃罗梭发现了一个明显的凹陷，他称之为“中央枕骨窝”。在维莱拉的大脑中，龙勃罗梭还发现中央枕骨窝附近的小脑蚓部肥大（发育过度），这两种特征是众所周知的低等灵长目动物，例如类人猿的特征。受这一事实的启发，龙勃罗梭提出了“天生犯罪人”理论，认为犯罪人是出生在文明时代的野蛮人，他们的生物特征决定了他们从出生时起就具有原始野蛮人的心理与行为特征，他们的行为必然不符合文明社会中的传统、习惯和社会规范，必定构成犯罪。由此可见，犯罪人的犯罪性是与生俱来的，是由他们异常的生物特征决定的，而犯罪人生来就具有犯罪性的这种生物异常，则是通过隔代遗传而来的。

总而言之，“天生犯罪人”理论包括四个方面的主要内容：犯罪者通过许多体格和心理的异常现象区别于非犯罪人；犯罪人是人的变种，是一种人类学类型，是一种退化现象；犯罪人是一种返祖现象，是蜕变到低级的原始人类型；犯罪行为有遗传性，它从犯罪天赋中产生。

由于上述判断是由对成千上万的罪犯进行观察获得的第一手资料得出的，龙勃罗梭深信其方法的科学性。而龙勃罗梭的“天生犯罪人”理论一经传播，马上遭到来自各方面的抨击。当看到龙勃罗梭搜集的那些相貌不对称和有特征的罪犯画像时，法国人类学家保罗·托皮纳德尖刻地挖苦说：“这些肖像看起来与龙氏朋友们的肖像一模一样。”英国犯罪学家查尔斯·巴克曼·格林经过 12 年的工作，领导了一项研究计划，根据 96 种特征考察了 3000 名以上罪犯，他还进行了 1500 次观察，并作了 300 次其他补充观察，指出：“事实上，无论是在测量方面还是在犯罪人中是否存在身体异常方面，我们的统计都表现出与那些对守法者的类似统计有惊人的一致。我们的必然结论是，不存在犯罪人身体类型这种事情。”在这种情况下，龙勃罗梭在后期的著作中也修正了自己的观点，从只注重犯罪的遗传等先天因素，到把犯罪原因扩大到堕落等后天因素的影响，他分别研究了地理与社会因素对犯罪的影响，强调智力、情感、本能、习惯、下意识反应、语言、模仿力等心理因素与政治、经济、人口、文化、教育、宗教、环境等社会因素与自然因素的作用，天生犯罪人在罪犯总数中的比例也一再降低。

当然，我们也不能因此而对龙勃罗梭的研究全盘否定，可以说，任何一种学说，都不可避免地带有其时代背景的烙印，这就是所谓的历史局限性。虽然龙勃罗梭关于遗传决定犯罪的理论是原始的，但他能抽象地思考人类，对过去一直以理性可以自由支配意志为基础的人类观和刑法理论给予冲击性影响，我们不得不佩服他丰富的想象力。

当天生犯罪人论受到批判时，能够对自己的理论进行修正，形成犯罪原因综合论，从这点上说龙勃罗梭不愧为一个严肃的科学家。尽管随着研究的深入，龙勃罗梭的观点受到彻底批判，但是用自然科学的方法研究犯罪原因的确具有划时代的意义。对此，我们需要的不是一种判决，而是一种判断。而判断又离不开判断者，“只有那种由人性深处的自我意识所创造的意志，才能于不同的人际之间实现这种选择”。

需要强调的是，《犯罪人论》并没有想象中的有趣，阅读此书，就好像在读一部医学统计学专著，大段大段数字材料的罗列难免叫人心烦意乱。每段数据之后大多会有或繁或简的分析，有时几段数据之间甚至看不出有什么联系，大量的数字、医学术语、人名、地名、意大利语，不仅法学专业的读者会一头雾水，可能医学专业的读者也会有点摸不着头脑。龙勃罗梭将自己的想法、理论分散在杂乱的数据之间，如果不留意很容易错过，可以说，作为一个理论学者，龙勃罗梭的著述稍显逊色，以至于他的理论在被别人提炼出来之后又使人产生了不少的误解和误传。但在阅读过程中，你不得不由衷地佩服龙勃罗梭，他不仅第一次将实证的方法引入到犯罪学研究，而且统计了如此大量的数据资料，这种艰苦的工作即使在今天的条件下也少有人能完成。

先睹为快

因此，那些歹徒们的勇敢行为很可能仅仅是由于他们的感觉麻木和幼稚的冲动，这些原因使他们不相信或者不害怕危险，包括实实在在的危险，使他们看不清所想追求的目标和所想满足的欲望。

这种感觉上的麻木使犯罪人不把他人和自己的死亡看作是什么大事，此种麻木再加上欲望的推动力可以解释为什么犯罪的严重程度与犯罪人的动机之间往往不大相符或者毫不相符。比如：一名囚犯杀死了一名同牢房的人，理由是后者打呼噜太响，并且在他提出要求后不愿意接受或者说不知怎么改。在亚历山德里亚监狱，一名囚犯因为自己的同伴不愿意为他擦皮鞋而将其打伤至死。Markendorf杀死他的一名施舍者的原因是为了从他那里拿走两只靴子。在米兰，某人因为一铲子粪便而将其同伙整死；在卡拉布里亚，因为五分钱的问题而发生了另一起这样的事件。犯罪人在道德上的这种麻木不仁也可以用来解释另一个矛盾的事实：某些个人往往很残暴，而有时候却似乎也能行善。

延展阅读

《犯罪学》

作者加罗法洛（1852—1934）是意大利法学家、犯罪学家，犯罪人类学派主要代表人物之一。《犯罪学》的出版标志着犯罪学作为法学中独立学科的诞生。《犯罪学》一书首版于1885年，在该书中，作者首次提出自然犯罪的概念，并在此基础上对犯罪人的特征与分类进行了全新的论述，其研究成果对犯罪学的实证主义研究方法具有重大意义。加罗法洛提出了依据自然法则确定刑罚的观点，认为刑罚的主要目的就是阻止犯罪人重新犯罪，从而保卫社会。加罗法洛的犯罪学理论突出了“自然性”，为我们研究犯罪学开拓了新的视野，他的注重实证分析的研究方法对当下犯罪学研究也有一定的借鉴意义。

《普通法》

〔美〕霍姆斯　著

霍姆斯被称为“20 世纪最伟大的法学家”和美国法学的缔造者，美国的实用主义法学、社会法学、现实主义法学都将他视为自己法学流派的奠基人。本书为北京大学法学院宪法、英美侵权法、法理学、西方法律思想史、刑法总论、刑法分论、公益法等课程的推荐读物。

推荐版本：中国政法大学出版社　冉昊、姚中秋译

关于作者

霍姆斯（1841—1935）出生于美国波士顿，他的父亲是一位著名的内科医生和医学专家，谈吐风雅，睿智敏捷，是当地人的偶像。沿着家族的传统，16 岁的霍姆斯进入哈佛大学开始深造。1861 年，就在他即将毕业之际，美国历史上著名的南北战争爆发了，年轻的霍姆斯加入美国联邦军参加内战，虽未铸造丰功伟绩，但这次非同寻常的经历给他的人生留下了深深的烙印。25 岁时，霍姆斯从哈佛大学法学院毕业并于次年取得律师资格，与所有的法学大师一样，霍姆斯并不钟情于律师事业，而更倾向于可以潜心钻研学术的教职。

1870 年，霍姆斯成为哈佛大学宪法学讲师，10 年后，他凭借着由一系列演讲稿集成的《普通法》一书，在美国法学界引起了巨大影响，开创了一个法学思想的新时代。由此，41 岁的霍姆斯成为哈佛大学法学院教授，紧接着，他于同年放弃教职并被选任为马萨诸塞州最高法院法官，1899 年出任该法院首席法官，1902 年至 1932 年担任美国联邦

最高法院大法官。

霍姆斯在《普通法》一书中针对法律形式主义倾向，提出了著名的“法律的生命在于经验而非逻辑”的法律经验论和“法律是对法院将要做什么的预测”的法律预测论，阐述了有限遵循先例原则，为法官自由裁量权和判例法提供了法理支持，揭示了美国普通法的精神，吹响了美国法哲学的号角。

霍姆斯在漫长的司法生涯中提出过许多与大多数法官不同的意见，被誉为“伟大的异议者”。例如，在 1905 年“洛克纳诉纽约州案”（Lochner v. New York）中，其异议确立了“普遍命题不裁决具体案件”规则，支持了纽约州劳工立法的合宪性；在 1908 年“阿戴尔诉美国案”（Adair v. United States）中，其异议开创了国会对契约合法性标准审查的先河；在 1918 年“汉默诉达根哈特案”（Hammer v. Dagenhart）中，其异议支持了国会对贸易的绝对管理权；在 1919 年“斯康克诉美国案”（Schenck v. United States）中，其异议确立了解决公民言论自由和公共安全矛盾的“明显而现实的危险”规则。尽管霍姆斯在美国法制史上颇受争议，但其有限司法权主张和司法能动性主张对美国宪政发展影响深远。

荐读理由

在北京大学法学院选修宪法、公益法和英美侵权法等课程时，教授们往往会指导学生研读美国最高法院大法官们的判决书原文，以加深对案件及英美法推理论证的理解，通过第一手资料学习英美法的法理与逻辑。在普通法制度下，说理主要遵循先例原则，撰写判决书的大法官们旁征博引、引经据典，将先例与成文法流畅严谨地运用于对当下案件的处理，尤其是最高法院的判决书，洋洋洒洒逾万言，然而字字珠玑，因为这些判决本身也将成为先例，为后世所仿效。

从个人经历及其思想的形成与发展过程来看，霍姆斯本人就是一个非常博学的思想家。他不仅经历了美国历史上一个伟大的变革时代，而且其自身就处于美国法律界与法学界的风口浪尖之上。同时，由于其本人的性格与气质，霍姆斯接触了诸多思想家与社会活动家，并对他们的思想与行为进行了深入的思考，在实践中逐渐形成了自己独特的法哲学思想，进而影响了整个美国法律思想的形成和发展脉络。其开创性著作《普通法》，不仅体现了他的法哲学思想，更是美国法律由“神谕”向“反映”转变过程中的一个关键性事件。

首先，为了弄清法律责任的实质，霍姆斯认为有必要考察古代就已形成的比较完善的法律制度或法律体系。通过对古罗马法律制度的讨论，他总结道，普通法关于法律责任的原则在很大程度上渊源于罗马法。接着，霍姆斯分析了刑法的一般原则，重点讨论了罪行的衡量标准和刑罚预防性理论。然后，霍姆斯又涉及侵权行为法中的故意和过失行为。他强调，从理论上讲，侵权行为法与合同法上的法律责任存在明显区别：前者的责任不是在合同中预先确定的，而是因侵权行为造成的损害而导致的。然而在普通法上，无法找到此类的一般理论。霍姆斯认为，在普通法的演变过程中，充满着反复曲折与潜移默化的作用与影响。人们所能做到的是，找出法律发展的趋势，并证明它。而要想实现它，就必须根据大量的相关案例，经验性地预测这一法律原则的发展趋势。这明显体现出霍姆斯的实用主义法哲学思想。

在论述完侵权行为法之后，霍姆斯又转向普通法中的财产法与合同法原则。美国法学家波斯纳曾评价道，《普通法》一书批评了萨维尼的《占有法》阐释的影响深远的占有理论，从而为关于占有的现代经济分析铺平了道路。萨维尼认为，历史上最好的法律思想家是罗马法学家，现代法律的任务就是重新发现那些赋予罗马法律思想以活力和生机的基本法律原则，而霍姆斯认为，最好的法律思想是现代的，因为只有现代的法律思想家才能够准确地把握现代的问题。

先睹为快

下面，我将讨论比前面考察的情形更复杂一些的情形。在这里，必定存在着伴随着的其他环境，它为该当事人所知晓，当然，他也知道他的行为证明了他必然会或实际上已了解的东西。这些情形自然再次涉及动物。英国法律所阐释的经验已经证明，在一般情况下，狗、公羊和公牛天性是比较温顺，没有危害性，即使它们偶然表现出咬人、撞人或顶人的性情，也属于某种例外现象。因而，法律并不要求一个饲养狗、公羊、公牛等比较温顺的动物的人自担风险，且确实已经数次表现了出来。但在很多司法活动中，借助于制定法，普通法已经更接近于实际经验。

下面我们更进一步。一个人养了一匹没有驯服因而难以驾驭的马，并且知道它的这种性情。这并不足以将该马之行为的风险加之于该人。众所周知的野性，一般来说，是不危险的，只有在一些具体情况下才是危险的。在饲养之外，驯服该马的努力也不会危及公众，这一点是显而易见的。但如果该马的所有者试图驯服它的地方是人来人往的大道，那么，根据通常的经验，该所有者当知道，这种附加的情况，将使其驯马行为是危险的，因而，他必须承担可能造成之伤害的风险。另一方面，如果一个优秀骑手买了一匹表面看来并不凶野的马，并骑它回家，就并不存在需要使他承担责任的显著的危险，即使该马变得难以驾驭并造成伤害。经验已经测量出了两种情形的概率，而在其间划出了界限。

延展阅读

《法律的生命在于经验》

本书全称为《法律的生命在于经验——霍姆斯法学文集》，共分六部分。这些创作于1861年至1932年间的作品，覆盖了作者的整个法律职业生涯，体裁包括法学论文、演讲、评论、法律意见书和书信等，从多角度、多层面呈现了霍姆斯的法律思想和理论，每一部分均按时间先后顺序排列，展示了其法律思想与理论的形成和演变过程。其中最为著名的是他于1897年发表的题为《法律的道路》的演讲，这是他对十几年司法实践进行了一次深思之后的思想总结，提出了其关于法律的成熟的实用主义哲学思想。

《法律的道德性》

〔美〕富勒　著

富勒是新自然法学派的代表性人物，其与哈特关于法律与道德关系的论战成为西方法理学中的一件大事，《法律的道德性》集中阐述了富勒的“法律的内在道德”思想，是对哈特《法律的概念》一书作出的回应。此书也是北京大学法学院法理学、西方法律思想史等课程的推荐读物。

推荐版本：商务印书馆　郑戈译

关于作者

富勒（1902—1978），美国法学家，战后美国新自然法学派的代表人物之一，也是世界新自然法学派的重要人物之一。富勒就学于斯坦福大学，1926年获法学博士学位，后在美国俄勒冈大学、伊利诺斯大学、杜克大学任教，1940年起正式出任哈佛大学法学院教授。

富勒的名字其实更多的是与英国新分析实证主义法学家哈特联系在一起的，两人从20世纪50年代开始的关于什么是法律的法理学的辩论是战后西方法理学发展过程中的一件大事，富勒在这一论战中全面阐述了他的法学理论，并由此推动了西方法学的发展。

法律实证主义者的一个基本观点是，法律主要取决于它之所以成为法律的方式；只要规则经过一个恰当的程序，它就是一条法律，而无所谓“良法”还是“恶法”。新自然法学派的代表人物富勒则坚持法律目的的正当性。他认为，当法律具有一个邪恶的目的时，就不能称其为法律，因为它根本就不是法律。《法律的道德性》是富勒针对

1961 年哈特的《法律的概念》一书所作出的回应，下面就简单介绍富勒在书中所阐述的理论。

荐读理由

从《法律的道德性》一书中，我们可以看到富勒和其本派（即自然法学派）前辈们的共同点。从格劳秀斯、霍布斯、斯宾诺莎到洛克、孟德斯鸠和卢梭，“自然法”始终葆有一个鲜明的、愈益坚固的理性内核，即法学家首先必须研究的是法律“应该”是什么样的，立法必须诉诸理性的指引，才可能取得正义的“良法”。以罗尔斯、德沃金、富勒等人为代表的新自然法学派是在 19 世纪末 20 世纪初兴起，在第二次世界大战后迅速发展起来的一股法学思潮。它的内部并不统一，如有富勒的道德论法学、菲尼斯的新自然法论、罗尔斯的正义论法学、德沃金的权利论法学和马里旦的新托马斯主义法学，但它们的共同点在于，都主张一个价值追求：法律应当符合某种基本准则。富勒把道德作为法律的衡量标准，提出法律有其内在的道德，称为程序自然法。

《法律的道德性》首先是从分析道德入手的。富勒并不满足对法律与道德的这种外部联系的分析，他进一步对法律本身的道德性进行了探索。例如，对一个罪大恶极的罪犯，我们是否能对其处以千刀万剐的极刑？也许我们认为这不道德，不是处以其死刑不道德，而是这种死刑方式不道德。富勒认为法律的正义性不仅与人类的美好追求相联系，也与法律本身的制定与实践相联系，他称前者为法律的外在道德，后者为法律的内在道德。

法律外在道德的重要性是不言而喻的。当法律允许杀人、鼓励偷盗时，社会秩序将荡然无存。但由于人类追求的目标是如此的多样化，法律的外在道德有时就会引发争议，如妇女能否自由堕胎。而法律的内在道德与法律的制定和执行相关，无论法律的外在道德是什么，这条法律首先必须被制定出来，这是一个特定的过程，法律由此与其他的社会规范有所区别，而这个过程也必须遵循一定的标准，即法律的内在道德。但是，由于人类价值观和追求的多元性，法律内在道德显示出一定的中性色彩，在一个较为广泛的范围内可以为多种目标服务。法律的内在道德的中立性的限度表现在三个方面：一是意识法律的外在道德不能普遍败坏；二是不能要求做不可能的事，无论是法律自身无法做到还是公民无法做到；三是不能蔑视人作为一个人的尊严和能力。

富勒在书中提出，法律的两种道德共同构成了法律的正义性，缺了任何一个都不会有法律的正义存在。如果说法律的外在道德还有一个多元化目标的平衡问题，法律的内在道德则是必须加以严格维护的，否则就不是法律的好坏问题，而成为一个是不是法律的问题。

富勒这本书的核心，即著名的法律的八项“内在道德”，便是这一思路指导下的产物。他把追求良法的境界看作一条通往“合法性的乌托邦”的道路，即便被不少学者认为是堂吉诃德式的天真烂漫。法律具备内在道德必须遵守的八项原则也被称为“法制原则”：法律的一般性、法律必须颁布、法律不得溯及既往、法律必须清晰、法律不可前后矛盾、法律不能要求不可能之事、法律必须有连续性、官方行动必须与法律保持一致。在提出这些原则的时候，富勒其实是给出了一个预设，那就是一定有一种完美法律的境界存在；纵使不能达到，也可以无限地去接近。

《法律的道德性》从法律的内在道德深入展开，提出了他的法律的概念：“法律是使人类的行为服从规则治理的事业。”法律是一种“事业”，事业当然是由一系列的行为组成的，所以，富勒的法律概念不是一些简单的文本，而是偏向一种动态的过程。因为只有在动态的事业中，他的法律的内在道德，即前述八项原则才具备适用的可能性，才成为一门“实践的艺术”。这是富勒法律观的最大特点。

富勒的上述法学理论是在与英国法学家哈特为代表的新分析法学派进行论战中发展起来的。哈特的主要观点是坚持区分实际的法律和应当的法律，法律与道德无关。富勒则强调了法律与道德有着密切的关系，一旦法律丧失其内在的道德性，就根本不称其为法律。富勒的学说继承了西方传统的自然法学说，但又有自身的特色。富勒理论的最大特点在于提出了法律的内在道德的学说，这在之前的自然法理论中是从未有过的，从而使传统自然法理论有了新发展。

先睹为快

从表面上看，一部要求人们做不可能之事的法律是如此的荒诞不经，以至于人们倾向于认为：没有任何神志健全的立法者、甚至包括最邪恶的独裁者会出于某种理由制定这样一部法律。不幸的是，生活的现实推翻了这种假设。这样一种法律可能会借助于它自身的荒谬性来服务于利尔伯恩所称的“不受法律约束的无限权力”；它的蛮不讲理的无意义性可以令臣民们知道：没有什么事情是不可能向他们要求的；他们应当随时准备好奔往任何方向。

要求不可能之事的技术也可能得到聪明的、有时甚至是善意的利用。良师常常对自己的学生提出他知道他们不可能达到的要求。他这样做的时候是怀着逼出学生的潜力这一值得赞扬的动机的。不幸的是，在人类社会的许多场景当中，积极的敦促与强加的义务之间的界限会变得十分模糊。因此立法者很容易误入歧途，相信自己的角色就像是教师的角色。他忘记了这一点：对于未能做到他所要求之事的学生，老师照样可以为他们实际上做到的事情而表扬他们，而不会因此便显得虚伪或自相矛盾。在类似的情况中，政府官员面临的则是这样一种选择：要么做出严重不义之事，要么对偏离法律要求的情况视而不见，从而导致人们不再尊重法律。

延展阅读

《英宪精义》

在《英宪精义》这部著作中，英国法学家戴雪（1835—1922）一方面确定了宪法学者的职责和宪法的概念，另一方面把英国当时的宪法原则归纳为三项：议会主权，法治原则，宪法法律和宪法惯例并重。其文风之清晰和表述之简约，为戴雪赢得了广大读者。对学生来说，戴雪为模糊且混乱的英国宪法勾勒了确切和明白的轮廓；律师也藉它获得了讨论政治问题的法律语言。英国宪法虽然是不成文的，但从某种意义上说，在《英宪精义》里获得了成文的形式。英国法院在重大案件的判词中也时常引用这本书的某些论断。

《丹诺自传：世界上最伟大的辩护律师》

〔美〕克莱伦斯·丹诺 著

作为美国历史上最伟大的辩护律师，丹诺的一生充满传奇色彩，这本书最早得到胡适的推荐，读者不仅可以身临其境感受美国法庭上曲折跌宕的辩护过程，也会为丹诺这位宣扬正义的法律英雄而感动。此书是北京大学法学院刑事诉讼法、民事诉讼法等课程的推荐读物。

推荐版本：世界知识出版社　林正译

关于作者

克莱伦斯·丹诺（1857—1938），美国历史上最负盛名的律师、演说家。1857 年出生于美国俄亥俄州肯斯曼，1938 年卒于芝加哥。丹诺 19 岁进入密歇根大学法学院攻读法律，21 岁考取律师执照。

丹诺的律师生涯处于 19 世纪后期到 20 世纪初期美国社会发展过程中急剧动荡的历史阶段，因此集中体现了近一个世纪以来美国政治、经济、文化的发展轨迹。丹诺一生所参与辩护的众多法律案件涉及劳工问题、种族问题、宗教问题、地域冲突问题等社会重大问题的各个方面，对美国社会产生了深远影响，因此被后人誉为美国历史上最伟大的辩护律师。其激烈的辩护场面、娴熟的辩论艺术、曲折跌宕的辩护过程，赋予律师这一理性的法律职业以美国西部牛仔式的传奇色彩，丹诺因而被誉为美国律师界的“老狮子”。

在丹诺几十年的律师生涯中，他成功地代理了许多起疑难复杂的经典案件，他为美国社会的劳工领袖、无政府主义者、有色人种、进化论传播者、未成年人以及其他形形色色的刑事被告人出庭作过无数次精彩的辩护，他的辩护使一百多人免除了死亡的厄运，使成千上万的贫苦劳工得到了基本的生存保障，更使无数备受歧视的黑人获得了勇气和尊严。他以自己的不懈努力使律师这一职业不再仅仅是一种谋生手段，而成为改造社会、关注人类、宣扬爱心、救助弱者、追求自由、激扬美德的一项崇高的事业。

丹诺凭借其智慧、技艺、勇气和毅力，以行动诠释了法律人的精神，如其所言："在这场弱者与强者的伟大战斗中，只要我的气息尚在，我将永远站在弱者这一边。"丹诺不仅为自己的人生选定意义，也给法律人提供道德标准，堪称法律英雄。

丹诺不仅是一位伟大的律师，同时也是一位成功的演说家、辩论家、政治活动家和杂文作家，著有《抗拒并非罪恶》《以牙还牙》《犯罪的原因及其处置》《无神论与异教》等作品。

荐读理由

如果你钟爱《Boston Legal》《Justice》等美剧、《律政风云》等香港律师剧，可能会好奇现实生活中这些诉讼案中的律师，如何只用几小时的演说，就总结出数月的证言及调查，并将其编织成令人信服的故事，以便说服法官和陪审团，打赢官司呢？丹诺的这本自传很好地向我们展示了法律、良知与辩才的角力。

在本书中，丹诺回忆了他60年为公司、劳工以及刑事案件担任辩护律师的过程中，处理的许多轰动一时的案件，包括煤矿罢工事件、《洛杉矶时报》大楼爆炸案、娄伯和里波路谋杀案、著名的进化论法庭辩论等大案，从反对死刑的主张、争取公民权利，直至对于司法体制的批判，完整地勾勒出这位传奇人物的一生。其实，丹诺关心的不只是人道关怀的司法体系与公民权利，在本书的字里行间，还隐隐透露出他在哲学、政治、经济、宗教等领域的精辟观点，以及生而为人的处世态度，这些对于身处新世纪开端的我们，依然有借鉴意义。

下面就以铁路罢工案为例一起走进《丹诺自传》吧。

1894 年，美国铁路工会领导铁路工人举行罢工，罢工工人要求提高待遇，这是美国有史以来的第一次铁路罢工事件。当时，丹诺已在西北铁路公司工作了两年，从他担任的职务来讲，他应该站在公司的立场，为公司的利益说话，但是，在内心里他却同情那些罢工的工人。事情越闹越大，芝加哥和其他城市的列车车厢开始被人烧毁，劳资双方相互指责对方放火，并且铁路公司向联邦法院起诉，要求政府对罢工工人发出强制禁令。工会的领导人德勃斯希望丹诺插手此案，为工会辩护。丹诺原本不想插手，但看到穷苦工人为了争得个人最起码的生存权利而齐心奋斗时，他最终决定为工人辩护。

从此，丹诺的生活发生了戏剧性的变化，他开始了为穷人和社会弱势群体辩护的生涯。

然而，由于总统违反宪法派遣军队进入芝加哥，罢工被迫停止，德勃斯和美国铁路工会的所有领袖都被法院依照禁令逮捕，受到违反禁令和共谋罪的起诉。后来，德勃斯被州法院判刑 6 个月。尽管丹诺和格雷律师尽力为其辩护，并上诉到联邦最高法院，但联邦最高法院最终维持了原判。对此，丹诺在书中痛心地说道：“人民的自由权利，本来是依靠联邦政府与各州法律建立起来的，但是，这些法律已完全被法庭曲解和武断地引用共谋罪条款而破坏了。自由，人人都希望得到它，但是，只有扫清通往自由之路上的障碍，人们才能真正感受到它，并享受与之俱来的幸福。”

铁路工人罢工案开始了丹诺作为出庭律师的生涯。从 1894 年的德勃斯案到后来的麦克纳马拉案，以及 1912 年为自己的贿赂案辩护，丹诺都是作为劳工律师，为在美国工业发展中受到损害的劳工辩护。在这些劳工案中，丹诺都把自己的当事人看作是一种普遍意义的象征，认为他们代表的是一种更大的事业，而不仅仅是某个案件中具体涉及的问题。因此，他是在为事业而辩护，而非为单个的人而辩护。比如在基德案中，他说他不是为托马斯·基德辩护，而是为这个地球上受压迫、受排挤的弱势群体辩护。他甚至声称，他的当事人不是他主要关心的对象，这些人所为之奋斗的事业比这些单个的人更重要。在每一个案件中，丹诺当事人的事业便是劳工运动，而这则是一种不能通过起诉被告就可以消灭掉的事业。

当时的人评价说："每一个重要的劳工案，没有丹诺的参加，将是不可思议的。"通过阅读此书，读者可以发现在丹诺的一生中，有相当一部分是在无偿地为穷人辩护。他的一位朋友曾赞扬他："他常常把他的时间献给了那些寡妇、孤儿。即使把芝加哥所有律师在这方面的努力加在一起，也仍然比不上丹诺。"对自己的这些行动，丹诺自己总结说："我为弱者和贫穷的人辩护，不计报酬，我将永远这样做。"

此外，他这种为弱者服务的工作，还延伸到了公共演讲方面。在书中提到的他所有的演讲中，丹诺始终是一个持不同政见者、社会弱势群体的代言人以及社会秩序的批评家。作为一位雄辩家，丹诺几乎从不在事前作准备，他在抨击和防卫方面，都有一个固定的模式。在法庭和演讲台上，他常常采用一种随意的却又富有感染力、能煽动人感情和令人信服的姿态说话。作为一个擅长演讲的人，丹诺可以把道德伦理以及其他问题扩大化，能够把那些存在于听众中的或思想上的冲突表达得引人入胜，并且能够处理这些冲突，因此他可以在公众中获得一种特殊的成功。

1938 年 3 月 13 日，丹诺在芝加哥去世，离开了这个他所喜爱的世界。芝加哥 63 街的殡仪馆，因为接待来哀悼他的人，连续 58 个小时没能关门。工人、教师、律师、劳工领袖、女用人……那些因为丹诺的辩护而活了下来的人，全都哭着走过丹诺的棺木。

霍里法官在丹诺的葬礼上这样说："克莱伦斯·丹诺曾经活过，这是一件庄严的事情。黑人们以感激的心情，将永远记住他曾为他们进行过英勇的战斗。用双手劳动的人、受社会迫害的穷苦人和不幸的人，会记住丹诺随时准备为他们贡献他不寻常的才能。……克莱伦斯·丹诺，对于穷人、被压迫者、弱者以及犯错误的人——所有的种族、所有的肤色、所有的教义、所有的人类——具有无限的同情和怜悯。”

丹诺的一生可以说是不畏世俗与宗教权威、敢于冲破传统的藩篱的一生，崇尚正义、疾恶如仇的一生。他悲天悯人、同情弱者、博学多才、智慧过人。作为一名律师，丹诺采取实用的功利主义原则处世，不墨守成规，不教条主义；为了理想和信念，不惜挑战公众。正是基于上述同时代一般人身上不能同时具备的美德，成就了丹诺辉煌的事业，使得他最终修成正果，成为美国律师界的一代宗师。

先睹为快

必须承认，是虚荣心促使我撰写了这本自传。

那些听过我名字的人大部分都已掩埋在黄土之下，而更多的人对我则一无所知。与很多人一样，我留下这本自传，是想把自己的生命价值体现得更长远一些。我知道死亡并不是什么哲学命题，但是我们无法回避，我也知道自己的一生并没有撰写畅销小说的题材，但是在这样一个小说泛滥的年代里，我还是决定将那些曾经感动过我的人和事记录下来。

我不愿意虚构，我只想告诉人们真相。

或许我该运用传记传统的开场白，也就是从自己的祖先写起，很多人试图将自己的血缘和出身与显赫的家族或名人搭上关系，但在我看来却是对出身的偏见。

延展阅读

《雄辩之美》

美国最高法院大法官罗伯特·杰克逊说过："对于一名律师来说，再没有比法庭演说更艰难的任务了。"在欧美国家，法庭演说是知识与智慧的较量。这本美国律师协会 20 世纪"最佳法庭演说"经典案例选，向我们展示了法律、良知与辩才的角力。几千年来，在人类无数次的法庭辩论中，只有屈指可数的演说词被当作能言善辩的艺术珍品保留了下来。《雄辩之美》一书的主要意义在于为日趋成熟的中国律师界和爱好演讲的朋友们提供了美国 20 世纪最佳法庭演说的经典范例，书中的每一场法庭演说，无疑都是精雕细琢的演讲艺术的杰作。此书汇集了 100 年来美国法律史上那些在陪审团宣读判决之后，能经受住时间考验，能继续产生吸引力，可以教育几代人的案件。

《通过法律的社会控制》

〔美〕罗斯科·庞德　著

作为唯一没有哈佛学位的哈佛法学院院长，庞德对哈佛法学院的壮大发挥了重要作用，其所代表的社会法学长期以来在美国法学中占有主导地位，其本人也对中华民国时期的法律产生了重要影响。该书是北京大学法学院多门课程的推荐读物。

推荐版本：商务印书馆　沈宗灵译

关于作者

罗斯科·庞德（1870—1964），出身于美国西部的内布拉斯加州的一个法官家庭，他从小热爱观察植物，14岁时进入内布拉斯加州大学攻读植物学专业，并在27岁时获得生物学博士学位。在此期间，受到父亲的影响，庞德“半路出家”去哈佛大学法学院接受了一年的正规法学教育，之后在父亲的律师事务所帮助其父从事法律工作。其后不久，他在从事法律实务的同时，开始致力于罗马法的研究，兴趣逐渐由实务转向学理。1899年，29岁的庞德受聘为内布拉斯加州大学法学院任副教授，两年后被提名为该州法院法官。1903年，庞德辞去司法职务，就任内布拉斯加州大学法学院院长。任职期间，他在学制及教学方法上进行了许多革新，其治学和治事的才华也开始日益展露。1910年，庞德到哈佛大学法学院任教，并在六年后成为该院院长。

庞德本着全国性的经验聘请著名教授充实大学，培养醇厚的学术风气。他本人用社会学的方法研究法学，同时负责主讲法理学和罗马法课程，并发表法学论著。庞德接任哈佛大学法学院职位后的20年，被誉为该院的黄金时代，终使哈佛大学成为一所举世闻名的学府，使他自己成为“院长的院长”。此后，哈佛大学法学院已不仅是学生们求得职业知识的场所，而且已成为培养政府决策领导人的园地。

1946年，庞德接受南京国民政府的邀请，来中国担任司法部和教育部的顾问，承担了辅助完善司法系统的工作。从哈佛大学退休后，庞德再次来到中国，积极协助南京国民政府进行司法及法律教育的改革。

庞德不仅在学术上推动着美国社会法学的发展，更重要的是，他的社会法学思想浸透到罗斯福新政中，其社会利益学说甚至改变了美国人的法律观念，使美国社会抛弃了大萧条之前所持有的自由资本主义时期的一些过时的观念。不仅如此，年轻时的庞德积极促进美国司法改革，而成熟后的庞德的理论又为最高法院宪法革命斗争提供了思想武器。哥伦比亚大学法学教授帕特森认为，庞德“对法律哲学的贡献比其他美国作家更有意义和更有影响”。

荐读理由

在开始介绍本书之前，有必要澄清一个概念，即什么是社会法学，社会法学与其他法学派别有什么不同？庞德指出，第一，社会法学注重的是法律的作用而不是它的抽象内容，法律应当是社会控制的一种工具；第二，社会法学认为，法律是一项社会制度，人们既通过经验发现它，又有意识地创造它，而分析法学派认为法律是人们有意识地创造的，历史法学派和哲理法学派则认为法律是被发现出来的；第三，社会法学派强调法律所要促进的是社会目的，而不是强调制裁，而分析法学派坚持以国家武力作为制裁，历史法学派坚持以法律规则背后的社会压力作为力量；第四，社会法学认为法律规则的种种形式仅是手段问题，更重要的是法律制度、法律学说和法律规则的作用；第五，社会法学信奉实证主义，从不同出发点来阐释社会法学。

本书共分为四个部分，第一部分从“文明和社会控制”入手，论述了文明、社会控制和法律三者之间的关系，强调随着文明的发展，法律已成为社会控制的主要手段。第二部分强调了“什么是法律”，认为历史上三个完全不同的阶段都曾使用法律的名称，给人们讨论“什么是法律”这个问题造成混乱，于是力图用“社会控制”的观念加以统一，并分析了有效法律行动的局限性，得出“如果法律在今天是社会控制的主要手段，它就需要宗教、道德和教育的支持”的结论。第三部分讲述“法律的任务”，论证了法律的目的是正义，它能在最少阻碍和浪费的条件下尽可能多地满足人们的利益，并把利益区分为“个人利益”“公共利益”和“社会利益”三类。第四部分“价值问题”，提出了法律价值的理论，强调价值问题虽是一个困难问题，但它是法律科学所不能回避的，并对当代的三种法律价值论进行分析评判，提出“真正合理的价值评价方法”。

第三部分是本书的重点。庞德细分了三种利益的内涵：个人利益包括人格利益、家庭关系利益和物质利益；公共利益包括国家作为法人的利益和国家作为社会利益捍卫者的利益；社会利益包括一般安全利益、社会组织安全的利益、一般道德的利益、保护社会资源的利益、一般进步的利益和个人生活方面的利益。庞德认为，以上这些利益是有重叠或冲突的，因此，在法律实施对这些利益的社会控制时，就会发生对这些利益如何评价，以及相互冲突时何者应让位等问题。而估计和评价不同的主张和要求，一定要在同一平面上比较，如果一种主张被认为是权利，另一种主张被认为是政治，或者一种被认为是个人利益，另一种被认为是社会利益，那就无法作出结论。

“通过法律的社会控制”或者说社会控制论是庞德法律思想的核心内容。与一般控制论不同，庞德是从社会学的角度提出问题的。人类社会发展使人类活动按一定的社会规范进行，通过某种社会力量使人们遵从社会规范、维持社会秩序的过程，就是社会过程。庞德主张把法律作为社会控制的工具，通过法律实现社会控制，并且把法律作为社会控制的工具加以研究。

先睹为快

组成一个法律体系的那部分法令，包含两种成分，一种是命令性成分，一种是传统性成分。前者是立法者的创作。哲学家通常对立法者提供指导，但是他多半认为自己赋有一种支配的权力。传统性成分是经验的产物，在古罗马，它是从法学家在解答关于法庭上实际争讼的各项问题的经验中产生的。在我们的法律中，它是从法院判决案件的经验中和法官们从有记录的司法经验中努力去寻找对具体争端中出现的新问题进行判决的原则中产生的。因而，我们就有作为命令的法律，还有在经验的基础上作为对正义的确定和陈述的法律。它们各自谋求建立正义的法令，所以，它们各自都受某种理想的支配。在18世纪以及在我国的19世纪前期，自然法理论曾为立法机关和法官提供这种理想。这是对一切民族、一切时代和一切地方都具有普遍效力的一整套理想法令的理论，这批理想法令来自关于一个理想的人打算做和不打算做、打算主张和打算承认别人主张的观念，并且是基于纯粹理性而得出来的。

延展阅读

《法理学》

该书于1959年出版面世，是庞德规模最大的巨著，共有四卷，凝聚着庞德70年的学习经历和55年教授法理学的心得，也是他几年来从事法律实务和担任州最高法院法官的切身体会。这本书针对的是一般读者，包括从事法律实务工作的人、法官、立法者、法学教师和学生。无论你属于上述哪一群体，法律科学都将使你满载而归。庞德在写作中时刻注意着那些在当前活生生的现实法律秩序中不断涌现的实际问题，克服了时空上的困难，使得不同地域之间具有可比性，并且通过归纳人类活动的各种形态，总结了各种可能伤害生命和身体的侵害行为。

《表达自由的法律限度》

〔美〕亚历山大·米克尔约翰 著

这是一本每一位追求言论自由的人都应该阅读的书，在这里，你可以为心中早已存在的理由找到最精彩的表述。此书也是北京大学法学院宪法、行政法与行政诉讼法、经济法、法理学等课程的必读作品。

推荐版本：贵州人民出版社 侯健译

关于作者

其实，直至今日，亚历山大·米克尔约翰（1872—1964）仍不太为中国学界所熟悉，这不失为一个遗憾。在米克尔约翰生活的美国，人们有时称他为哲学家和教育家，而自从他的著作《言论自由与民主自治》出版后，提出了一种广有影响的言论自由理论，他更多地被称为言论自由理论家。

米克尔约翰出生于苏格兰，8 岁时随父母移居美国，早年就读于布朗大学，后于 1897 年获得康奈尔大学的哲学博士学位。随后，米克尔约翰回到布朗大学，开始了他的教育生涯。他教授哲学课程，六年后擢升为逻辑学和形而上学教授。1901 年出任布朗大学哲学院的院长直到 1912 年。其后，他担任了好几所大学或学院的领导职务，主持过多项教育改革。

米克尔约翰的独特之处在于他以教导自由为己任，其教学的核心内容就是理解、坚持和推进自由的事业。在米克尔约翰看来，自由不仅是一个政治问题，更是社会问题、人生问题。他的教育名言是“理解即真诚”——对于自由，首先要努力理解它；没有理解，难以有坚定的信念。

除此之外，米克尔约翰是美国民权联盟全国委员会的长期委员，积极参与保护和推进自由的社会活动。由于他对自由事业在理论和实践上的贡献，布朗大学和威斯康星大学都设立了以他的名字命名的讲座席位，以邀请有关学者或法学家开办有关自由和言论自由的讲座。美国大学教授协会设立了米克尔约翰自由奖金，以奖励那些有功于学术自由的高等学校领导。1959 年，米克尔约翰获得罗森伯格奖章，1963 年获得总统自由勋章。

荐读理由

言论自由一直是所有人内心永恒的梦想。在人类历史上，我们可以看到苏格拉底用他的生命践行言论自由原则；可以看到伏尔泰愿意誓死捍卫不同意见者的睿智，以及斯宾诺沙关于言论自由之必要性的沉思；可以看到弥尔顿的《论出版自由》和洛克的《论宗教宽容》；可以看到柏克对于第四等级的关注和康德关于“公开运用理性”的要求；可以看到独立战争前后汉密尔顿、麦迪逊、杰斐逊关于言论和新闻自由的《联邦党人文集》；可以看到密尔的《论自由》以及霍姆斯“思想的自由市场”的思想。可以说，自由的历史首先表现为言论自由的历史，虽然充满冲突、流血和各种悲剧，但人类的思想仍在不断地思索和探求支持或限制言论自由的理由。

然而，在米克尔约翰之前，我们看不到像他那样深刻、生动地阐发言论自由与民主政治之间关系的论述，看不到像他那样勇敢、决然地导出公言论的绝对自由的论证。他的理论虽然以美国宪法第一修正案为具体分析对象，但是并非没有普遍的意义。可以说，相较于其他法学专著，《表达自由的法律限度》是一本同时具有严肃凝重的学术内容与通俗易懂的小说效果，能让你始终怀着激情一读到底且意犹未尽的书，也是一本影响了美国有关言论自由的著名司法判决的书。虽然全书不足十万字，但透过其细致深刻和富有逻辑的论证和反思，我们似乎在事实与规范之外感受到保障具有公共性质的表达自由的更多价值与现实意义。

现代社会中，立宪国家普遍地把“言论自由”规定为一项基本而重要的人权。但由于历史和现实的原因，作为基本人权的言论自由在不同的国家、不同的历史时期，其内涵、实际的判断与运作是有差别的。美国宪法第一条修正案规定：“国会不得制定关于下列事项的法律：确立国教或禁止信教自由；剥夺言论自由或出版自由；或剥夺人民和平集会和向政府请愿申冤的权利。”米克尔约翰的《表达自由的法律限度》就是为探讨和捍卫这一法律原则而作的。

该书初版于二战结束不久后的 1948 年，在冷战的初期，美国出于对共产主义的恐惧，政府对国内有关的言论活动采取严厉的镇压措施。出于对现状的忧虑以及对言论自由原则的热爱，米克尔约翰认为有必要深入思考言论自由的内涵及其哲学基础到底是什么，有必要检讨当时司法实践中确立的检验言论活动标准的“明显且即刻的危险”理论是否真正地符合宪法的精神。他批评当时那些政策性的镇压活动违反了美国宪法第一修正案，是破坏自治的不明智举动。公共讨论的自由是不可限制的，这是自治政府的基石。

美国宪法第一修正案中的“不得制定”某种法律，意味着在任何条件下都不能制定这种法律，而制定《权利法案》的立法者们并非不知战争或国家危难时期的需要，但还是作出这样“不打折扣”的禁止规定。米克尔约翰在书中提出了一个尖锐的质疑：那么文字诽谤为什么可以而且必须被禁止和惩罚呢？这似乎是一个言论自由的悖论。但悖论是如何产生的呢？这使人不得不追根溯源回到言论自由本身的内涵与价值。为说明言论自由及其与政府之间的内在关系，米克尔约翰考证古今，拿出了两个具有现实感和说服力的故事和素材。

第一个素材就是著名的“苏格拉底之死”。在这个故事里，苏格拉底因被指控在教学活动中“腐蚀青年”且“不信神灵”而面临一场决定生死的审判。在苏格拉底看来，雅典是一个自由城市，任何官员、任何法官都无权告诉他应当或不应当怎样教学或怎样思考。政府拥有决定公民生死的法律权威，即使一个错误的、不公正的决定，公民也必须服从。对苏格拉底而言，这时“遵守剥夺他的生命的法律，就如同不遵守剥夺他的信仰自由和表达自由的法律一样的必要”。其所珍视和追求的是教学中的表达自由。这两种遵守义务之所以必要是因为建立在这样一个前提和基础之上，即苏格拉底与政府有先前契约，他说法律提醒他，70 年来，他一直同意“遵守契约”，并从中获得了一个雅典公民所有的权利和特权。难道现在因为生命受到威胁，他就可以“撤回”同意，撕毁契约吗？苏格拉底并没有把最后的思考告诉我们，但他以自己的生命去实现着其所珍视的言论自由和对自由的理解。

第二个素材是更具有普遍性的“美国乡镇会议”，在此，米克尔约翰为我们作出了更为细致的解构和说明：乡镇会议是一种自治的实践，人们聚集在一起讨论和决定有关公共利益的事项。每一个人都可以自由地与会，每一个人都有权利和义务独立思考、抒发己见、倾听其他与会者的发言。基本原则就是除了接受议事规程的调整外，言论自由不应受到限制。任何相关的意见，不管是否正确，都可以而且必须有被倾听的机会。只有这样，进行自治的人们才可以作出明智的决断。

米克尔约翰进而把言论分为两种：公言论和私言论，前者指与统治事务有关、代表人们参与自治过程的言论，受到第一修正案的保护；后者即与统治事务、自治过程无关的言论，受到第五修正案的保护。米克尔约翰根据《独立宣言》和宪法序言，认为美国人之间实际上存在着一个有关自治事务的基本契约。他说，宪法是人民自治的产物。作为一个欲结成政治共同体的人群，人民之间彼此同意，他们是自我统治的，而不受制于外人。他们认为，作为自由人，在政治上是平等的。他们自己制定法律，并决定法律面前人人平等，人人服从法律。

他们亲自建立政府，因此政府的正当权力来源于被统治者的同意。这些合意便是人民之间的基本契约。认识这种基本契约，是理解第一修正案的绝对规定的关键，而前面所讲到的美国历史上的乡镇会议制度就是最好的实证。

这里我们不妨引用米克尔约翰的用语作一个小结："第一修正案的主要目的并不是为了保障那些知识贵族的自由，他们仅仅是为了乐趣而追求知识，仅仅为满足个人好奇心或对于智力成果的成就感而探索真理。它的目的是致力于为一般公共福利的思考扫清障碍，为那些为了公共利益而计划、拥护共同行动的人们提供保障。为了这些人的利益，它告诉我们，每一个行动计划都必须倾听，每一个相关的事实或价值都必须得到充分的考虑，不论这些活动可能引起什么危险。……只要他们的积极言论是参与到有关公共政策的公共讨论和公共决定中的言论，这些言论的自由就不应受到限制。这种自由是一个由公民投票决定公共事务的社会的基本信条。"

超越国界与时间的维度，我们不难感受和理解米克尔约翰所发现和阐述的这些具有共性的"理念"与"规范"及在不同维度下表达自由的意义和价值，它使我们看到了不同性质的表达自由的内涵和本质以及应采取何种法律规范与技术加以保护。而《表达自由的法律限度》对当下的启示在于，政府应当抛弃自身的狭隘并以博大胸怀容忍一些表达，因为公共言论的表达可能也是一项蕴含智慧与创见的活动，对其后果的判定需要理性验证和实践检验。我们允许这些不同言论的表达主要不是出于喜欢，而是这些表达可能有助于我们作出正确决策，少犯错误少点失误，从而使有关国家利益、公共利益和集体利益的决策建立在更加理性、科学和民主的基础之上，对媒体监督和反对言论的惧怕就是对自身错误的纵容和对自身责任的默然。

先睹为快

在政治自治的方式中，最高利益并不在于言者之言，而在于听者之心。会议的最终目的是要投票作出明智的决定……只要时间允许，所有与问题有关的事实和利益都应当在会议上充分、公平地展示出来。事实和利益的展示必须使人们可以比较不同方案之间的明智和可行。当一个自治共同体用投票方式来获得行动的明智时，它只能在公民的思想中获得。如果公民是不明智的，共同体就不可能采取明智的行动。这就是为什么促进思想的讨论自由是不可削减的原因。

第一修正案并不保护没有节制的废话。它并不要求，不论什么场合，每一个公民都要参与公共讨论。它甚至不保证每一个人都有机会参与讨论。关键之处并不是每个人都可以说话，而是每件值得说的事情都可以说出来。

延展阅读

《言论自由与民主自治》

此书尚未出版中译本，其英文名为“Free Speech and Its Relation to Self - government”。此书是米克尔约翰的成名作，其写作本书的初衷并非为了纯粹研究的目的，而是为了教育的目的所作的探讨，当然这并不妨碍它的学理价值和在言论自由思想史上的地位。米克尔约翰的理论在言论自由思想史上具有重要的地位，西方学界一般将他的《言论自由与民主自治》与其他两本论述言论自由的小书——弥尔顿的《论出版自由》和洛克的《论宗教宽容》相并列。

辉煌篇

使人民幸福就是最高的法律

《权力论：新社会分析》

〔英〕伯特兰·罗素　著

罗素是20世纪西方最著名、影响最大的学者和和平主义社会活动家之一。《权力论：新社会分析》在韦伯、马克思、弗洛伊德、柏拉图等有关论述的基础上，对权力定义、权力形式、权力基础以及权力的用途等作了深入剖析与全面论述。

推荐版本：商务印书馆　吴友三译

关于作者

伯特兰·罗素（1872—1970），英国哲学家、数学家、逻辑学家、历史学家，也是20世纪西方最著名、影响最大的学者和和平主义社会活动家之一，1950年诺贝尔文学奖得主。罗素也被认为与弗雷格、维特根斯坦和怀特海一同创建了分析哲学。

1872年，罗素出身于英国辉格党贵族世家。因为父母早逝，罗素由祖母抚养。祖母没有让罗素上一般贵族子弟上的公学，而是让他在家接受保姆和家庭教师的教育。受到家人和家庭教师的影响，罗素青少年时期对数学、历史和文学产生了兴趣。

1890年，罗素考入剑桥大学三一学院，学习数学、哲学和经济学。1893年，他获得数学学位，而后在第四年转学哲学，并获得伦理科学学位。20世纪30年代以前，罗素在数学、哲学和经济学三个学科上平行发展。

1894年，罗素不顾家人反对，与比他年长五岁的美国姑娘史密斯结婚。这是罗素的第一次婚姻。婚后，罗素和妻子一道去柏林，在那里研究经济学和政治学。

1900年，因与意大利逻辑学家皮亚诺相识，罗素在皮亚诺的数学逻辑系统中找到他多年来所寻求的“用于逻辑分析的工具”，从而使他在实现把数学还原为逻辑的技术可能性上打开了眼界。在这之后，罗素和怀特海合作撰写了《数学原理》，被誉为是“人类心灵的最高成就之一”，为罗素赢得了学术上的崇高地位和荣誉。在哲学方面，《论指谓》《亲知的知识和摹状的知识》《哲学问题》等著作也相继出版。

随着一战的爆发，罗素对哲学的兴趣减弱，而作为和平主义者投身到写作、演说和组织活动中去。除了出版《战争恐惧之源》《社会重建原则》等著作外，他还一直为反战活动而奔波。1918年，他因撰写一篇反战文章而被判刑入狱，他在狱中完成了《数学哲学导论》，并开始撰写《心的分析》。出狱之后，罗素主要依赖写作谋生。

1920年至1930年间，罗素以非正式成员身份随工党代表团访问苏维埃共和国，并应邀到中国讲学。在这期间，罗素撰写了大量有关俄国、中国、相对论、历史、教育、性道德、国际关系、宗教和未来社会的著作。

1944年，罗素回到英国，继续担任三一学院的研究员职位，并在那里完成了最后一部重要的哲学著作《人类的知识》。1949年他被选为英国科学院荣誉院士，1950年英王乔治五世向他颁发英国最高荣誉“功勋奖章”。

罗素晚年时，核战争的威胁开始支配他的思想。他于1955年争取到爱因斯坦的支持，发表了著名的《罗素—爱因斯坦宣言》。1964年，他建立了“罗素和平基金会”，为筹集基金而拍卖了他的部分文献档案。罗素于1967年出版了他的最后一部著作《在越南的战争罪行》，将生命的最后时刻献给了世界和平事业。

荐读理由

《权力论：新社会分析》在韦伯、马克思、弗洛伊德、柏拉图等有关论述的基础上，对权力定义、权力形式、权力基础以及权力的用途等作了深入剖析与全面论述。

本书分为 18 章，大体分为：人们为什么要追求权力、权力的现实基础和构成、规制权力的可能途径三个主要部分。罗素围绕上述问题展开讨论，从分析权力欲入手，论述了教权、王权、革命权力、经济权力、支配舆论权力等各种权力形态，以及权力与政体、权力与道德、权力与组织和个人的关系。

罗素在开篇就明确指出，人有众多欲望，但权力欲和荣誉欲是最主要的两种。二者虽有密切关系，却不等同。获得权力往往是获得荣誉最便捷的途径。权力欲是人们追逐权力的根源，是产生社会变化的主要动机。罗素提出，“当适度的享受有了保证的时候，个人与社会所追求的是权力而不是财富：他们可以把追求财富作为追求权力的手段，他们也可以放弃财富的增加来确保权力的发展”。权力欲的冲动也有两种形式：成为领袖和对领袖的追随。“当人们心甘情愿地追随一个领袖时，他们这样做的目的是依仗这个领袖所控制的集团来获得权力；他们感到领袖的胜利也就是他们自身的胜利。大多数人觉得自身没有能力把他们的集团导向胜利，于是就想获得一个智勇兼备足以成就丰功伟业的首脑。”而权力服从的根源，则是恐惧。罗素指出，“一切服从的现象，根源都在于恐惧，不论我们所服从的领袖是人还是神”。

罗素认为，现实权力可以分为“对人的权力”和“对无生物或非人类的生物的权力”两种。基于以上分析，罗素进一步分析了现实社会中教权、王权等和作为权力来源的信条等不同的权力形态，区分和论述了基于组织制度的组织权力和基于“学问”和“智慧”的个人权力，并在考察不同社会历史和现实的基础上，分别论述了传统的权力、革命的权力和强暴的权力的不同形式。

罗素深刻认识到权力具有不断扩张的特性，明确提出要节制个人、组织和政府对权力的追求。他并不仅限于寻求“权力制约权力”“法律约束权力”“多元社会团体规制权力”这些政治学层面的一般路径，而是认为，权力规制需要具备四个方面的条件，即政治条件、经济条件、宣传条件、心理与教育条件，四者共同入手来改善权力。此外，罗素还对权力行使者加以道德性规劝。他告诫人们要始终把权力当作手段而不是目的，要让权力结出善果，首先需要有某种善良的目的。这种目的必须在实现后能有助于满足别人的愿望，而且实现目的所用的手段不可使附带的流弊超过目的实现后所可得到的良果。

正如罗素在书中所说：“我始终抱有两个目的，一方面提出我自信比经济学家们所提供的要恰当的关于社会变化的一般分析方法，另一方面使现在和不远的将来变得比那些其想象力受 18 世纪和 19 世纪支配的人所能理解的要容易理解。”罗素在权力的论述中结合历史和个人的智慧，为后世留下了一部思想巨著。

先睹为快

人与其他动物之间存在着许多区别，有些是智力上的，有些是情感上的。情感上的主要区别之一，在于人类的某些欲望与动物的不同，是漫无边际的，而且不能获得完全的满足。蟒蛇吃饱了就去睡觉，一直睡到食欲恢复的时候；如果说别的动物不是这样，那是因为它们的食物不够或是因为它们害怕敌人。除了个别的例外，动物的活动是受生存和繁殖的基本需要的驱使，一般不会超出这些需要所必需的范围。

人却不然。的确，大多数人为了获得生活必需品不得不辛勤劳动，以致剩不下多少精力去用于其他目的，但是那些生活无忧无虑的人也并不因此而停止活动。赫西斯出征雅典时，他并不缺少衣食和妻妾。牛顿成为三一院士之后，物质上的舒适得到保证，但他正是在此之后才写出《原理》一书。圣弗朗西斯和伊格内修斯·洛伊拉并不需要创立教派来摆脱贫困。

延展阅读

《数学原理》

本书由罗素与怀特海联手撰写。罗素主要负责哲学方面的内容，怀特海主要负责数学方面的内容，他们相互交换草稿，共同订正。其工作的巨大成果分为三大卷，分别于1910年、1912年和1913年出版。这部著作是20世纪科学的重大成果，被誉为“人类心灵的最高成就之一”，对逻辑学、数学、集合论、语言学和分析哲学有着巨大影响。

《法律的正当程序》

〔英〕丹宁勋爵 著

丹宁勋爵是法官，也是学者，但他更是一位法律改革家。在几十年的司法生涯中，丹宁面对时代的挑战，以追求自由和进步、实现公平和正义为目的，对英国的法律进行了大胆的改革，为英国的法律改革作出了重大贡献。英国法律界公认他是“第二次世界大战以后英国最伟大的法律改革家”。

推荐版本：法律出版社 李克强、杨百揆、刘庸安译

关于作者

丹宁勋爵（1899—1999）是第二次世界大战以后英国最著名的法官和享有世界声誉的法学家之一。他出生于英格兰罕布什尔郡，17 岁时获奖学金进入牛津大学马格德林学院学习数学，毕业后担任了一年的数学教师，虽然收入不菲，但丹宁不喜欢教书，而是钟情于向往已久的律师职业。于是在他 22 岁时，考取了牛津大学埃尔登奖学金，回到母校攻读法律。一年以后，他又考取了伦敦四大律师学院之一的林肯律师学院的奖学金，除了上课外，他主要在林肯律师学院学习，并在律师事务所帮忙。丹宁后来回忆道：“这样做有好处：在图书馆读书，或听教授的讲座，只是给你一幅模糊的、不完整的画面。为了了解法律到底是什么，你必须看看它在实践中所起的作用。”经过 15 年辛勤的工作，丹宁从一个“新手”变成了一位经验丰富的资深辩护律师。1938 年 4 月，因其“突出的成绩”经大法官推荐和国王批准被授予“王室法律顾问”的荣誉称号。1944 年他成为普利茅斯的司法官，随

后很快晋升为高等法院法官，从此他可以身穿丝袍同法官一起坐在法庭的审判席上。

1948年丹宁担任民事上诉法院法官。他后来说只有当上高等法院法官，“一名法官才有影响法律的主要机会”，也正是从这个时候起，丹宁开始越来越关注英国的法律改革，并发挥着越来越重要的作用。无论是在审理案件中还是在大学的演讲中，他都不断地强调法律改革的思想。当他58岁时，被封为勋爵，成为终身贵族。1982年丹宁勋爵83岁，在担任民事上诉法院院长整整20年后，他的职业司法生涯走到了尽头。英国法律界的同仁为他退休举行了隆重的告别仪式。枢密院大臣为他致送别词。当天的《泰晤士报》发表专题文章，盛赞他在司法生涯中的光荣业绩。如果从丹宁勋爵担任法官算起到退休，他担任司法职务长达38年。这在英国司法界是一个史无前例的纪录，就是在整个世界也是不多见的。

丹宁勋爵不仅是一位老资格的法官，而且还是一位享有世界声誉的学者。他是国内外几十所著名大学的荣誉法学博士，还是伦敦三所著名律师学院的荣誉院士。从1949年起，他就开始出版自己的法学著作。他的主要著作有：《法律下的自由》《变化中的法律》《通向正义之路》《法律的训诫》《法律的正当程序》《法律的未来》《法律的界碑》等。在近60年的法律生涯中，他积累了极为丰富的法律实践经验，积极、大胆地参与英国战后的法律改革，并作出了重大贡献，成为英国战后法律改革史上划时代的人物。

荐读理由

英国作为判例法国家，与大陆法国家有很大不同，在英国，判例不仅仅是法律实施的结果，更重要的，它还是法律规则的总结，因此具有很大的权威性。法官应该恪守其前辈确立的判例法规则，这是英国法律长期以来形成的一种传统。正是由于判例主义的传统及对这一传统的尊重，同其他国家，特别是同大陆法系国家相比较，英国法律的发展是缓慢的，远远跟不上现代社会发展的需要。根据这一状况，丹宁勋爵对传统的判例主义提出了大胆的挑战。

为此丹宁要求法官担任“法律改革的先锋”，他明确主张，法官要参与法律改革，而不能把改革仅仅看成是国会的事，法官只是执行法律而已。他认为，法官在审案和判案的过程中应该随着社会的变化和时代的发展创立出与生活的步调相一致的、新的、公正的判案原则。实际上，他自己就是这样做的。作为一名法官，他在审案和判案过程中对过去的判例进行了大胆的修改，甚至创立了很多与过去的判例完全不同的新的法律原则和新的诉讼程序。它们或者作为最终判决予以实施，或者被确立下来成为以后法官判案的原则，有些还成了国会立法和修改法律的依据。

《法律的正当程序》虽然是一本法律专著，但与一般的教科书或学术专著不同，丹宁勋爵巧妙地将一些重要的案件及其辩护词和判词串联在一起，阐明战后英国司法改革中最有影响的一些案例。他用讲故事的手法介绍案情，叙述清楚简洁，辩论生动严密，但这丝毫没有影响此书作为一本专著的学术严谨。丹宁勋爵还从法理和法律改革的角度对这些案例进行权威性的评点，读来饶有兴味。

本书题为“法律的正当程序”，丹宁勋爵在前言中这样解释道，这里的“正当程序”并非枯燥的诉讼条例，而是法律为了保持日常司法公正的纯洁性而认可的各种方法；促使审判和调查公正地进行、逮捕和搜查适当地采用、法律援助顺利地取得，以及消除不必要的延误等等。在这本书中，丹宁勋爵以他亲身经历的案件的辩护和审判的实践，介绍了战后英国司法机关审案和判案原则的确立过程，内容涉及宪法、民法、刑法、行政法和国际法等多种法律分支。此书在英美法系国家和地区影响极大，可以说，在英国和使用英国法律的国家和地区，不读丹宁的书就无法从事司法工作。

尤其值得一提的是，丹宁的书浸透着他丰富的法律实践经验、广博的历史知识、独特的优美文风和极高的文学素养。他的书语言简练而流畅，讲述一个个案件就像讲述一个个故事，生动、细腻，娓娓动听；时而引用滔滔不绝的辩论词和审判词，时而从文学宝库中信手拈来一两个典故；文字精当，举例贴切，并杂以诙谐、幽默、讥诮，也非常适合非法律专业的法学爱好者们一读。

先睹为快

律师应该寻求正义；正像科学家通过很多实例自己得出一般的命题一样，律师应该通过很多判例自己建立一般的原则；正像科学家发现自己的命题不适于所有的实例时就得修改，或者发现自己的命题是错误的时候就得完全抛弃一样，律师发现自己的原则不适于所有情况的时候就应该进行修改，或者发现它们会产生不公正的结论的时候就应该抛弃。

虽然宗教、法律和道德是可以分开的，但它们不是互不搭界的。没有宗教，可能没有道德；没有道德，也就没有了法律。……最重要的是，法律应该是公正的。人民尊重那些真正正确和公正的法律原则……如果要人们有一种义务感，那么法律必须尽可能地与公正保持一致。……公正不是……看得见的一件什么东西。它不是一时的，而是永恒的。一个人怎样才能知道公正是什么呢？它不是他的智力产品，而是他的精神产品。宗教关心的是人的精神，人凭着这种精神就能认识到什么是公正。

妇女们已经获得了自由，同时也承担了与其对等的义务。如果她们履行了自己的义务，她们的平等权利就不仅仅是一种绝对正义的事情，而且还是一件能为人类带来巨大利益的事情。在她们的所有义务中，首要的是在国家中保持和睦健康的家庭生活。对这个重要的义务来说，所有其他的利益都是从属的。

但是这些差别没有一条可以作为妇女屈从男子的理由。女子的感觉和男人一样敏锐，思维和男人一样清晰。她们在自己所擅长的领域内工作的价值和男人在自己所擅长的领域内工作的价值是同样的。她们有和男人一样的权利去争取自由和充分发展自己的个性。女子结婚时，她不是成了丈夫的仆人，而是丈夫的平等配偶。如果丈夫的工作在社会生活中更加重要，那么她的工作在家庭生活中也就更加重要，谁也离开不了对方，任何一方都不应在另一方之上，他们是平等的。

延展阅读

《家庭故事》

这本书是丹宁勋爵的自传，向读者全面展示了作者本人的奋斗历程，非常值得一读。在书中，丹宁勋爵谈到了自己的哲学：实现公正、法律下的自由和相信上帝。在他眼中，所谓公正，就是不让天平歪向任何一边，在考虑个人利益的时候，也必须考虑国家和社会的利益；所谓自由，就是每一个守法的公民在合法的时候不受任何其他人干涉，想其所愿想、说其所愿说、去其所愿去的自由；所谓相信上帝，其实是丹宁的一种道德观，他认为虽然宗教、法律和道德是可以分开的，但它们不是互不搭界的，没有宗教可能没有道德，没有道德也就没有了法律。

《开放社会及其敌人》

〔英〕卡尔·波普尔　著

本书可与乔治·奥威尔的《动物农庄》和《1984》相提并论，堪称最伟大的政治思想经典著作之一。哲学家德特·马林曾说，几乎不曾有过任何一部比《开放社会及其敌人》更为宏大的、反对那些20世纪暴行之基础的思想作品。

推荐版本：中国社会科学出版社　陆衡、郑一明译

关于作者

卡尔·波普尔（1902—1994），英国著名犹太哲学家和思想家，证伪主义创始人，被西方学界誉为“开放社会之父”，1964年获英国女王授予的爵士头衔。

卡尔·波普尔出身于维也纳一个中产阶级家庭，其父西蒙·西格蒙德·卡尔·波普尔是维也纳大学法学教授，并有一座藏书约14000卷的私人图书馆。

1919年，波普尔对马克思主义产生了兴趣，随后，他加入了奥地利共产党。虽然没过多久，波普尔对马克思提出的历史主义和暴力革命理论大失所望，但马克思主义对他的一生，包括他提出的“有节制的自由主义”都有相当大的影响。

1922年，波普尔开始学习数学和物理，并获得博士学位。之后他一直在中学任教，期间完成了《科学发现的逻辑》。本书首次提出了以波普尔著名的证伪主义作为区分“科学”与“非科学”的标准，并对

心理主义和逻辑实证主义进行了批判。

1937年德奥合并之后，波普尔被迫迁往新西兰，并担任坎特伯雷大学哲学讲师。其间，他完成了《历史决定论的贫困》和《开放社会及其敌人》，前者在1944年哈耶克主编的《经济学》上发表，后者于1945年在英国出版，并首次提出民主社会的“三大悖论”——民主悖论、宽容悖论、自由悖论。这两本书使他获得了国际性的声誉。1946年，伦敦大学经济学院授予波普尔高级讲师的职称。

在西方，从科学家到文史哲界的专家，从政界要员到财界“大腕”，无不深受波普尔学说的影响。波普尔为科学、哲学的发展作出了巨大贡献。他的证伪主义、对科学主义和逻辑实证主义的批判，使人们对“科学”与“非科学”有了全新的认识；在政治上，他拥护民主和自由主义，并提出一系列社会批判法则，为“开放社会”奠定了理论基础。

荐读理由

《开放社会及其敌人》初版为1945年，其后马上成为哲学类图书中的畅销书，被译成多种文字，影响深远。在这部巨著中，波普尔把笔墨集中于对柏拉图、黑格尔和马克思三位思想家的社会政治哲学的批判上，认为正是他们的思想构成现代极权主义的来源，但对于“开放社会”究竟是什么，却很少正面提及，更没有加以系统说明。

在波普尔看来，开放社会是好的社会。按照波普尔的归纳，开放社会是一个个人主义的社会，其变化和进步是零星的，而不是整体的、全盘的。这样的社会，是多元的、法制的、实行民主的。这样，他几乎把开放社会等同于民主社会、平等社会、自发的社会，不是人工设计的社会，当然也就是好的社会。反之，封闭社会是一个集体主义社会，是人治的社会、乌托邦的社会，其变化是一种整体工程的乌托邦的实现，因而是坏的社会。

对于开放社会的敌人，波普尔从哲学、政治等多个方面进行归纳。从哲学思想上讲，开放社会的敌人有整体主义、本质主义至善论、理性主义、历史主义。从社会的组织形态上说，开放社会的敌人就是一种集体主义的社会。在政治上，开放社会的敌人就是极权主义。开放社会的经济敌人，是大一统的高度中央集权的计划经济。

先睹为快

从未有过不受制约的政治权力，只要人仍保有人性（只要“美丽的新世界”还没有变为现实），就不会有绝对的不受限制的政治权力。只要一个人手中不能积聚统治所有其他人的足够的物质力量，仅此他就必须依赖其助手。即便是最有权力的专制君主，也须依赖秘密警察、仆从和刽子手。这种依赖性意味着，他的权力可能异常巨大，但决非不受制约，他不得不有所让步，使一个集团对抗另一集团。这意味着还有其他的政治力量，除他的力量之外的力量存在，他只有利用或抚慰它们才可行使其统治权。

肉体的创造性和身体的勇气也许并不很难断定，然而心智超群的秘密是批判精神，是心智的独立性，这就导致了任何种类的权威主义也难以克服的困难。一般而言，独裁主义者将选择那些服从、相信并响应他的权威的人。但在这么做时，他必定要选择平庸之辈。因为他要排除那些反叛、怀疑、敢于抵制他的权威的人。从来没有一个权威承认过，思想上大无畏的人，即那些敢于蔑视他的权威的人，可能是最可宝贵的一类人。当然，权威们总是对他们鉴别创造性的能力保持自信。但他们所指的创造性仅仅是快速领会他们的意图，他们永远不可能明白两者之间的不同。

延展阅读

《法律的成长 · 法律科学的悖论》

本书是美国著名犹太法学家、最高法院大法官卡多佐（1870—1938）的代表作。卡多佐的法律思想属于实用主义法学，强调法律的社会目的和社会效果，反对过分注重法律的逻辑。他认为，裁判方法有四种，即逻辑推理、习惯方法、传统方法以及社会学方法。从实用主义哲学出发，卡多佐赞成法官造法，但认为它只是例外；赞成司法审查，但坚持法官必须维护立法机关和行政机关的权威。在本书中，卡多佐回答了法官何以比立法者更能胜任这一任务，即法官的时间比立法者的多，且更能集中精力把原则运用到纷繁复杂的案情中。因此，法官可以更好地逐案调整法律，使之适应社会的变局。

《规训与惩罚》

〔法〕米歇尔·福柯　著

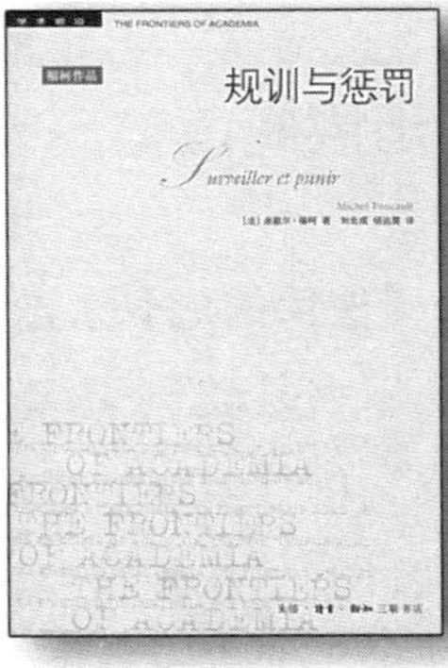

作为20世纪法国最伟大的哲学家之一，福柯的思想备受世人关注。他深刻的见解充满了创造性与独特性，对后世产生了巨大的影响，其中的一个体现即是他在《规训与惩罚》一书中，对权力、权力运行机制以及权力与知识的关系所作的深刻分析。

推荐版本：生活·读书·新知三联书店　刘北成、杨远婴译

关于作者

福柯（1926—1984），法国哲学家和“思想系统的历史学家”，对文学评论及其理论、哲学（尤其在法语国家中）、批评理论、历史学、科学史（尤其医学史）、批评教育学和知识社会学有很大的影响。

青年时代，福柯在高等师范学校就读，受到黑格尔、胡塞尔、海德格尔和尼采等哲学家的影响，对哲学和心理学产生了浓厚的兴趣。然而在大学期间，福柯的生活并不快乐。他患有严重的忧郁症，甚至企图自杀。大学毕业后，福柯受马克思主义的影响，曾短暂加入过共产党，不久便因斯大林统治下的苏联的情况而退出了。他还曾任教师、法国大使。

福柯的主要研究对象集中在权力及它和知识的关系（知识的社会学），以及这个关系在不同的历史环境中的表现。他将历史分化为一系列“认识”，福柯将这个认识定义为一个文化内一定形式的权力分布。对福柯来说，权力不只是物质上的或军事上的威力，当然它们是权力

的一个元素。权力不是一种固定不变的、可以掌握的位置，而是一种贯穿整个社会的“能量流”。福柯认为，能够表现出来有知识是权力的一种来源，因为这样的话你可以有权威地说出别人是什么样的和他们为什么是这样的。福柯不将权力看作一种形式，而将它看作使用社会机构来表现一种真理而将自己的目的施加于社会的不同方式。

对福柯来说，“真理”是运用权力的结果，而人只不过是使用权力的工具。依靠一个真理系统建立的权力可以通过讨论、知识、历史等来被质疑，通过强调身体、贬低思考，或通过艺术创造也可以对这样的权力进行挑战。

20 世纪 70 年代的福柯积极致力于各种社会运动，他运用自己的声望支持旨在改善犯人人权状况的运动，并亲自发起“监狱情报组”以收集整理监狱制度日常运作的详细过程；他在维护移民和难民权益的请愿书上签名；与萨特一起出席声援监狱暴动犯人的抗议游行；冒着危险前往西班牙抗议独裁者佛朗哥对政治犯的死刑判决……所有这一切都促使他深入思考权力的深层结构及由此而来的监禁、惩戒过程的运作问题。这些思考构成了他 20 世纪 70 年代最重要的一本著作的全部主题——《规训与惩罚》。

荐读理由

《规训与惩罚》是福柯的代表作之一，于 1975 年问世。福柯称这部著作为“我的第一部著作”，这可以从“成熟之作”和“领衔之作”的双重意义来理解，但由此也可以看出福柯本人对这部著作的重视。

本书讨论了现代化前的、公开的、残酷的统治（比如通过死刑或酷刑）渐渐转变为隐藏的、心理的统治，以及关于现代灵魂与一种新的审判权力之间相互关系的历史，论述现行的科学—法律综合体的系谱。在这种综合体中，惩罚权力获得了自身的基础、证明和规则，扩大了自己的效应，并且用这种综合体掩饰自己超常的独特性。

本书所考察的惩罚权力的历史包括三个阶段：中世纪末和“旧制度”时期作为王权武器的酷刑；18 世纪末，包括法国大革命时期人道主义的“再现”式惩罚；19 世纪开始的使用现代规训技术的监狱和普遍化的监视。

在书中，福柯提到自从监狱被发明以来它被看作是唯一的对犯罪行径的解决方式。现代社会如同书中的“全景监狱”，一小批看守可以监视一大批囚犯，但他们自己却不被看到。

福柯无意解释罪犯是怎么来的，或是为何会有犯罪的行为等起源或事件发生的原因等问题。他要强调因为某种机制的存在，原本只是要将一群扰乱社会秩序者关起来，然而这件单纯的事情开始被关注。人们开始研究为何这群人这么不同，观察颅骨大小、小时候是否被虐待，开始产生心理学、人口学、犯罪学这些学问，为“罪犯”这个身份附加更多的涵义。在监狱中，狱卒不只是要矫正犯人，还要使犯人认清自己是个罪犯，是拥有偏差行为的“不正常”人。

福柯的权力理论对权力概念的阐述，比通常的政治分析更透彻，更能揭示权力的本质：即在人们司空见惯中发现权力如何渗透进人们的肉体，而人们却毫不自知。因此，福柯通过本书阐释了他对权力理论考察的重心，在于考察不平等和压迫的权力关系是如何被制造出来的，以及分析这些权力关系的维持方法。

先睹为快

由此就产生了全景敞视建筑的主要后果：在被囚禁者身上造成一种有意识的和持续的可见状态，从而确保权力自动地发挥作用。这样安排为的是，监视具有持续的效果，即使监视在实际上是断断续续的；这种权力的完善应趋向于使其实际运用不再必要；这种建筑应该成为一个创造和维系一种独立于权力行使者的权力关系的机制。总之，被囚禁者应该被一种权力局势所制约，而他们本身就是这种权力局势的载体。对于实现这一点来说，被囚禁者应该受到的监督者的不断观察既太多了，又太少了。太少了，是因为重要的是使他知道自己正在受到观察；太多了，是因为他实际上不需要被这样观察。有鉴于此，边沁提出了一个原则：权力应该是可见的但又是无法确知的。所谓“可见的”，即被囚禁者应不断地目睹着窥视他的中心瞭望塔的高大轮廓。所谓“无法确知的”，即被囚禁者应该在任何时候都不知道自己是否被窥视。为了造成监督者的在与不在都不可确知，使被囚禁者在囚室中甚至不能看到监督者的任何影子。按边沁的设想，不仅中心瞭望厅的窗户应装上软百叶窗，而且大厅内部应用隔板垂直交叉分割，在各区域穿行不是通过门，而是通过曲折的通道。这是因为任何一点音响、一束光线甚至半开的门的光影都会暴露监督者的存在。全景敞视建筑是一种分解观看/被观看二元统一体的机制。在环形边缘，人彻底被观看，但不能观看；在中心瞭望塔，人能观看一切，但不会被观看到。

这是一种重要的机制，因为它使权力自动化和非个性化，权力不再体现在某个人身上，而是体现在对于肉体、表面、光线、目光的某种统一分配上，体现在一种安排上。这种安排的内在机制能够产生制约每个人的关系。君主借以展示其过剩权力的典礼、礼节和标志都变得毫无用处。这里有一种确保不对称、不平衡和差异的机制。因此，由谁来行使权力就无所谓了：随便挑选出的任何人几乎都能操作这个机器，而且总管不在的时候，他的亲属、朋友、客人甚至仆人都能顶替。同样，他怀有什么样的动机也是无所谓的，可以是出于轻浮者的好奇心，也可以是出于孩子的恶作剧，或是出于哲学家想参观这个人性展览馆的求知欲，或是出于以窥探和惩罚为乐趣的人的邪恶心理。匿名的和临时的观察者越多，被囚禁者越会被惊扰，也越渴望知道自己是否被观察。全景敞视建筑是一个神奇的机器，无论人们出于何种目的来使用它，都会产生同样的权力效应。

延展阅读

《疯癫与文明》

本书是福柯的博士论文，也是他的成名作，于 1961 年出版。该书共分 9 章，讨论了历史上“疯癫”这个概念是如何发展的。福柯的分析始于中世纪，对各种“疯癫”与当时的人们如何对待“疯癫者”进行了细致的描述和深入的探讨。在福柯看来，种种“疗法”是使用重复的暴行直到“病人”将审判和惩罚的形式内化了。书中福柯对知识进行清洗和质疑，将疯癫——我们当作医学现象的东西变成了一种文明现象。在福柯眼中，疯癫并不是认识对象，而是这种认识本身；疯癫不是一种疾病，而是一种随时间而变的异己感；福柯从未把疯癫当作一种功能现实，在他看来，它纯粹是理性与非理性、观看者与被观看者相结合所产生的效应。疯癫不是一种自然对象，而是一种文明产物。

《法与国家的一般理论》

〔奥〕凯尔森 著

凯尔森是奥地利的著名法理学家，他的“纯粹法学”是新分析实证主义法学中的重要一支，《法与国家的一般理论》作为其代表作，也是北京大学法学院法理学、西方法律思想史等课程的推荐读物。

推荐版本：商务印书馆　沈宗灵译

关于作者

汉斯·凯尔森（1881—1973）出生于布拉格，原籍奥地利，是现代西方法理学界久负盛名的法理学家。1911 年起，凯尔森任教于维也纳大学，曾参加 1920 年奥地利共和国宪法的起草，接下来的 10 年里，凯尔森任奥地利最高宪法法院法官。1940 年开始流亡美国，后加入美国国籍，先后在哈佛大学和加利福尼亚大学执教。

凯尔森的一生都致力于建立并完善纯粹法学，那么，何为“纯粹法学”？凯尔森主张，他所研究的法学是要确定法律的本质，发现各种不同法律制度的共同特征，因为作为一门科学的法学应仅研究实在法律的结构，而不是研究法律与社会、经济、政治和道德等现象的关系。他既反对自然法学，也反对法律社会学，因为只有通过避免使用这两种法学方法的基本立场说明法律的本质，才能揭示法律的本质。

荐读理由

《法与国家的一般理论》是凯尔森迁居美国之后，于 1945 年发表的英文著作，这其实是一本向英语世界的读者介绍他的纯粹法学的著作。从“纯粹法学”的主题思想出发，本书全面地概述了法律、国家以及国际法的理论问题。通过该书，读者不仅可以了解西方一个权威的法学家是怎样理解法律的、他与其他法律思想家是怎样进行论战的，而且也可以了解西方世界法律的丰富知识。

本书对法律和国家的一般理论问题进行了全面系统的阐述。全书分为法律论与国家论两编和一个附录。第一编论述了法律的概念、法律权利和法律义务、法律责任等有关法律的基本问题；第二编论述了国家和国际法的基本概念和原理；附录《自然法学说与法律实证主义》一文是他从哲学、心理学角度阐述西方法律哲学中的两大对立派的对比。

在第一编“法论”中，凯尔森把法律理论分为静态法理论和动态法理论两个部分：前者将认识的对象指向静态的法律规范，其主要任务是研究法律的定义以及法律理论的基本概念，从静态中把握法律的性质；后者的主要内容是研究动态中的法律，即法律的创造和适用过程，借此以发现法律体系的结构，即法律规范之间的动态联系。

凯尔森认为，法律是“人类行为的强制性规范秩序”，即法律首先是一种人类行为的秩序；其次，这是一种强制秩序；最后，法律还是一种规范秩序。而法律是由法律规范构成的，那么，什么又是“法律规范”呢？直观地讲，凯尔森的法律规范定义意味着：法律规范与法律创制者的意志紧密联系在一起；但是，创法者的意志一旦成为法律规范，它就可以独立于创法者个人而存在，具有法律规范的普遍效力。即使创法者不再存在，他们当初创制的法律规范仍然具有法律的效力。

而凯尔森的法的动态理论，体现了西方法学界对法律运行过程中的一个核心问题的关怀，那就是“合法性”问题。在纯粹法学中，“合法性”由“效力理由”代替，凯尔森认为，正是效力理由构成了法律规范之间的逻辑联系。举个简单的例子：对于官员的任何一个强制行为，如罚款或拘禁，当事人都可能质问道：我凭什么要服从你？官员回答说，这是由一条个别法律规范规定的。那么当事人继续问：我为什么要服从这个规范？回答是，它是依据人大制定的刑法中的一条一般法律规范创造出来的，而刑法从宪法那里获得其效力。如果我们进一步追问宪法的效力理由，是否要探究到历史上的第一部宪法？对此，凯尔森认为，我们不可能再以更高的实在法规范为答案了，回答只能是一条假设的规范，即凯尔森所称的基本规范。按照纯粹法学的“纯粹性”的要求，法律规范的效力理由不能用道德或社会事实来加以论证，而只能由另一规范来论证。为了避免无穷地追问下去，只能在某一点上停下来，假设一个作为整个国家法律制度最终效力理由的规范，这就是基本规范。合法性问题或效力理由问题，是西方法理学的核心之一。自然法学认为法理规范的效力理由是其合道德性，只要它符合正义标准，它就应该得到人们的遵守和服从。而法律社会学认为，一条法律规范，只要在社会生活中有实效，它就是合法的。凯尔森把法律和法律规范的效力归结为其他规范的授权，与其道德性或社会性无关，我们将这种效力观称为“体系效力观”。

在第二编“国家论”中，他否定传统学说中将法律和国家当作两种不同现象的二元论观点，代之以国家和法律同一的一元论。他认为，国家即法律秩序。一群人之所以构成国家这个共同体，就在于他们的行为是由一个法律规范体系所调整的。他把纯粹法学理论等同于纯粹的国家理论。他反对传统的三权分立学说，认为国家的基本职能不是立法、行政和司法三种，而是法律的创立和适用，这两种职能既不平等，其界限也不是绝对的。他主张按公民同法律秩序的关系把国家划分为民主和专制两种。民主意味着国家的法律秩序中所代表的“意志”符合国民的意志。专制指国民被排除在法律秩序的创立之外，法律秩序和人民意志毫无协调的保证。他反对绝对主权理论，认为国家主权原则具有相对性，一国的法律秩序不应该违反国际的法律秩序，只有服从国际法的国家政权，才是唯一的有主权的政权。凯尔森的政治法律思想广泛流行于欧美各国，至今仍有较大影响。

先睹为快

一个抱有民族主义和帝国主义政治态度的人，将自然地倾向于接受国内法的首要地位的假设。一个对国际主义同和平主义抱有同情的人，将倾向于接受国际法的首要地位的假设。

当我们把一个具有疏忽性质不作为的不法行为与一个构成应受罚不作为的不法行为比较一下，上面这一点就清楚了。有一个在湖边玩耍的孩子落入湖中并被淹死，同孩子在一起的母亲并没有行使必要的注意，因为她愿意摆脱开这个孩子。她清楚地预见到事件的可能性并且恶意地意图这件事发生。这就是一种“过错”或应受罚的情况。在另一种情况下，发生了同样的事情，但是母亲之所以放弃了必要的注意，并不是因为她愿意孩子死，相反地，她爱这个孩子；而却是因为在那紧要关头，她正在看一本侦探小说里紧张的一节而忘记了外面的情况。这就是疏忽的情况。……她的不法行为在于没有料到意外事件的可能性和没有做防止这种事件所必要的行为。……如果绝对责任在于：对一个行为附加制裁而不管这一行为的有害结果是否已由行为人所预料或意图达到，纵使在不法行为人的精神状态及其行为的有害结果之间并无心理学关系，但仍要使不法行为人受制裁，那么，对疏忽而犯不法行为附加制裁就构成了一种绝对责任。

延展阅读

《法律与革命》

本书是哈佛大学教授哈罗德·J. 伯尔曼（1918—2007）集 40 年

心血写成的一部力作，着重研究“西方法律传统”的形成因素。该书分为两部，第一部论教皇革命与教会法，第二部论西方世俗法律制度的形成，包括封建法、庄园法、商法、城市法和皇家法。作者在一幅巨大画布上描绘了西方法律传统形成与演变的全景图。细节刻画精细，整体气象恢宏，融制度与观念于一体，对西方法律传统的特质、它与社会之间的关系以及它所面临的严峻危机均有精辟的论述，并对马克思主义、马克斯·韦伯学说进行了独到的评论。该书不仅是法学界人士的必读书，对于哲学、历史学、社会学、宗教学、文化学等领域的读者也大有裨益。

《法理学：法律哲学与法律方法》

〔美〕博登海默　著

本书自引进国内后即成为学者们竞相引用的著作，被多所大学法学院列入本、硕学生的必读书单，是法律爱好者不可不读的一本法理学著作。

推荐版本：中国政法大学出版社　邓正来译

关于作者

德裔美籍法律哲学家博登海默（1908—1992）是综合法学的一位杰出代表。他1908年出生于柏林，在海德堡大学获博士学位后，于1933年移民美国并在华盛顿大学研习法律。43岁时任犹他大学和芝加哥大学法学院教授，后被聘为加利福尼亚大学荣誉教授，其主要研究领域为法哲学，并成为“统一法学”的代表人物。《法理学：法律哲学与法律方法》是其最为重要的一部著作。博登海默强调，建立统一法理学是时代的需要和法哲学进化的必然趋势，并对此进行了历史和逻辑的论证。他主张整体论的研究方法，把法律看作秩序要素和正义要素的统一，追求法律价值的和谐和平衡。

在此，照例要首先介绍一下何为综合法学。

综合法学又称统一法学、一体化法学，是第二次世界大战以后在欧美出现的一股法学思潮，它主张各主要法学流派应捐弃前嫌，放宽视野，走出狭隘而博采众长，以建立“适当的法理学”。其代表人物包括美国法学家霍尔、德国法学家博登海默、澳大利亚法学家斯通等人，其他学者如伯尔曼等人亦或多或少倾向于建立综合法学。

20世纪三四十年代之后，西方社会进入了一个矛盾高发时期，各种错综复杂的社会矛盾表明，任何一种学说均不可能解决一切问题，西方世界迫切需要一种新的覆盖面更广、包容性更强的法哲学理论，来对资本主义的社会现实作出较为合理的论证和说明，而综合法学适应了这一需求。因此，它首先是西方社会矛盾的产物。另一方面，综合法学正是法学家开放的、多向的、多维的、动态的思维方式的产物，在这一意义上，综合法学代表了西方法哲学发展的最新学术倾向。

荐读理由

《法理学：法律哲学与法律方法》一书分为三个部分。第一部分为西方法律哲学的历史导读，第二部分分析法律的性质与作用，第三部分阐述法律的渊源和技术。

在第一部分中，博登海默按年代顺序对古希腊至20世纪70年代的西方各派法学思想作了介绍。但这种介绍大部分是描述性的，除了“结论性意见”这一节以外，博登海默几乎没有根据自己的法哲学思想对各思想流派作出批判性评价，原因在于他认为“出版此书的目的之一是为了教学，因此，把对伟大的法律思想家们所作贡献的评价留作课堂讨论也许更为恰当”。博登海默对从柏拉图到霍尔各家代表性的观点进行介绍时，关于每一个人物的言语虽然不多，但颇能显示该家思想的实质和精彩之处。在对法哲学的发展进行历史回顾之后，在“结论性意见”一节中，全面阐述了其建立综合法理学的主张。在博登海默看来，大量的社会因素、经济因素、心理因素、历史因素和文化因素以及许多价值判断，都会影响和制约法律的制定和执行。尽管某种社会力量和正义思想可以对某一特定历史时期的法律制度产生特别强大的推动力，但从总体上讲，无论根据某个独特的社会因素（如权力、民族、传统、经济、心理、种族等），还是根据某种专门的法律理想（如自由、平等、安全、人类幸福等）来分析和解释法律控制，都是不全面的。

博登海默认为，19 世纪和 20 世纪都忽视了法理学的一个重要方面，即对法律的基本性质及法律秩序所应当追求的基本目标和价值进行哲学分析，所以他在本书的第二部分致力于对这一重要的法律思想领域进行讨论。他首先对法律的秩序要素和正义要素作了详尽而深刻的阐述，并在此基础上指出了法律与权力、行政、道德、习惯等其他社会控制力量之间的区别，最后还对法治的利弊进行了分析。

在讲到秩序要素时，博登海默认为，在自然界，尽管存在着某些无序现象，但总体而言，常规性压倒了脱轨性，规则压倒了例外，秩序压倒了无序；同样，在人类生活中，有序的生活方式总是要比杂乱的生活方式占优势。凡是在人类建立政治或社会组织单位的地方，人们都力图防止不可控制的混乱现象。为了说明作为社会控制力量的法律在创造与维持秩序方面所发挥的作用，博登海默设想了两种极端的社会模式：无政府状态与专制政体。在无政府状态下，私人权力得不到制约，而专制状态下，统治当局的权力又得不到限制。无论私人权力还是公共权力，如果得不到限制，将会变成专断的权力，并导致社会处于无序状态。而只有法律方法才能预防这种情况，法律在本质上是对专断权力行使的一种限制，它同无政府状态和专制政治都是敌对的。法律通过把秩序与规则性引入私人交往和政府机构运作之中的方式而在无政府状态和专制政治这两种极端形式之间维持一种折中或平衡，从而排除了私人和政府专制地或暴虐地行使权力的可能性。使社会保持有序状态正是法律的功能之所在。

为了预防某个政权运用不合理的规则，我们必须关注成百上千个规则、原则和标准的公正性与合理性，这就需要求助于正义观念。正义的关注点是满足个人的合理需要和主张，并与此同时促进生产进步和提高社会内聚性的程度，因为这是维续文明的社会生活所必需的。

如果一个法律制度适合于实现这个目标，我们才能说这个法律制度是正义的，或者说法律具有正义性要素。追求正义是法律的实质性目的。

博登海默在分析了法律的两个基本要素后得出结论：法律是秩序和正义的综合体，二者不可分割，秩序的维续在某种程度上是以存在着一个合理的、健全的法律制度为条件，而正义需要秩序的帮助来发挥它的一些基本作用。一句话，法律旨在创设一种正义的社会秩序。

至于法治的利弊，博登海默认为，法治有三利：一是有利于人的创造性的开发，二是促进和平，三是调整相互冲突之利益。尽管法律有着很大的作用，但也存在着某些弊端。如果我们对这些弊端不予以足够重视或完全视而不见，那么就会发展成为严重的操作困难。这些弊端表现在三个方面：一是法律具有保守性倾向，因此法律在处理社会危机时，往往力不从心；二是法律规则具有某种僵化性，因此在解决每个个案时会带来困难；三是由于法律具有规范控制的功能，在某些历史条件下可能会把管理变为强制、把控制变成压制。最后，博登海默得出结论：真正伟大的法治应是这样一种法律制度，它能够将僵硬性与灵活性予以某种具体的、有机的结合，在这些法律制度的原则、具体制度和技术中，它们将稳固连续性的效能同发展变化的利益联系起来，从而在不利的情形下也可以具有长期存在和避免灾难的能力。当然，这种制度的建立并非易事，这既需要政治家的敏锐目光，也要求法官进行长期有效的训练，同时还不能忽视社会政策和正义的要求，只有在几个世纪法律文化的缓慢发展过程中，才能完善这些条件。

在第三部分“法律的渊源和技术”中，博登海默认为法律与法律渊源存在着差别，而且承认法律有正式和非正式两种渊源。所谓正式渊源，是指那些可以从体现为权威性法律文件的明确文本形式中得到的渊源，主要包括宪法、基本法律、行政法规等。所谓非正式渊源，是指那些具有法律意义的资料和考虑，这些资料和考虑尚未在正式法律文件中得到权威性的或至少是明文的阐述与体现，如法理学说、公平正义观念、道德信条、社会普遍承认的价值等。审理案件时，法官应首先适用正式渊源，只有当正式渊源完全不能解决案件时才适用非正式渊源。

而关于法律与科学方法，博登海默认为，概念乃是解决法律问题不可缺少的工具。没有概念，我们就无法以一种易懂明了的方式把对法律问题的思考传达给他人。然而，面对具体案件的时候，一个在平时看来很清晰的概念，有可能变得非常模糊，这就需要求助于法律解释。司法中运用的推理方式主要有分析推理和辩证推理。分析推理又包括演绎推理、归纳推理和类推推理。在某些疑难案件中，价值判断起着重要的作用，但需要注意的是价值判断通常被融合进了作为审判客观渊源的宪法规定、法规以及其他种类的规范之中。法律制度的主要目的在于确保和维护社会机体的健康，从而使人们过上有价值和幸福向上的生活，因此，法律工作者的地位好比“社会医生”，他们的工作直接关系到法律终极目标的实现。法律工作者不应只是一个法律工匠，仅知道审判程序和精通实在法的专门规则，而应同时也是一个具有文化修养和广博知识的人士，这样才能称得上第一流的法律工作者。法律教育的目的就是培养这样的人才。

先睹为快

有一种平等乃是法律这个概念所固有的。我们曾在前面的节段中指出，如果没有规则，就不会有真正的法律秩序，尽管一个法律制度的重要意义并不只在于颁布与执行规则。法律规则把人、物和事件归于一定的类别，并按照某种共同的标准调整它们。例如，一条大意为父母一方必须为其监护的孩子提供抚养费并资助其接受教育的成文规则，对该规定所涉及的所有父母都设定了一套一致的义务。人们期望，该规则将被一视同仁地适用于所有属于其效力范围之内的情形。在这一先决条件下，该规则促进了有关父母间的待遇平等。他们中的所有人都受某些义务的约束，尽管支付抚养费义务的实际范围会因不同情形而发生变化。由于所有社会都遵守规则或一般标准，所以通过实施规范制度，某种少量的平等在各地都可以得到实现。

从而可以认为，法律平等所意指的不外是“凡为法律视为相同的人，都应当以法律所确定的方式来对待”。恰如人们能很容易发现的，法律规则的一方面，并未包含预防采用专断的或不合理的分类的内在措施。如果一个立法机关通过了一项规定：左撇子不具有资格担任公职，那么只要根据公正的客观现实来实施该法律，并使所有具有该类特征的人都不具资格，形式上的平等便会得到维护。

延展阅读

《法理学问题》

美国当代著名法学家、法律经济学的代表人物理查德·波斯纳著。作者在书中对法理学的本体论、认识论、法律解释与法理推理、实质正义等法理学的基本问题作了分析与质疑，认为世界上不存在“法律推理”这种东西，法律是功能性的。该书将当代的许多哲学发展纳入了法理学讨论，从根本上改变了先前法理学的模式，更新了法理学。波斯纳提出的实用主义的法理学在某些人看来具有某种后现代的意味，尽管他并不是后现代主义者。

《正义论》

〔美〕约翰·罗尔斯　著

罗尔斯《正义论》的目标是重建社会的价值观念和体系，将正义作为一种价值来考虑和追求，并将正义与法治相联系，对当下中国社会有着重要的参考意义。此书是北京大学法学院经济法、宪法、法理学、行政法与行政诉讼法等课程的必读作品。

推荐版本：中国社会科学出版社　何怀宏、何包钢、廖申白译

关于作者

约翰·罗尔斯（1921—2002），美国当代著名哲学家、伦理学家。早年就读于普林斯顿大学哲学系，毕业后入美国陆军服役，参加过太平洋战争。战后重返普林斯顿，于1950年获博士学位并留校任教。1953年起先后在康奈尔大学、麻省理工学院任教，1962年进入哈佛大学任教。

《正义论》是罗尔斯最具代表性的著作，为此他花了近20年的时间，一出版即引起轰动。这本书中的正义理论主要探讨的是社会正义的问题，要想深刻地理解此书，有必要对美国20世纪五六十年代的社会状况进行了解。

20世纪30年代的经济大萧条结束后，美国经济发展迅速，但出现了严重的社会问题，如麦卡锡主义、种族歧视、民权运动、越战等等，国内到处都是动荡和危机，使美国人的价值信仰几乎崩溃，对原有社会制度的合理性产生了怀疑，传统学说在青年一代眼中尤其苍白无力。

在政治学和伦理学的研究领域，进入20世纪后，实证的和分析的研究方法大行其道，学者们只注重概念和逻辑的定义、推演，形式化的研究无力解决现实社会中的观念冲突，而古典理论通常被看成是守旧的、虚幻的，或被功利主义所取代。罗尔斯正是在这样一种社会矛盾重重的情况下提出了自己的正义理论。重要的是，他的正义理论强调的是社会正义，涉及面很广，与哲学、伦理、经济、道德、法学等都有关系，《正义论》因此波及整个学术界，得到广泛的关注。

荐读理由

正义的概念在西方社会自古希腊时代就一直在被探讨着，主要被当作一种行为的评价标准，尤其是在古代和中世纪社会，多从哲学的角度进行研究。而罗尔斯认为，应当重新从主体论的角度，把正义作为一种价值来考虑和追求。他主张正义首先应是社会的正义，因为只有在社会制度的基础上，才能决定个人行为是否具有道德合理性。换句话说，在一个荒无人烟的小岛上，鲁滨孙讨论正义的价值是微乎其微的。在这里，正义的原则就应当是避免制度造成的不平等，同时也要调节天生不平等的影响。总之，罗尔斯的正义，首先是为了公平的正义。

那么，要公平地兼顾各种各样的因素，制定出一个正义的制度，就要对这些因素作一个衡量，以决定先后顺序。每个人的价值观不同，该如何排序呢？罗尔斯提出，自然状态下的社会契约实际上是不存在的，人在特定的社会地位上生活就自然受所处环境的影响形成了偏见，而为了回到原初状态以使得任何被一致同意的原则都可被认作是正义，就需要消除人的各种偏见。在这里，罗尔斯提出了他最著名的“无知之幕”的假设：他假定在一个无知之幕的背后，人们不知道作出的选择对自己未来有何种影响，因此不得不仅仅在一般考虑的基础上作出

“公正的选择”。而在这个原初状态下的无知之幕背后达成的协议，并非要论证某一种社会状态或社会制度的合理性，而是要确定建立社会基本结构和基本制度的原则，也就是确定正义的原则。罗尔斯提出，正义的原则有两条：

第一条原则：每个人对与其他人所拥有的最广泛平等的基本自由体系相容的类似自由体系都应有一种平等的权利。

第二条原则：社会和经济的不平等应这样安排，使它们被合理地期望适合于每一个人的利益；并且，依系于地位和职务向所有人开放。

这里，第一条原则实际上就是自由平等的原则，第二条原则是机会平等原则和差别原则的结合。且这三个原则的地位不同，从后到前依次提高，自由平等原则最为重要。而这两条原则分别适用于基本的自由权利领域及收入与财富分配领域。在此，罗尔斯提出了他的著名论断：“所有的社会基本善——自由和机会、收入和财富及自尊的基础——都应被平等地分配，除非对一些或所有社会基本善的一种不平等分配有利于最不利者。”

上述正义概念及其原则只是理论上的探索，要在现实社会中加以适用，还需要针对具体的问题，提出具体的原则。由于正义首先是社会制度的正义，概念的正义就要从社会制度入手来展开。罗尔斯对此提出了正义体现在社会之中所需的四个步骤：

第一步，原初社会阶段。这时的正义是“无知之幕”下的正义。

第二步，立宪会议阶段。在此，要为政府和公民的权利设计一种制度，以便能够落实正义两原则。重点是确立一部规定确保产生正义结果的正义程序的正义宪法。

第三步，立法阶段。在各种法律的制定过程中，人们容易在各种问题上发生分歧，因此必须运用差别原则来搜集信息、精确考量。罗尔斯认为，前一阶段主要适用自由平等原则，而这一阶段主要适用机会平等下的差别原则。

第四步，官员运用已制定的规范，公民遵守这些规范的阶段。

这四个步骤，罗尔斯认为就是正义原则被适用过程的四阶段，在此过程中，“无知之幕”逐渐消退，人们获得知识的可能性越来越大。尤其是在第四阶段即我们所处的现实社会，每个人都有着自己独特的正义观，如何继续保证正义？其实，在立宪会议阶段，通过确认正义宪法，已经确认了程序正义。而只要坚持遵守宪法和程序正义，那么就可以实现法治，或者说是一种形式正义。至于法治，也有着自身的正义准则：法律应当具有可行性、一致性、公开性以及司法程序的正当性。

在罗尔斯看来，这些原则和准则最终是和自由相联系的。自由可以说是制度规定的权利和义务的集合体。当一个人可以自由地去做某事时，即意味着其他人负有不加干涉的义务。罗尔斯的正义理论无疑是一个严谨的逻辑体系，从“无知之幕”下的原初状态到最终的法治状态，自由始终是最大的目的，而实现自由的主要方式就是时时刻刻地保持平等。法治的准则只是正义原则的具体延伸而已。

先睹为快

我现在将以一种暂时的形式，陈述我相信将在原初状态中被选择的两个正义原则。我希望在这一节中仅做出最一般的评论，因此，对这些原则的首次概括只是尝试性的。随着我们的继续行进，我将提出好几种概括，一步一步地接近那个将在书较后地方提出的最后陈述。我相信这样做将使阐述以一种自然的方式前进。

两个原则的首次陈述如下：

第一个原则：每个人对与其他人所拥有的最广泛的基本自由体系相容的类似自由体系都应有一种平等的权利。

第二个原则：社会的和经济的不平等应这样安排，使它们①被合理地期望适合于每一个人的利益；并且②依系于地位和职务向所有人开放。

在第二个原则中有两句含糊的短语，即“每一个人的利益”和“平等地对所有人开放”。要确切地阐述它们的意义将引出在第 13 节中对这一原则的第二个概括。两个原则的最后陈述将在第 46 节中给出，而在第 39 节就要推出第一个原则。

一般来说，如我所述，这些原则主要适用于社会的基本结构。它们要支配权利与义务的分派，调节社会和经济利益的分配。正如这些原则的公式所暗示的，这些原则预先假定了社会结构能够划分为两个大致明确的部分，第一个原则用于第一个部分，第二个原则用于第二个部分。它们区别开社会体系中这样两个方面：一是确定与保障公民的平等自由的方面，一是指定与建立社会及经济不平等的方面。大致说来，公民的基本自由有政治上的自由（选举和被选举担任公职的权利）及言论和集会自由；良心的自由和思想的自由；个人的自由和保障个人财产的权利；依法不受任意逮捕和剥夺财产的自由。按照第一个原则，这些自由都要求是一律平等的，因为一个正义社会中的公民拥有同样的基本权利。

第二个原则大致适用于收入和财富的分配，以及对那些利用权力、责任方面的不相等或权力链条上的差距的组织机构的设计。虽然财富和收入的分配无法做到平等，但它必须合乎每个人的利益，同时，权力地位和领导性职务也必须是所有人都能进入的。人们通过坚持地位开放而运用第二个原则，同时又在这一条件的约束下，来安排社会的与经济的不平等，以便使每个人都获益。

延展阅读

《自然法和自然权利》

此书的作者约翰·菲尼斯与罗尔斯一样，也是新自然法学的重要代表人物，此书是他的代表作，菲尼斯在书中将法哲学和伦理学、社会理论以及政治哲学紧密地融为一体。此书第一编回顾了一个世纪以来的分析法理学，阐明所有描述性社会科学对理论家评价的依赖。自然法理论是对这类评价进行充分批判的基础。这部分还就当代对自然法的典型反对意见进行了评论，指出其存在严重的误解。第二编在十个精心建构的章节中就这些方面展开叙述：基本的人类的善和实践理性的必要条件、共同体以及“共同的善”；正义；权利话语的逻辑结构；人权的基础、具体要求和限度；权威以及由非权威人员和程序制定的权威性规则；法律、法治、实践理性原则中推导出法律；法律和道德义务之间的复杂关系；由非正义的法律产生的实践和理论问题。最后一编对“自然法”“自然神学”以及“启示”（道德关怀）和其他“终极问题”之间的关系提出了颇为有力的主张。

《美国最高法院史》

〔美〕伯纳德·施瓦茨　著

美国联邦最高法院作为美国三权分立制度下的最高司法权持有者，其诸多判决成为美利坚发展史中至关重要的一个组成部分，而施瓦茨的《美国最高法院史》被评为当下最好的单卷本。此书也是北京大学法学院宪法、外国法制史等课程的推荐读物。

推荐版本： 中国政法大学出版社　毕洪海、柯翀、石明磊译

关于作者

伯纳德·施瓦茨（1923—1997），当代美国法学界的著名学者，纽约大学法学院最负名望的教授之一，他曾执教纽约大学法学院45年，去世前被评为塔尔萨大学查普曼杰出法学教授。

施瓦茨被公认为行政法、比较法学、法律史和宪法方面的权威。一生著述有60余部，文章无数，其中最为著名的是关于美国最高法院和最高法院大法官的著述，其中堪称力作的是五卷本的《美国宪法论集》。他所著的《人类的伟大权利：美国民权史》《行政法》等著作亦颇具权威性，其著作《沃伦首席大法官和沃伦法院》在美国法学界受到普遍好评。

荐读理由

美国何以成为当今世界唯一超级大国？传统观点无非是从天时地利、丰富资源、精英移民等角度来解释，而其中非常重要的一个条件

就是美国有着一个适应其建立与发展的政治制度——三权分立制度。随着人类思想的进步与发展，“议会至上”与“立法至上”的理念受到了挑战，政府权力也逐渐由集中走向分立。18 世纪伟大的法国思想家孟德斯鸠提出了立法、行政与司法的“三权分立”思想，并在美国得到较为系统的实施。如果议会至上代表了民主主义的思维，那么三权分立则代表了自由主义思想，因为根据孟德斯鸠的原意，三权分立的目的是为了防止政府侵犯公民的个人权利，除此之外，议员也可能犯错，议会也可能制定错误的法律，因而有必要受到其他权力的制衡，且这一思想渗透了美国的制宪过程。

而具有直接宪法基础的美国联邦最高法院，是“三权分立”中的重要一方，与其他议会制国家不同的是，在美国法院早期发展历程中，通过“马伯里诉麦迪逊”等数件具有历史影响的大案，联邦最高法院确立了对立法的司法审查权，实现了对立法权的宪法控制。

联邦最高法院的司法审查权，一直是美国学界和政界有争议的话题。有学者甚至断言，由于违反民主原则，最高法院会因行使司法审查权而被美国人民最终抛弃。对此，美国著名宪法学者伯纳德·施瓦茨在其著作《美国最高法院史》一书中，以历史笔法和法律现实主义态度取代了法理分析，重现最高法院 200 多年的司法之旅，通过对不同时期最高法院工作与生活的对比，有力地证明最高法院是一个政治机构，司法审查权作为改革工具，推动了社会的发展，对最高法院司法审查权的合法性作出了肯定的回答。

那么，何为司法审查？

施瓦茨在此书的导言中写道，最高法院首席大法官约翰·马歇尔告诉我们，司法机关职责的真正本质就是判定法律是否合宪的权力。我们常说，宪法是一个国家的根本大法，但是司法实践中宪法的实用性往往处于一个十分尴尬的境地。而司法审查赋予宪法以“最高法”的实践权威：对立法机关所制定的法律，司法机关有权对其进行“合宪性审查”，如果该法律（无论是草案还是已生效的法律）被判定为

“违宪”，则司法机关可以判定该法律无效。纵观西方宪政史，宪法的效力是和司法审查紧密联系在一起的；没有司法性质的机构对立法进行独立与中力的审查，宪法条文和精神的落实就完全取决于立法机构的意愿，法治也就不可能真正上升到宪政。

与其说本书是美国最高法院史，毋宁说这是一本介绍美国司法审查从无到有，直至深入民心的历史。1803 年的马伯里诉麦迪逊案确立了最高法院的司法审查权，如果不是首席大法官马歇尔以其智慧为美国最高法院“窃取”了司法审查大权，现代美国民主制度演变以及最高法院的历史恐怕也要改写。由于掌握司法审查权，美国最高法院才有机会从最初一个不起眼的司法机关逐渐成长为能够有效制约立法和行政机关权力的独立力量，并塑造现代美国民主政治分权制衡原则的基础。可以说，司法审查权伴随了最高法院成长过程的始终。

不仅如此，在考察最高法院及其司法审查历史的过程中，施瓦茨从不纠缠于案例、法理上的分析和论证，而更注重考察最高法院与社会发展本身之间的互动关系，以及因此带来的自身演变。南京大学的颜廷博士曾在一篇文章中写道：“（美国）最高法院并不仅是国家宪政的符号，其成长过程也并不仅意味着案件的判决、司法先例的累积及有关司法审查权的争吵。在背后还有着更深层次的东西，那就是最高法院的判决必须反映着社会需要、遵循时代诉求。作为一名法学家，施瓦茨跳出了美国宪法研究就法言法的传统窠臼，强调从社会的视野看法律，开拓了从历史的视角研究宪法的方法。”

在施瓦茨的笔下，美国最高法院的历史不再只是有关司法判例堆积和宪法法理演变的枯燥说教，而是鲜活的、立体的历史。在他看来，工作方式的变化、工作环境和办公条件的改善、不同时期的人事变动、历任首席大法官的领导能力和个人魅力，甚至是大法官之间的工作争吵才构成了最高法院的生活，看似琐碎的生活细节构成了最高法院真实可感的立体画卷。

施瓦茨以首席大法官的更替为界线划分历史阶段，因为首席大法官的意志常常反映这个最高法院大法官团队的整体倾向。例如，1801—1835年是约翰·马歇尔任首席大法官，这一时期的最高法院就被称为马歇尔法院。同理，1953—1969年厄尔·沃伦任首席大法官时的最高法院就是沃伦法院。除了有关不同首席大法官领导下的最高法院的章节之外，还有关于四个分水岭案件的章节——这些分水岭案件既突出了最高法院是如何运作的，亦强调了重大判决对整个美国和联邦最高法院自身的影响。以施瓦茨对最高法院及其司法审查权的政治性定位审视最高法院的成长史，人们很容易发现，最高法院和美国社会发展之间的紧密联系，最高法院根据“被感觉到的时代的需要”作出的历次重大判决推动了社会的进步，成为社会发展的镜像。

施瓦茨在书中伴随着美国最高法院的发展史，将不同时期的司法审查权划分为三个主题：第一，联邦与州权、私有财产与公共利益；第二，契约自由与国家干预；第三，反对社会歧视与维护平等、公正。施瓦茨认为，司法审查强劲的连续性和继承性，在于美国联邦最高法院始终坚持以司法判决反映时代需要。不论最高法院在美国社会发展史上曾经扮演了什么样的角色，它始终都是美国社会发展的镜像，折射着不同时期美国的社会现实。与此同时，最高法院自身也发生着变化，由建国之初没有办公场所、毫无司法神圣感的落魄到今天的最高法院手握司法审查大权、扮演着宪法守护神的角色而深受草根社会拥戴，最高法院200多年的自身发展变化始终与其不断增长的宪政地位密切相关，更折射了美国宪政历史的曲折历程。

了解最高法院的历史，就是了解美国的历史，因为最高法院“既是一面镜子，也是一个发动机”。

先睹为快

当然，最高法院必然不只是位居头把交椅的法官。在许多方面，像他们当中某些曾说过的那样，各个大法官就像“9个独立的律师事务所”一样运作。显然，首席大法官沃伦无法以像他作为加利福尼亚州长处理问题那样的方式来对付大法官们。斯图亚特大法官向我明确表示，“我认为，他很早就意识到，当然是早在我1958年来到这里之前，这9个相当傲慢的人不能以加利福尼亚州长告诉其下属做这个或做那个的方式来加以领导或吩咐”。

对任何最高法院来说，斯图亚特大法官所说的都是正确的，但是对沃伦法院的大法官来说尤其准确。耶鲁法学教授弗雷德·罗德尔把20世纪40年代中期的最高法院描述为“一群曾经共同为最高法院增光的、最有才华、最能干的大法官”。那时最高法院的明星是布莱克、法兰克福特、道格拉斯以及杰克逊大法官——曾经任职最高法院的最伟大的大法官中的4个，是杰出的法学家，每一位都具有极强的个性。此外，一方的布莱克和道格拉斯大法官，另一方的法兰克福特和杰克逊大法官，代表了关于最高法院解释宪法之适当角色的性质完全不同的两种看法。由于不断增长的私人仇恨的刺激，他们学说方面的分歧爆发成为最高法院历史上最为剧烈的不和。当沃伦被任命时所有4个人都还在职，不过杰克逊大法官在他能够为沃伦法院法哲学的发展起到重要作用之前就去世了。

延展阅读

《民主的细节》

本书作者刘瑜，生于1975年，曾在美国哥伦比亚大学政治学系和哈佛大学东亚研究中心留学七年，在剑桥大学政治学系任教三年，目前在清华大学政治学系任教。书中用一个个细节画成了一张美国民主政治的素描，如果说自由女神是浓墨重彩，让人心生向往，那么那些吵得没完没了的工会问题、两党选举、医保弊端之类就如那素描上的铅色，时隐时现地告诉全世界人民什么是美国政治。对比中美两国学者对美国政治、法治、民主的认识，相信你会对此有更丰富、更深刻的理解。

《变化社会中的政治秩序》

〔美〕塞缪尔·亨廷顿　著

塞缪尔·亨廷顿是美国当代著名的政治思想家、国际政治理论家，因提出“文明的冲突”观点而闻名世界。本书从宏观上论述不同类型的新兴国家在走向现代化的道路上所遇到的种种问题，该书的出版标志着美国学者对第三世界国家变世求治的研究进入一个新阶段。

推荐版本： 上海人民出版社　王冠华、刘为等译

关于作者

“他是一个学者，是一个使哈佛成为著名大学的学者。”亨廷顿的朋友、经济学家亨利·罗索夫斯基说，“全世界所有的人都研究和辩论他的想法。我相信他无疑是过去50年里最具影响力的政治学家之一。”

塞缪尔·亨廷顿（1927—2008）因提出“文明的冲突”观点而闻名，他是美国当代著名的政治思想家、国际政治理论家。他16岁考入耶鲁大学，两年半后旋即因“成绩特优”毕业，后赴芝加哥大学攻读硕士，1951年，年仅23岁的亨廷顿即获哈佛大学博士学位，并留校任教。他先后在美国政府许多部门担任过公职或充当顾问。曾任哈佛大学阿尔伯特·魏斯赫德三世学院教授，哈佛国际和地区问题研究所所长，约翰·奥林战略研究所主任。曾任卡特政府国家安全计划顾问，《外交政策》杂志发言人与主编之一，美国政治学会会长。

亨廷顿在国际政治方面著述颇丰，一般被认为是持保守观点的现实主义政治理论家。《变化社会中的政治秩序》是其理论的奠基之作。

1991 年，亨廷顿出版了《第三波——20 世纪后期民主化浪潮》。1993 年夏，他在美国《外交》季刊夏季号上发表了《文明的冲突与世界秩序的重建》一文。该文是自 1947 年乔治·凯南《苏联行动的根源》出笼以来，在外交理论界引起反响最强烈、争论最多的文章，立即在国际社会引起强烈而广泛的反响：从华盛顿到北京，从东亚地区到阿拉伯国家，或介绍或评论，或褒扬或针砭，几乎无处不闻回应之声。

1996 年，亨廷顿出版了《文明的冲突与世界秩序的重建》一书，系统地提出了他的“文明冲突论”。除上述著作外，亨廷顿的主要著作还有《难以抉择》《美国政治》《现代社会中的权威政治》《民主的危机》等。

亨廷顿的每一本书都具有不可低估的影响力。他的一些说法已经成为我们的日常词汇。比如“第三波”“文明的冲突”等等，而《文明的冲突与世界秩序的重建》无疑是亨廷顿最震撼世界的著作。

亨廷顿本人也承认国家仍然是冷战后国际政治最重要的行为体，但他指出，以国家为中心的国际政治范式“在整个历史上一直是有效的，但它因此无助于我们理解冷战后的全球政治如何不同于冷战期间和冷战之前的全球政治”。在《文明的冲突与世界秩序的重建》一书中，他引用科学哲学家库恩的话：“一种理论要想被接受为一个范式，必须看上去强于其竞争对手，但它不必要解释，也从来没有解释所有它可能遇到的事实。”

荐读理由

或战或和，欧美少数大国支配或争霸全球形势下的第三世界国家的觉醒、独立以及探索现代化过程的过程，无疑是 20 世纪最富历史意义的现象。《变化社会中的政治秩序》一书就是 1968 年亨廷顿在哈佛大学执教时从宏观上论述不同类型的新兴国家在走向现代化的道路上所遇到的种种问题的专著。

该书的出版标志着美国学者对第三世界国家变世求治的研究进入一个新阶段，立刻产生了巨大的影响，亦使当时年方41岁的作者饮誉学坛。亨廷顿的高徒，因《历史的终结》而闻名的弗朗西斯·福山对该书给予高度的评价："《变化社会中的政治秩序》一书凝注的关于发展中国家的知识广度和分析洞见是惊人的，并确立了亨廷顿作为他同时代人中最杰出政治学家之一的地位。"而丹克沃尔特·罗斯托在《国际事务季刊》中则称其为"对比较政治学和发展研究感兴趣者的必读之作"。

面对20世纪五六十年代第三世界国家的动荡与衰朽，亨廷顿敏锐地指出，其动荡和衰朽的根源不是这些国家的贫困和落后，而是他们致富和发展的欲望。在他看来，经济的发展、集团的分化、利益的冲突、价值观的转变以及民众参与和期望的提供，这些急剧的变化远远超过了政治体制的承受能力，从而导致了社会的紊乱。对此，他有一个形象的比喻："一定要把一个10岁的小男孩催肥成大力士，否则，他是上不了拳击台的。"

在这种观察和分析的基础上，亨廷顿提出了强大政府论，或称为政治秩序论，即欲根除国内政治的动荡和衰朽，这些国家必须树立其强大的政府。所谓强大政府，是指有能力制衡政治参与和政治制度的政府。一个强大的政府应该在完善其政治制度化的速度与扩大群众参与水平之间求得最佳值，实现二者的协调发展。如此，政府才能有效地实施国力资源的开发、社会资源的分配和权力象征的表达等主要功能。

根据这一理论，亨廷顿认为，第三世界多数国家之所以染上了政治不稳定的顽疾，就在于政府在民主呼声和西方榜样的压力下，让政治参与跑到政治制度化的前面去了。亨廷顿指出，基于特殊的历史原因，美国的民主道路是先行扩大民众参与，然后才发生政治现代化的，而欧洲国家的民主化道路恰恰相反。因而，对第三世界新兴国家来说，

“欧洲的历史经验或许更有参考价值”。

运用这一理论，亨廷顿把第三世界国家大致分为传统君主制政体、军人左右局势的普力夺权政体以及革命政体，进而对这几种政体在现代化的改革过程中如何克服不同的困难并利用其独特的有利条件，逐个进行了详尽而深入的分析。关于农民、城市中产阶级、无产劳工、军官团、知识分子在政治参与和政治秩序的纷繁变化中各自扮演的角色，书中也有十分精彩的论述，所引用的史实和例证很有说服力。

虽然本书出版于1968年，但至今仍然是美国和西方各大学现代政治理论系学生的必读教材，想必对于致力于探索出新型现代化道路的中国人来说，亦有启发和借鉴作用。时至今日，尽管本书的作者塞缪尔·亨廷顿已经去世了，但这本书的影响必将持续下去。

先睹为快

20世纪50年代和60年代，急剧增加的政治骚乱和暴力事件席卷全球。据一项统计披露，仅1958年一年就发生了28起旷日持久的游击起义，4次军队哗变和2次常规战争。而7年后的1965年，则有持久的起义42次，军事政变10次，常规战争5次。50年代至60年代，政治动乱也显著增加。1955年至1962年间，发生暴乱和其他不安定事件的频率是1948年至1954年间的5倍。在后一阶段里，84个国家中就有64个不如前一阶段稳定。在整个亚洲、非洲和拉丁美洲，到处可以看到政治秩序在下降，政府的权威性、有效性和合法性在遭到破坏。这些地区缺乏国民士气和公共精神以及能够体现和指导公共利益的政治机构。笼罩在这里的景象，不是政治的发展，而是它的衰朽。

是什么原因造成上述这种暴乱和动荡的呢？本书对此所持的基本论点是：在很大程度上，这是社会急剧变革、新的社会集团被迅速动员起来卷入政治，而同时政治体制的发展却又步伐缓慢所造成的。迪·托克维尔认为："在统治人类社会的法则中，有一条最明确清晰的法则：如果人们想保持其文明或希望变得文明的话，那么，他们必须提高并改善处理相互关系的艺术，而这种提高和改善的速度必须和提高地位平等的速度相同。"亚洲、非洲和拉丁美洲国家的政治不稳定的发生正是由于没有满足这一条件：政治参与的平等提高过快，其速度远远超过了"处理相互关系的艺术"的发展速度。社会和经济变革——城市化，扫盲和教育的提高，工业化，大众媒介的推广——扩大了政治意识，增加了政治要求，拓宽了政治参与面。这些变革破坏了政治权威的传统根基和传统的政治机构；这些变革使得建立政治组合关系的新基础和缔造既有合法性又有效能的新政治机构的问题大大复杂化了。社会动员和政治参与的扩大日新月异，而政治上的组织化和制度化却步履蹒跚。结果，必然发生政治动荡和骚乱。政治上的首要问题就是政治制度化的发展落后于社会和经济变革。

延展阅读

《文明的冲突与世界秩序的重建》

本书分为"一个多文明的世界""变动中的各文明力量对比""正在形成的文明秩序""文明的冲突"和"文明的未来"五部分，对冷战后全球政治的演变作出了解释。震惊世界的"9·11"事件，使亨廷顿的《文明的冲突与世界秩序的重建》一书急剧升温。书中所持观点公允与否，学术界大有争论，但书中对现今世界各种文明的研究和剖析无疑对读者大有裨益。

《认真对待权利》

〔美〕德沃金　著

德沃金是当代美国最著名、最活跃的法理学家之一，他在批判分析实证主义法学的基础上，提出了自己的权利论，强调在法律活动中要认真地对待个人权利。其作品是北京大学法学院法理学、西方法律思想史、英美侵权法、行政法与行政诉讼法等课程的必读作品。

推荐版本：上海三联书店　信春鹰、吴玉章译

关于作者

德沃金（1931—2013），早年毕业于哈佛大学法学院，先进入美国最高法院担任办事员，之后当过律师，从1962年起应邀在耶鲁大学、纽约大学、康奈尔大学任教，曾任牛津大学法学院和纽约大学法学院教授。德沃金的成名是从他对以哈特为代表的法律实证主义理论的批判开始的。

从18世纪到20世纪初的英美法哲学是法律实证主义的世界，其创始人是英国思想家边沁，后经奥斯丁、凯尔森和哈特等人的发展，法律实证主义已成为一个历史悠久、影响很大的法学流派。20世纪60年代初，德沃金开始针对法律实证主义理论发表批判文章，这背后伴随着六七十年代的美国重重社会危机。在越战问题、种族问题、民权斗争等社会运动的影响下，美国整个社会思想领域出现极大的混乱，保守主义者把社会行为的放任自流归咎于自由主义，左翼则指责自由主义不重视财富的再分配和消灭贫困，这场思想的大混战导致了整个社会的思想危机、

信仰危机，延续了几个世纪的西方法律传统也受到了怀疑。

基于对以上社会现象的冷静分析，作为资产阶级学术精英阶层一员的德沃金认为，整个社会的矛盾可以归结为个人权利和国家权力之间的对抗。于是，他开始为关注个人权利的传统自由主义思想作辩护，并理所当然地批判在美国司法界占统治地位的法律实证主义。

如何理解这场论战呢？德沃金将法律实证主义归结为三点：第一，法律即为了确定某些行为将受到公共权力的惩罚而使用的一套特殊规则；第二，这些规则并非面面俱到，而要求法官进行自由裁量；第三，法律义务的含义是当事人受该规则的约束从而做或不做某事。他认为实证主义强调对某一规则的基本标准的描述，忽视了“原则”的作用。原则和规则的差别在于，一个规则对于一个预定事件作出一个固定反应；而一个原则指导我们在对特定事件作出反应时，如何思考特定因素。德沃金强调，法律原则建立在道德的基础之上，当法律原则和法律规则发生冲突时，应当权衡所有因素而非机械地服从法律。法律原则体现了我们的道德情感，使法律获得了道德特征，获得了道德的权威，从而使法律具有一种持续受人尊重和尊敬的权威，使法律获得一种持久的有效性。

举个简单的例子：祖父立了遗嘱将财产授予孙子，而孙子谋杀了祖父。按照规则，孙子有权继承祖父的遗产，因为祖父有一份有效的遗嘱；但根据原则，孙子应该被剥夺该继承权，因为“任何人不得从自己的不当行为中获利”。

德沃金法学思想的显著特点就是密切联系美国有争议的重大政治、法律和道德问题，通过分析，阐述自己的理论主张。不可否认，德沃金的法律理论和思想中有一些偏颇之处，学界对其也有反驳和质疑。近年来，我国法学界对德沃金的研究和论述也很深入，尤其是在2002年德沃金访华演讲之后，我国学者有不少研究性文章和著作发表。下面，笔者将通过德沃金的两本著作来详细介绍其主张。

荐读理由

1977 年出版的《认真对待权利》是德沃金的成名作，他在此书中关于个人权利的法律与道德理论关系的论述使他成为该领域最著名的学者之一。

如前所述，著成此书的背景是 20 世纪六七十年代，在美国国内严峻的社会问题层出不穷的大环境下，围绕着什么是法律、法律的目的是什么、在没有成文法亦无先例时法官如何判案等法律理论和实践问题，德沃金提出了自己的“权利论”，批判美国法律传统中的实证主义和实用主义，提出了政府必须平等地尊重和关心个人权利，不得为了社会福利或社会利益牺牲人权的观点。

除了前文提到的关于法律规则和法律原则的适用问题，德沃金在该书中还重点讨论了“有争议的权利”。作为最强调个人权利的国家之一，美国从来不缺乏高举旗帜反对政府的人群。所有相信权利的人几乎都承认（无论中国人还是美国人），一个人享有在政治问题上以非挑衅性的方式表达自己的思想的权利，而且，这个权利又是国家必须承受痛苦去保护的权利。那么，这种典型权利的界限在哪里？德沃金提出了两种模式：第一种模式建议从总体上在个人权利和社会需要之间达到一种平衡；第二种模式是将剥夺一项权利看得比扩大一项权利严重。德沃金认为第一种模式是根植于政治和司法的修辞之中的，是在实践中无法清晰界定与适用的模式；这样政府就应该选择第二种模式，即一旦某项权利得到确认，就不能仅仅因为社会将为这个权利的行使付出进一步的代价而取消这个权利。这种观点其实是扎根于美国人民心中的，在著名的“辛普森案”中就可见一斑。而笔者希望读者们关注的是这种思维方式，保护某项权利对我们而言是第二步，第一步要明确的是，我们是否清楚自己拥有什么权利？我们是否应当争取这种权利？

值得注意的是，在 1998 年《认真对待权利》一书中文版出版时，德沃金加上了一个序言，对其理论进行了进一步的总结并提出了一种法律发展的理论。他认为法律实证主义更适合一个稳定发展时的国家，而他个人的理论可以解决社会动荡时期所发生的规则和社会需求之间的矛盾冲突，如社会变迁频繁的中国社会。法律规则是对人们行为规则的总结，而社会在不断变化，两者之间必定存在矛盾，并影响到人们对于法律的信心和对法律的尊重。为保持法律的有效性，分析法学所信奉的规则论不能解决问题，这就需要德沃金的法律原则论。他把“发展”归纳为“有计划的发展”和“知识的发展”。前者是明确方向的发展，指导发展的结果是什么；后者是一个发现的过程，是一种思想的发展，所有相关的思想都可以促进这一过程。就政治道德思想而言，它不仅来自于政府，不仅来自法学家们和受过特别训练的学者和科研人员，而且来源于具有理性思维能力的大多数人。

《纽约书评》对此书发表了如下评价：“《认真对待权利》是哈特教授的《法律的概念》发表以来在法理学方面最重要的著述；而且，至少从哲学的观点说，它是一位美国学者迄今对这个问题所作的最精微奥妙的贡献……德沃金最巨大的优点就是对于最大的具有实际重要性的争论的理论问题，他能够阐明自己的观点。……任何人如果在理论上或者在实际上注意美国社会生活，都应该读一读此书。”

先睹为快

我们建立政府所依据的宪法理论并不简单地是大多数人的理论。宪法，特别是权利法案，是被设计用来保护公民个体和团体以反对大多数公民可能要去制定的某些决定，甚至大多数人认为它是社会普遍的和共同的利益的决定。这些宪法性限制的一部分是以明确的规则行事，如在联邦刑事程序中要求陪审团审判的规则，或者大概，禁止国家议会制定剥夺言论自由的法律的规则。但是，其他的限制则是以常说的“模糊”标准的形式，例如，政府不得否认人们享有正当法律程序的规定，或者不得否认法律的平等等保护规定。

这种对于民主实践的干涉需要一个理由。宪法的起草者们假定这些限制可以通过求助于个人反对大多数人的道德权利来证明，或者可以说，宪法的“模糊”和明确的规定，对这些道德权利是承认和保护的。

这种“模糊”准则是其起草者和颁布者们故意选择的，以取代那些他们可能制定的更具体和更有限制性的规则。但是，他们使用模糊语言的决定确实引起了很多法律和政治上的争议，因为即使是具有良好意愿的理性的个人，在他们试图阐述例如正当程序条款和平等保护条款往法律中带进了什么道德权利的时候，他们的意见也是不一致的。不管他们怎样下定义，当他们试图把这些权利适用于政治管理的复杂问题，如在种族隔离案件中成为主题的教育实践问题时，他们的意见也是不一致的。

延展阅读

《自由的法：对美国宪法的道德解读》

德沃金教授在本书中以美国最高法院对一些有重大影响案件的审判为线索，对困扰美国司法界乃至整个美国社会几十年的堕胎、言论自由等问题，从宪法和道德的角度作了很有见地的论述。德沃金在书中表示，解释宪法不需要多数至上主义，因为我们并不是在立法，而是就细节问题作出解释。排斥多数至上主义意味着以一种更加开放的思想来寻求最佳解释，德沃金以此提倡一种道德解读，并认为此种解读并不解决“谁的解读更有权威”这样的问题。

《少数人的民主》

〔美〕迈克尔·帕伦蒂　著

《少数人的民主》自出版之日起就在全球范围内受到追捧和欢迎，是一本帮助读者全面认识和了解美国民主制度的本质的经典之作。

推荐版本：北京大学出版社　张萌译

关于作者

迈克尔·帕伦蒂，美国政治科学家、历史学家、媒体评论员。1933 年出生，意裔美国人，在纽约城长大，1958 年获得耶鲁大学政治科学博士。任美国政府许多部门的顾问，经常在电台及电视台谈论国家大事，并在世界各地进行演讲。2003 年获得新政治科学协会颁发的“职业成就奖”，2007 年获得美国众议院荣誉状及新泽西州和平协会奖。

荐读理由

美国号称世界上最民主、最自由的国度，但事实绝非如此。美国人的民主只是“少数人的民主”，美国人的自由也只是“有钱人的自由”。一直以来教科书都是这样说的，我们也是这样学的，但很少有人能真正思考其中的原因。

美国学者迈克尔·帕伦蒂所著的《少数人的民主》就是一本帮助

你全面认识和了解美国民主制度的本质的经典之作。本书从刊行之日起就在全球范围内受到追捧和欢迎，至今已经修订了 7 次。我们所推荐的版本就是最新出版的第 8 版。

本书的主旨在于揭露美国政府及其所谓民主的实质：它更多地代表了特权阶层的利益而不是大众阶层的利益。从原则上来说，它往往以牺牲人民的利益为代价，换取少数人的特权利益。即使法律在字面上体现了人人平等，但其实际执行却是采取了相当不公平的方式。

正如作者所批评的那样，“美国主流政治学家和其他现存社会秩序的维护者们一直试图温和地改良美国现存政治制度的缺点，使它日臻完善”。他们总想让人们相信：数百万非选民也对现实政治状况满意有加；不断增长的权力集中是好事，因为民主选举出的总统代表的是大众而非少数派；对有权力的政治说客无需担心，因为他们是在实施一种对代议制政府极其重要的信息功能……

作为美国左翼势力的代表人物，迈克尔·帕伦蒂通过大量的例证表明：民主是怎么一再被公司寡头垄断无情地践踏，而强大的公众力量又是怎样奋起反击并偶尔获得一些成就以促进社会进步的。具体来说，在本书中作者准确地为我们解答了以下问题：美国的政治制度是如何运转的？影响或塑造政治生活的主要力量是什么？谁在统治美国？谁，在什么时间，以什么方式，得到了什么？为什么会得到？谁又以什么方式为其买单？

书中对包括企业寡头、五角大楼、国会、总统和最高法院在内的机构和人员进行了深刻的分析和彻底的揭露。在作者看来，与广为流行的社会神话相反，美国资本主义制度浪费了我们的自然资源，剥削了我们的劳动力，以牺牲大多数人的利益为代价服务于少数人。

在无情批判的同时，作者也对实现社会民主和平等提出了许多具有建设性的意见和建议，例如改革选举制度和经济制度等。最难能可贵的是，作者对公有制生产的可行性进行了分析和验证。

读过本书，你就会发现，美国现行的政治制度并无任何神秘之处，也没有任何神圣感可言。事实上，所有的政治经济制度都不过是应该服务于我们大众的工具和代言人。当它们无法出色、高效地完成自己的任务时，它们就应该被更负责任、更公正民主的政府和体制所取代。马克思曾这么说，杰斐逊也曾这么说。不唯美国如此，中国亦是如此。

先睹为快

每位总统都是现存经济政治制度和意识形态的推销员，因为他们总是夸耀我们自由企业制度下的成就以及我们在世界上的领导地位。总统在国家大政方针方面倾向于报喜不报忧。总统总是告诉我们，繁荣指日可待，贫困很快消失；而且在全球范围来讲，我们的军事预算和强大的军事力量可以有效地保证我们的安全。

不管是民主党还是共和党，不管是自由人士还是保守人士，似乎总统在调和双方利益时，总是以国家利益为感召求得团结，而且双方都对美国的制度有着根深蒂固的自豪感。里根总统曾满怀信心地说："在民主制度和自由企业制度的激励下，美国将会站在山巅之城俯瞰世界。""这是一个自由的国度，"克林顿总统说，"我想在我的任期内创造出比其他总统任期内更多的富人。"

总统将企业巨头的海外投资称作美国的"海外核心利益"，为之可以不惜一切代价来捍卫。总统外交政策考虑的首要因素并不是民主，而是自由资本主义制度在海外的延伸。1993 年 9 月 27 日，在联大的发言中，克林顿总统声称："我们压倒一切的目标，就是在全世界推广扩展民主制度下的自由市场经济。"事实上，总统支持了拉美、中东的独裁者们，只因为他们对内实施了市场导向化改革。与之形成鲜明对比的是，尽管许多政府在国内享有很高的支持率，但是由于它们在经济上谋求对跨国巨头进行限制，以及寻求自由市场经济的替代制度，使得美国对其很不满并策划推翻。这样的例子有智利、尼加拉瓜、南也门、印度尼西亚、东帝汶、莫桑比克、伊拉克和塞尔维亚——表明总统捍卫的首要目标不是民主，而是自由市场经济。

在 1787 年的制宪会议上，一位富裕的农场主查尔斯·皮克尼提出一项建议，即竞选总统的候选人必须家产在 10 万美元以上（这在当时来讲可以说是个天文数字）。尽管这项提议没有被写进宪法，不过事实上这已成为一种不争的事实。就拿当代来说，主要的总统候选人要么在入主白宫前就是百万富翁，要么是在任期结束时。

总统似乎对大公司领导人的评论颇为敏感和重视，而且总统的顾问班子成员也是主要从大企业和大银行中挑选的。对福特总统的一句精彩评述可以适用于绝大部分白宫主人：他“在考虑世界石油问题时更多考虑的是我国石油巨头的利益，他满脑子想的都是如何维护跨国公司的海外利益，为此他处心积虑……他是商业个人主义、自由市场和价格竞争的忠实信徒”。

延展阅读

《民主新论》

美国乔万尼·萨托利著，冯克利、阎克文译。本书是美国著名政治思想家萨托利耗费十年心血撰写而成的经典之作，一经问世便得到了广泛赞誉。学术界盛赞萨托利在民主学说上“堪称我们时代最为强大的头脑”，“他的论证没有真正的对手”。该书至今仍是民主理论研究的权威著作。萨托利希望以西方传统政治理论为基础，恢复其所谓的“主流民主学说”。书中对民主观念作了抽丝剥茧的说明，不但阐明了西方古代民主同近现代民主的区别，而且论证了自由主义民主同非自由主义民主的重要区别。

《最好的辩护》

〔美〕艾伦·德肖微茨　著

本书是美国当代律师辩护实录中最精彩的一本，被美国各大学法学院定为刑法学课程必读参考书，也得到北京大学法学院诸位刑事诉讼法教授的强烈推荐。

推荐版本：法律出版社　唐交东译

关于作者

在美国，艾伦·德肖微茨是家喻户晓的人物，他毕业于耶鲁大学法学院，是哈佛大学终身法学教授，也是美国当代名律师，1980 年曾应邀来我国参加有关立法的咨询工作。德肖微茨教授曾因成功办理辛普森案、泰森案、五角大楼秘密文件案、克林顿总统弹劾案等著名案件而被誉为“美国历史上最成功的刑事辩护律师”。

艾伦·德肖微茨于 1938 年 9 月 1 日出生于纽约市布鲁克林区的一个犹太移民家庭。幼年的德肖微茨顽皮倔强，小学老师曾评价他“这孩子屁股上没有足够的肌肉支撑他坐下来好好学习”。他于 1962 年以班级第一的优异成绩完成在耶鲁大学法学院的学业。

毕业之后，德肖微茨推迟了哈佛的邀请，而先后成为美国上诉法院法官巴兹隆和联邦法院大法官古德伯格的助理。1964 年他被任命为哈佛大学法学院的教员。三年后，也就是他 28 岁时，德肖微茨成为当时哈佛历史上最年轻的全职教授。《商业周刊》将其形容为“全美最杰出的法律教育家之一”。

同时德肖微茨也是一位著名的专栏作家、演讲者、图书评论家和多产作家，其文章和专栏经常出现在报纸杂志上，他还时常在国家广播电视上发表评论，其著作《最好的辩护》等都流传甚广，被翻译为各种文字，在全球的销售额已达数百万册。

由于他为不受欢迎的当事人和不利的案件进行辩护，因而享有盛誉，但同时也引起了不少的争议。针对公众对其为犯有恶劣罪行当事人进行辩护的不理解，德肖微茨说道："我选择为面临死刑或者长期监禁的人辩护，并不代表我同情这些杀人犯、强奸犯、抢劫犯或者团伙犯罪……如果说一个杀人犯应当处死，那么就必须经过合法公正的程序剥夺其生命。非经合法程序而剥夺了一个该死的杀人犯的生命绝对是不公正的，同时也是非常危险的，因为这将会导致司法的滥权和不可估量的无辜被告人受害。"另外，德肖微茨代理的案件有一半是免费为穷人服务的。他的原则是从富人身上多要点钱，以便免费为穷人打官司。因此，德肖微茨还被誉为"美国最卓越的大众知识分子"。

荐读理由

对于绝大多数非法律专业的民众而言，律师的形象往往定位于在法庭上为代理人的利益运用法律、事实加上辩护技巧与对方辩护人进行唇枪舌剑的专业人士。如果你也对诉讼律师的职业充满好奇、对美国司法制度抱有怀疑的话，这本堪称美国当代最精彩的律师辩护实录一定可以满足你的阅读需求。

本书收集了德肖微茨所办理的几千个案件中，最富有争议、影响面颇大的数十个案件，作者将其背景及诉讼过程进行深入浅出的叙述并加以犀利而独到的评论。案中的委托人既有杀人犯、靠办老人院发横财的吸血鬼，又有在公共海滩裸体沐浴而被捕的人、因劫机而被捕的苏联犹太人。书中不乏精彩的辩护场面，纯熟的辩护技巧，曲折跌宕的案情发展，令人吃惊的诉讼结局。德肖微茨不是一个以感情取胜的律师，他办案着眼于与政府公诉人“对着干”，采取“以攻代守”的策略，注重办案技巧，强调以理取胜。

本书一方面通过细致的描写给读者，尤其是象牙塔中的法律学子们呈现了栩栩如生、精彩纷呈的法庭辩论场面，另一方面也借诸多案件揭露美国司法制度中的弊病。德肖微茨在导言中提到，以往自己“对法官的公正深信不疑，对检察官的诚信毫无保留，对辩护律师的献身精神心向神往”，是天真的理想主义者的表现，本书的一大目的就是打碎“知情者讳莫如深，不知情者想说却说不清”的二分法，展现一个“没有一本教科书涉及、在任何一所法学院也从来不讲授的世界”。

本书通过介绍数十个案例，阐述了德肖微茨追求程序正义的法学理念及诸多刑事诉讼辩护技巧。他认为，律师在很大程度上捍卫了美国精神与美国传统，他们以自己的言行随时随地进行着全民普法教育。《圣经》上说，法律公正是必须遵循的。在美国人看来，公正不是最后的结果，而是一个过程。律师所追求的，就是一个尽可能公正的过程、一个不易被人钻空子的严谨的法律体系。德肖微茨对代理的诸多重大案件的犯罪嫌疑人的切身感受是：“案件的胜负决定于开庭前的取证，而不是法庭辩论。”独立取证是律师的良知，即便是自己掏腰包也要这样做。在他的办公室里挂着这样一幅标语：“不要相信任何人，取证要自己去做。”

允许被告享有申辩权利正是正当程序的必然要求，但由于法律知识的不足，被告往往又不可能独自行使，这就必须求助于具有专业知识的律师们，以协助他们行使他们应有的申辩权利。德肖微茨在书中说道：“即使我了解到有一天我为之辩护的委托人可能会再次出去杀人，我也不打算对帮助这些杀人犯开脱罪责表示歉意，或感到内疚。……我知道我会为受害者感到难过，但我希望我不会为自己的所作所为后悔，就像一个医生治好一个病人，这个人后来杀了一个无辜的人是一个道理。”他还说，“辩护律师必须用尽一切有利手段去保护委托人，这是他的最高使命，他必须区分爱国之心和律师的职责，只对自己的委托人一个人负责，他必须坚持不管后果如何，如果上天注定必要时要把国家搅乱也在所不惜”。

笔者在北京大学法学院本科就读时，刑事诉讼法教授陈瑞华老师曾高度评价此书并强烈向学生推荐。他认为，德肖微茨教授对美国司法制度的犀利质疑与深刻思考也是对中国司法制度的一个警示，作为法学院的学生，程序正义、司法公正应当成为我们不懈的追求。

先睹为快

如此精彩的质证使鲍曼法官也变得兴趣盎然，并亲自加入了进来：

法庭：一句一句地念。

德肖微茨先生：［念］“听着，告诉我是谁干了胡鲁克那桩事。快告诉我那些狗操的家伙是谁。”

法庭：在1972年3月你是否跟西耶格尔先生有过这种谈话？

帕罗拉先生：有过，阁下，我有过那种有关胡鲁克的谈话。

德肖微茨先生：［念］“我们永远不会拿你当证人，我们可以根据你提供的情况破案，我们用你提供的线索。”

法庭：你在谈话中对他说过没有？别跟我说什么可能不可能的，我想知道，你说了还是没说？

帕罗拉先生：我认为我已经说过了，法官阁下，我实际上对西耶格尔先生说过，我们可以根据你提供的情况破案。

鲍曼法官现在已帮着德肖微茨进行交叉质证了。他继续念到：［念］“我们不会拿你当证人，我们不会，也没必要，我们不用你也能破案。”

法庭：［提高嗓门］你说过吗？

帕罗拉先生：我不记得说过这些具体的话了，法官阁下。

德肖微茨先生：你对西耶格尔先生说过含有上述实质内容的话没有？

帕罗拉先生：就实质内容，我觉得我说过。

法庭：那么这是个事实，是不是？在某个时间你曾对西耶格尔说："我们永远也不会拿你当证人"，对不对？

帕罗拉先生：我和西耶格尔的谈话是，法官阁下，"如果我们能根据你提供的情况破案，我们就永远不会拿你当证人"。

法庭：我没有要你讲"如果"，我是在问你，你是否曾经告诉过他，没有什么"如果"。念给他听那段话，教授，请念那段话的最后几句。

德肖微茨先生：［念］"我们不会拿你当证人，我们不会，也没必要，我们不用你也能破案。"

法庭：你对他说过这话吗？

帕罗拉先生：听起来挺耳熟，法官阁下。我不记得这些话是否真是我说过的话。

法庭：［怒吼］别打断我讲话。你说"听起来挺耳熟"，我把它当成你是说你记得你在实质内容上说过此话，如果不是逐字逐句的话，是吗？

帕罗拉先生：在实质内容上，法官阁下。

法庭：那好。

延展阅读

《致年轻律师的信》

这是作者的另一部精品。

在本书中，德肖微茨现身说法，向年轻律师，或有志于从事律师职业的年轻人们讲述他从亲身经历中提炼出的精神财富，告诉他们如何做一个好律师，如何做一个正义的人。此外，德肖微茨也在《致年轻律师的信》中对所有寻求完美职业生涯的人，在面临选择职业和拥有一项有意义的事业方面，在选择良师益友及与批评家打交道等问题上给出了实际的建议。

《法律的经济分析》

〔美〕波斯纳　著

北京大学法学院前院长朱苏力在《波斯纳文丛》总译序中这样评价波斯纳："他是著述最丰的联邦法官，前无古人。任职上诉法院却仍属最多产的法学家之列，同样前无古人。如果引证率可以测度影响力，那么当仁不让，波斯纳是在世的最有影响的法学家，截至1999年，他的30本书、330篇论文以及1680篇司法意见都是引证最多的；同时也属于受批判最多之列。"

推荐版本：法律出版社　蒋兆康译

关于作者

当众人还在为正义和道德高呼时，有一个人撇撇嘴说：为了父母的权利可以出卖婴儿，应当用婴儿自由市场代替收养制度；结婚只不过是一个合同行为，而所谓的离婚只不过是合伙的解体，甚至因此支付的抚养费只不过相当于合伙的财产份额；没有什么四海皆准的道德，所谓"道德的普适性"只不过是校园道德家的一厢情愿；立法只不过是一种交易，立法者只不过要最大地满足自己的利益……法学界不禁惊呼：这个大胆的人是谁？

这就是现任美国联邦第七巡回上诉法院法官波斯纳——现已年逾花甲但仍笔耕不辍的学者；往来于法庭和书斋、关心社会现状、在现实中发现法学命题的理论家；一个用全新角度提出问题、质疑理论权威、和德沃金打了20多年嘴仗的公共知识分子。

波斯纳1939年出生于纽约市的一个中产阶级家庭，父亲是律师，母亲是教师。或许是良好的家庭氛围使然，或许是天资聪颖，波斯纳在学生时代就令人瞩目：他先后以第一名的优异成绩毕业于耶鲁大学文学院和哈佛大学法学院，获得文学学士学位和法学硕士学位，获得耶鲁、乔治城等名校的荣誉法学博士学位。学生时代结束后，波斯纳开始自学经济学，奠定了其学术思想基础。波斯纳30岁时到芝加哥大学法学院任教授，42岁时，里根总统提名他出任联邦第七上诉法院法官。

任法官期间，波斯纳每年平均亲自撰写80件以上的上诉审判意见，这使他跻身于撰写司法意见最多的美国联邦上诉法官之列。其文笔隽永，甚至讲的话都可以作为无需修改的文稿，真有一种“文章天成”的感觉。在波斯纳的书架上放着一个天平，一面刻着“公平”，另一面刻着“效率”，凸显出其经济分析法学代表人物的身份。

那么，什么是经济分析法学？

举个简单的例子：有一家工厂与周围的居民发生民事纠纷，原因是工厂排出的黑烟污染了居民晾在窗外的衣物。居民起诉工厂，要求其停止排烟并赔偿损失。法官如何审理此案呢？假设已知居民蒙受的损失为375元，方法一：工厂安装除烟设备，需150元；方法二：居民每户买一台甩干机，共需250元。显然，第一种方法最经济有效——以150元化解了375元的损失。因此，从效益的角度来考虑，法院会判决工厂赔偿损失，即把“拥有清洁空气的权利”分配给居民。虽然从自然法的角度讲，污染的一方显然有义务停止污染并赔偿损失，但经济分析的方法使得法官对诸多案件有了更宽广的思维。经济分析法学最主要的观点是，任何法律的制定和执行都应有利于资源配置的效益最大化。在注重市场经济建设、强调高效率的今天，经济分析的方法往往能够帮我们节省能源、提高资源使用率、以最小产出获得最大受益。

作为经济分析法学的集大成者，波斯纳把经济分析的方法发挥得淋漓尽致，并给美国乃至世界范围内的法律教育带来了巨大的影响。虽然此后波斯纳不断对自己的观点进行修正，甚至他的观点常常受到理论界的批判和质疑，但仍不能否认他是法学研究上的一朵奇葩。

荐读理由

《法律的经济分析》是波斯纳的成名作，在该书中，波斯纳使用经济分析的方法对英美法系中的普通法进行了分析，主要涉及财产法、合同法、民事侵权行为法、家庭法、刑法、税法、程序法、反垄断法和宪法行政法等各部门法。

在该书的开篇，波斯纳首先提出了经济学的三项基本原理：一是所支付的价格和所需求的数量是反比例关系，即供求法则；二是机会成本原理；三是资源的利用在市场调节下将趋向价值最大化。将这些原理与法律制度相联系，波斯纳又提出了他的四个发现，即其理论的逻辑起点：法律程序的参加者都是“有理性的使自我利益极大化者”；法律制度本身的法律规则、程序和制度受到促进经济利益这种关系的强烈制约，促进经济上的利益应当是法律的第一要务；对法律进行经济学分析有助于设计法律制度的改革方案；对法律制度进行定量研究是富有成效的。

波斯纳在书中表示，财富最大化是法律的宗旨，即所有法律活动和全部法律制度的最终目的就是为了最有效地利用自然资源和最大限度地增加社会财富。下面就从财产法、合同法及刑法三个方面来“管中窥豹”，走进《法律的经济分析》吧。

你想去买一本《法律的经济分析》，需要什么样的必备条件呢？首先你得有钱，书店里也得有这本书；其次，钱需在你自己的控制之下，并且有一种制度来保证你的钱不受别人的侵害；最后，你手中的钱和书店的书是能够交换的。这三点对应了财产权制度的三个准则：普遍性、排他性和可转让性。这里也可以从野生动物设定财产权来说明。野生狐狸不属于任何人，但它的毛皮具有经济利益，因此成为人们捕杀的对象。那么，是让人们无限地捕杀野生狐狸获得眼前的利益，还是让它休养生息不断地繁衍而获得未来的利益？比较而言，实施前者成本更低，因此为了解决这个矛盾，就需要有财产权制度。对此有两种方法：一是国家行使管制权，将狩猎减少到动物被捕杀的最佳比率水平；另外一种是让私人买下一处动物栖息地，使他可以获得全部的受益，从而促使他对其财产进行最佳的管理。

下面我们从财产法走进合同法：波斯纳在书中提到，合同法的基本功能在于尽可能减少交易过程的中断。也就是说，除去那些"一手交钱一手交货"的情形，如果交易不是同步进行的，交易双方可能承担很大风险，就需要订立合同以约定违约赔偿。波斯纳同时指出，确定违反合同行为的经济标准，法律责任的设定取决于能否创造出为今后取得最大限度价值的行为的刺激。举例说明：一个商业摄影师花大成本（包括租用一架飞机），用一卷胶卷拍摄了一组照片，交给冲印室后胶卷被弄丢了。那么究竟是允许摄影师取得全部损失的赔偿，还是将摄影师的追索限制在胶卷价格范围内呢？前者很难产生在未来避免类似损失的激励效果，因为摄影师不会采取任何预防措施，对于他那宝贵的胶卷采取"满不在乎"的态度——"反正丢了你要赔偿！"冲印室也不会采取更多的预防措施，因为他无法认定谁的胶卷拍摄花了多大的成本。第二种方法则可能使摄影师立即采取低成本和高效率的预防方法，如跟踪冲印、制作复件、特别提醒等等。这样，通过将风险分配给更合适的风险承担者，创造出为以后的交易当事人取得最大效益的行为刺激。

最后来看刑法。波斯纳在书中指出，犯罪是一种在特定的程序中将受到特殊惩罚的行为，刑法的作用在于对犯罪行为施加额外的成本，因为一般的损害赔偿不足以有效限制这种行为。刑法应设法使罪犯感到实施犯罪行为得不偿失，刑法的目的就是对潜在的罪犯起到一种威慑作用。例如，他认为，对于盗窃犯的经济处罚数额应该高于受害人实际所受损失数额，如此才能阻止盗窃的发生，这个高出的部分应该是受害人损失和加害人受益之间的差额。

总之，波斯纳主张对涉及正义和法的一切现象都可以应用经济学分析方法，他对美国法律制度进行了全面的分析，充分显示了经济分析这种方法的“万能”和“无孔不入”。他采用的这种独特的研究方法以及取得的巨大研究成果为世人所瞩目，有人甚至将其称为“西方第四大法学”。

先睹为快

至此，我们已对财产权的垂直或时间维度作了讨论。它还有一个水平维度。一个极端的例证是共有权利，如为许多牧场主分享的对一块牧场的权利。共有权利只是在程度上不同于无权利，所以，除非实施个人权利的成本与其收益不相称，它总将是低效率的。听起来可能有些奇怪，虽然在低效率问题被最小化的情况下，共有权利通常也还是由个人创设的。例如，A 将一块土地以不可分的联合所有权形式留给 B 和 C 两个孩子。在形式上，B 和 C 的情况与社会中没有认可财产权的居民是一样的。如果 B 花钱修理土地财产上的建筑，那么 C 将同等地分享修理的价值，反之亦然。虽然在此只有两个当事人，但同样存在着双边垄断问题。但是，这一问题为其家庭关系所缓解。我们期望在由慈爱、情感连接起来的两个人之间会有更多的合作。另外，法律将他对财产作出的任何改良的价值归共同所有人，但得以改良增值财产价值的数量为上限。法律还明智地允许任何共同所有人将财产的一部分变为独立、个人所有的部分。这种权力消除了双边垄断和共有权利的任何残余。

延展阅读

《正义/司法的经济学》

这是作者的另一部精品。

据2000年的一个有关法学引证率的研究，到当时为止，该书是波斯纳的著作中被人们引证最多的一本，这在一定程度上，就足以证明其重要性了。该书的主体有四编。第一编集中讨论正义与效率的问题。讨论这个问题实际上是波斯纳试图为此前他建立的法律经济学分析奠定一个哲学伦理的基础，试图从财富最大化出发建立一种总体化的社会理论。第二编作为理论，是本书最有价值、最富有洞察力的一编，其视野相当开阔，虽然分析极为简洁凝练，但却细致入微。第三编比较细致地讨论了私隐问题，并对美国联邦最高法院20世纪60至70年代的一系列重要私隐判决中隐含的法理进行了辨析。第四编同样从信息经济学的进路切入，集中分析了美国社会中的种族歧视问题。

《经济学语境下的法律规则》

〔美〕大卫·D. 弗里德曼　著

在经济学方法“为天下之公器”的时代，弗里德曼教授运用芝加哥经济学派的广博知识，深入浅出地为从经济学角度理解法律提供了生动的辩护。此书通俗易读，是北京大学法学院法理学、经济法等课程的推荐读物。

推荐版本：法律出版社　杨欣欣译

关于作者

大卫·D. 弗里德曼，1945 年出生，是美国圣塔克拉拉大学的法学教授，无政府资本主义学说的重要学者。弗里德曼早年毕业于哈佛大学，后获得芝加哥大学物理学博士学位，但受其父亲——著名经济学家、诺贝尔经济学奖获得者米尔顿·弗里德曼的影响，对政治、法律和经济产生了浓厚的兴趣并专注于此。弗里德曼最为知名的观点是保安公司可以代替政府，这在他早年的著作《自由的机制》中有详细的论述，但此书未引进国内，有兴趣的读者可以在网上查阅。

荐读理由

此书不同于波斯纳的法律经济学专著，而是专门为非法律专业人士所写的。弗里德曼更像一名传教士，注重以深入浅出的行文来阐述法律与经济之间的关系，许多极富创意的思路与精彩的思辨，引人入胜。但在采用这种学生、律师和非专业人士易于接受的形式的同时，弗里德曼并没有以牺牲这些思想的学术性为代价。

弗里德曼在书中贯彻了一个思想，即不同于传统的法律原则，经济学提供了一种统一的尺度，通过运用经济学基本理念来理解和评估合同法、财产法、刑法、侵权法和其他各个法律部门中的法律规则。也正因为此，这本书提升了对法律的经济学分析中日益重要问题的论证深度，为经济学观点的支持者和反对者提供了一种重新组织思维的可能。

此书共 19 章，先为读者编织了一套系统的经济学思维模式，再在这个框架下具体讨论了不同部门法中的法律问题。正如译后记中提到的，弗里德曼不仅倡导对法律进行经济学的分析，他更强调效率与公平之间的关系。既然效率是当代经济学的基础，那么经济学可以通过使所有人受益的方式来解释和塑造法律，弗里德曼运用英国著名经济学家罗纳德·科斯的交易成本理论，在法律和双方合意的基础上将经济学巧妙地运用于侵权法和合同法。而这种通篇分析建立于“理性个体”基础之上的视角，正是传统社会科学所缺乏的。下面试举一例作为说明。

弗里德曼在第 14 章“侵权法”开篇拟定了一个场景：我在路上拦住我的朋友聊天，然后他继续往前走。当他路过一座大楼时，一个花盆从天而降砸死了他，那么是否“如果不是我，他就不会死”了呢？我是否要为他的死承担责任呢？

在弗里德曼看来，“我”的行为显然不属于侵权行为，没有理由对死去的朋友承担损害赔偿责任。他在书中这样解释：“让侵权行为承担损害赔偿的主要原因，从经济学的观点看，是给予人们一种动机不去做强加给他人成本的事情。但是，如果行为人不知道而且无法知道他的行为将施加成本并且会导致损害赔偿的时候，这种规定就是无益的。因而，不可预见性是对侵权损害赔偿的一种抗辩。这种结论不适用于虽然行为人不知道其行为的结果但是很容易就能发现这种结果的情况。在这种情况下，如果出现损失他将承担损害赔偿责任这一事实，会给他一个动机以发现他的行为可能导致的结果是什么，并且在发现后相应地修正自己的行为。”

关于刑法，弗里德曼也有许多有趣的见解，比如我们常说的“同命不同价”问题，在他的书中有相似的提问：我们用罚金来惩罚犯罪，那么对富人和对穷人的罚金是否该一样呢？比如说，偷窃一百美元对一个穷人和一个富人都是同样一笔数目的钱，所以同样的罚金应该能够威慑这种犯罪。实际上，由于富人每小时的时间比穷人同样的时间值更多的钱，如果他们偷一百美元需要同样的时间，那么威慑富人的罚金应该比威慑穷人的罚金要低些。但是读者很容易对弗里德曼的分析表示质疑：因为富人对钱的珍视程度不如穷人，所以可能罚一百美元就可以起到威慑一个穷人的效果，而罚一万美元才能对一个富人起到同样的效果。

在阅读此书的过程里，读者可能会对弗里德曼的诸多见解产生质疑。比如在他看来，如果在某一个特定的区域植树种草的综合收益（当然是用美元来计算）比一个工厂的综合收益低，那么，即使工厂排放了大量污染物，依然不应改建这座工厂，仅需要工厂主付钱给当地的居民作为赔偿即可。然而，环境保护用我们的话来说“功在千秋”，并不能用一朝一夕来计算，弗里德曼的考虑似乎过于“资本家”化了。也难怪朱苏力教授在推荐此书时让学生对其中的观点“加以甄别”。

但无论如何，我们从阅读中所感受到的更多的是一种方法论，即构建于理性选择基础之上的经济学不仅可以成为理解我们已经制定的规则的重要工具，而且是决定我们应该制定什么规则的重要工具。相信此书一定能为您带来全新的阅读体验。

先睹为快

公民自由或社会自由，也就是要探讨社会所能合法施用于个人的权力的性质和限度。

如果这个世界上只有一个人，他会面临许多问题，但其中没有一个会是法律问题。如果再加入一个居民，那么就可能会产生冲突了。

刑事案件不同于民事案件，一个人的损失不会成为另一个人的收益。

假设我利用一个绝好的机会把我富有的叔叔推下了山崖，可我的运气真是糟透了，一个观察鸟类的人恰巧在这时将他的照相机对准了我，结果使我被抓捕、受审并被判刑。在量刑阶段，我的律师指出我的罪行是由于不同寻常的诱惑和千载难逢的机会而导致的——我只有一个有钱的叔叔。此外，一旦我因这项犯罪被判有罪，将来的潜在受害人不大可能会和我一起去攀岩。因而，他辩称法院应判定我有罪然后放我回家。无论他们怎么做，我都不会再杀人，而且他还指出吊死我或监禁我都不可能挽回我叔叔的性命。

这个结论是古怪的，但论证则看似合乎逻辑。许多法律学者可能作出的回应是，法律不仅仅与结果有关，它还关乎正义。……

经济学家给出了一个不同的回答。……如果不加惩罚就放了我，法庭是在向将来可能面临同样诱惑的侄子们宣布一条降低刑罚风险的法律规则。将谋杀者处以极刑不会挽回受害人的生命，但是这种惩罚所建立的法律规则可能威慑后来的谋杀者，并因此挽回那些不然就会成为牺牲品的人的生命。人们应当通过其所建立起来的激励机制和他们在回应此种激励时改变其行为所产生的结果来判断法律规则。

延展阅读

《法律经济学文献精选》

如果你对法律经济学产生了一定兴趣，不妨来读读此书。该书由北京大学法学院前任院长朱苏力教授等人编译，其初衷是为了给法学院学生提供一个有关法律经济分析的坚实基础，因而选取了各不相同且极富挑战性的学术期刊文献以一种统一的形式汇集在一起。这些被仔细删减过的论文将经济学理论应用到了法律的许多方面，从知识产权法、公司金融法、合同法，一直到财产法、家庭法和刑法。为了让法学院学生更好地接受和理解这些文献，大多数数学推导都被删去了，这种安排同时也鼓励一种基于直觉的对经济学理论的理解和应用。每篇文章的简短介绍解释了它们的背景和语境。无论对经济学还是法学的课程，这本文选都将是一个有价值的参考资料，因为它不仅为经济学专业的学生提供了一个从枯燥理论中逃离的短暂休息，而且也为法学院学生提供了一个看待法律的宽广和统一的视角。

《法律之门》

〔美〕博西格诺　著

已发行第九版的《法律之门》作为美国法学院最受欢迎的法律教科书之一，其设计鼓励以多种方法研究法律：政治学的、社会学的、人类学的、历史学的、文学的和哲学的，为每个研习美国法律过程的人提供了多种视角与思维方式。

推荐版本：华夏出版社　邓子滨译

关于作者

约翰·J. 博西格诺（1935—2011），他最大的贡献就是创建了一种跨学科的、充满人文关怀又不失严谨的美国法学教育模式，其于1968年首次使用了“Legal Studies”（法学研究）来描述一种独立于其他任何一种学科的本科法学教育，要知道，此前都是由商学院来进行相关的法学教育。博西格诺教授毕业于芝加哥大学法学院，1963年起在麻省大学教授商法，1973年创建了首个法学研究项目。作为《法律之门》一书的首位作者、《法学研究论坛》杂志的首位编辑，博西格诺教授与同事们成立了美国法学研究学会，对法学教学进行深入研究，促进其发展与进步。《法律之门》很快成为美国法学院最受欢迎的教科书之一，博西格诺与其同事也在不断地对其进行修订，每次修订的内容都占到三分之二，感兴趣的读者不妨找来不同版本的《法律之门》，以窥美国法学教育发展的历史脉络。

荐读理由

1974 年，《法律之门》的出版标志着美国法律教育的一个历史性时刻，马萨诸塞大学的教授们为学生开启了一扇通往更宽广道路的大门。在《法律之门》诞生前，几乎所有与法律有关的教学资料都是为律师的职业训导而设计的，全是有关合同、侵权、刑法、财产等的书籍。然而，法律教育的狭隘对于法律和社会都是有害的，律师学习了案例和规则，却没有得益于不断成长的社会学研究，而律师的职业准备是针对迅速变迁的世界中的法律现实的。为此，《法律之门》的编者改变了传统的法律研习方法和狭窄分类，超越了职业法律教育的传统课程，力图在法律研究、社会科学和文学之间架起沟通的桥梁，为每个研习美国法律过程的人提供多种机会。

本书的一大特点就是将不同的文章，尤其是大量的经典文学作品和案例杂糅、匹配在一起，寻找将传统的法律资料与文学、社会科学结合起来的方法，以展示法律过程的本质。编者认为，法律只有透过跨学科的镜片，才能得到最好的理解，任何一门单独的学科都没有揭示法律真理的特权，每一种社会科学都与法律密切相关，任何法律资源——无论是判例还是制定法——都是法律研究的原材料。本书的设计是为了达到这样一种效果：某一阅读材料中知识要点的解决都扩展了思想范畴，以便更好地研究其他阅读材料，正如法庭就某一案件的判决都潜在地扩大了未来的论证范围，因为该判决已经成为整体法律讲论的一部分。无论其来源如何，这些材料的编排总是为了在文化和历史的广阔背景下启发对法律的思考和讨论，每一法律要点问题都被作为运作于社会中的法律过程的一部分。

作为美国法学院的通用教科书，《法律之门》也向我们展示了美式课堂的教学理念：苏格拉底教学法。这本近百万字的“砖头”并不需要读者从头至尾顺序阅读，编者旨在鼓励读者依其兴趣和需要尝试各种阅读次序，这在跨学科的阅读框架中是必然的。阅读此书你会更深刻地理解“美国法律人”的思维方式：美国法律过程的公开秘密在于，它是一个充满论争的领域，没有硬性答案，而是一套由问题、对峙和困难构成的体系。书中精彩地写道：“法律不是作为冲突的答案而存在，而是作为疏导冲突的手段而存在。”

《法律之门》旨在展示美国的法律过程，不只是通过介绍、描述、宣教，而是通过让读者置身于你来我往的争辩之中，让每一种观点都能与其他观点比对，每一篇文章和每一个案例都提供了探索人的紧张关系的机会。正是这种教学法，《法律之门》模拟了美国法律过程的实际运作，打开了进入法律和社会的大门。

先睹为快

法律起作用，通常不是通过施用强力，而是通过信息传输，通过交流，让人知道法律期望什么、禁止什么、允许什么以及某种行为方式的后果是什么。换言之，法律导出的信息是关于规则是什么、它们如果适用，代价和后果是什么；等等。譬如，当我们说到威慑，我们实际在谈论法律是什么和法律如何运作的信息及影响效果。同样，当我们描绘“在法律的影子里讨价还价”时，指的是通过信息交流而非直接的权威决定来完成规制和调整。再者，“法律社会化”的实现也是通过信息的传送。在大量的事例中，法律的适用可以说是自我实现的——人们以自己关于法律的标准、可能性和限制的知识为基础来调整自己的行为（并裁判他人的行为）。

当资本主义鼓励了空前迅速的变革时，孩子比成人享有更大的优势。他们尚未决定他们是谁，他们没有向特定的自我投入大量的心理资本。当新技术来临时，得到实惠最多的是那些乐于推翻旧我、变成新我的人，那些在旧我中没有过多投入的人，就此占了上风。

归属是人的基本需要，每个人的自我都是在社会母体中形成的，自我的概念与社会群体的理念不可分割。“为了回答我是谁，必须回答我属于哪里。”

延展阅读

《变形记：卡夫卡中短篇小说选》

捷克作家卡夫卡鲜为人知的身份是律师，法学教育与律师职业为他的创作带来不可磨灭的影响，其诸多名篇皆以法律批判而著称。作为一名律师，他是从内部理解法律的；作为一位文学家，他能够从外部描摹普通公民所遇到的法律问题。其梦幻般的喻世笔法，捕捉了生动的现实；其存在论的视点，有助于评价法律对人生和社会的影响。《法律之门》的书名直译为“法的门前”，来源就是卡夫卡的作品，开头文字也完整选用了卡夫卡未完成的小说《审判》中的一则故事，以示对人文批判的推崇。

中国篇

路漫漫其修远兮

《中国法律与中国社会》

瞿同祖　著

瞿同祖的这本书被许多国内法学家评价为是了解中国法制历史甚至中国古代社会的最佳读本，其资料之翔实、文意之深刻、语言之平实，在中国法学界无出其右。本书是北京大学法学院中国法制史、中国法律思想史等课程的必读作品。

推荐版本：商务印书馆

关于作者

瞿同祖（1910—2008），中国著名的历史学家，出生于湖南长沙。瞿同祖出身世家，祖父为晚清大学士瞿鸿禨，父亲瞿宣治先后任职于中国驻瑞士及荷兰公使馆。瞿同祖因生于1910年，岁在庚戌，其祖父生于1850年，也是庚戌，因此取名同祖。他幼承庭训，在叔父瞿宣颖（其先后任燕京大学、南开大学、清华大学教授）指导下学习古文、汉赋及历史。1930年，瞿同祖以优异的成绩被保送至燕京大学，主修社会学。六年后，瞿同祖硕士毕业，又因成绩优异获得金钥匙奖，其硕士论文《中国封建社会》翌年由商务印书馆出版，并成为许多高校的历史系指定参考书。

毕业不久后，抗战爆发，瞿同祖南下避乱，并应吴文藻和费孝通邀请，到云南大学任教，兼任西南联合大学讲师。期间，他撰写了一生中最重要的著作《中国法律与中国社会》。当时的写作条件极其艰苦，为了躲避空袭，瞿同祖和费孝通等一起住在了云南呈贡县的农民家里，每个礼拜都骑马到火车站，然后坐火车到城里去上课，上完课又坐火车，再骑马回来。

1945年春天，经费孝通联络，应德裔美籍社会史学家魏特夫的邀请，瞿同祖携妻女抵达纽约，先后任哥伦比亚大学中国历史研究室研究员、哈佛大学东亚研究中心研究员。1961年《中国法律与中国社会》以《传统中国的法律与社会》为名，在巴黎和海牙出版英文版，赢得国际声誉，被认为是关于中国法律研究最好的西文著作。当此书还在征订单上时，就被著名经济学家哈耶克提前预订了。

瞿老1965年辞职回国，却恰逢“文化大革命”，想写作而不得，积郁成疾，再无著述，成为隐逸之士。2006年，瞿老获得中国社会科学院荣誉学部委员称号。

瞿老的学术成就斐然，堪称国际一流的学者，其极富原创性的法律社会史研究几乎可与韦伯的法律社会学研究东西辉映，其中国法律社会史的研究方法和研究成果堪称独步学林，足可垂范后世。2007年3月起，中国社科院近代史所学者赵利栋与瞿老进行了数次访谈，而在多次交流中，赵利栋从未主动涉及瞿老归国后的话题。一个传统的知识分子，爱国却报国无门，不问名利，但求努力工作而未果，他不愿触及这份时代造成的隐痛与焦虑。而瞿老亦从未向外人公开过自己的想法。当他预感到赵利栋将是最后一个采访他的人，以后自己可能再也没有机会讲话时，一天，凌晨5点，他拨通了赵利栋家的电话，详尽解释了自己当年写《中国法律与中国社会》的经历，并告诉赵利栋自己半生蛰伏的缘由。瞿老表示：“过去说回国后没能写出书，是自己的疏懒，那是谦虚，实际上，各方面的条件都不允许。”

荐读理由

《中国法律与中国社会》一书为我们描绘了一幅古代中国的法制全景，让我们看清中国法制历史的清晰脉络。据瞿老自述：“该书不同于其他中国法制史的是将法律与社会结合起来予以研究的一个创新尝试，故命名为《中国法律与中国社会》，它既是一部法律史，也是一部社会史。”他在导论中指出，著作的主要目的在于研究并分析中国古代法律的基本精神及主要特征。他认为，法律是社会的产物，是社会规范之一，任何社会的法律，其宗旨在于维护和巩固其社会制度及社会秩序，只有充分了解某一种法律产生的社会背景，才能了解这些法律存在的意义和作用。循着这条思路，书中深入探讨了中国社会的家族、婚姻、阶级、巫术宗教以及儒家和法家思想，进而得出“中国古代法律自汉至清没有什么重大变化”的结论。

瞿老与法社会学家韦伯的相近之处在于，他将中国古代法律放到古代社会的大背景中探究，而不是以当代的话语体系对之解读，这对于我们进一步加深对中国古代社会的了解、深化对中国法律的认识具有积极的启发意义。此种研究方法还对法律社会学研究，甚至整个中国法学的演进有着极为重要的借鉴意义。当代很多法学研究者热衷于法律移植与国家间的横向比较。然而，仓促急就的法律移植与社会结构之间的关联性毕竟有限，在现实中很容易产生断裂和冲突。相比之下，瞿老的研究方法更注重社会结构与社会变迁对法律变革的影响。正如瞿老在该书导论中所说的那样，其真正关心的不仅仅是法律条文的具体变化，而是蕴含于条文变化之后的社会变化，传统的法律研究往往只注重条文、形式的研究，而忽视了对法的实效和功能的研究。不仅如此，社会学中最为典型的“个案调查”也在《中国法律与中国社会》的行文中体现得淋漓尽致，几乎每一重要的具体个案，都辅之以详尽的剖析。也正因为这种大胆的跨学科的范式创新，才使得该书被公认为运用现代方法研究法律史的成功典范。

全书共六大专题，各专题之下又分若干小专题，其中存在着内在的逻辑联系：以家族主义为核心的阶级格局，是整个中国社会的基石，因此，无论是婚姻家庭、生活方式，还是政治体制，甚至是宗教，都被打上儒家化的烙印。瞿老在书的第一章，便开始着重剖析家族主义在中国法律史中的重要影响，而在最后一章，又以“以礼入法”结束。书中第二章“婚姻”，第三、第四章“阶级”，第五章“巫术与宗教”，也为以往的法律史研究者所不太关注，因为他们较多地着眼于政治史、思想史的论述而忽视对社会史、经济史的考察，但这些范畴又实实在在地影响着法律的创制、运行、存废，才真正体现所谓“活的法”，所以瞿老这种体例上的突破无疑是具有重要意义的。

瞿老的书在选材上也不同于传统意义上的法律史著作，许多社会学、人类学意义上的研究材料，也被其大胆纳入法律史的研究领域：不但包括传统法律史学所运用的历代法律规范、典章制度，还包括各类经史子集，甚至是一些野史、文艺作品、家谱等文本也成为论证的参考资料。所以，此书不但注意到了几千年中国法的制度变革，也把握到了制度变革后的民情基础，从而领会中国法的精神实质。

读罢此书，我们可以发现，法律与社会有着密不可分的依存关系，它维护了当时社会的制度、道德和伦理等价值观念，也反映了一定时期的社会结构。中国古代法律的主要特征表现在两个方面：一为家族，一为阶级，简言之即为“忠孝”二字。二者是儒家意识形态的核心、中国社会的基础，也是中国法律所着重维护的社会制度和社会秩序。

中国的家族是父系的，也称为本宗，对于家族的统治是父权家长制的。具体而言，父权的绝对性体现在两个方面：经济权、法律权。一方面，法律禁止子孙私自动用和处分家财；另一方面，父亲对子孙有绝对的惩戒权及送惩权，甚至于只要是存在子孙违反教令等行为的，父母将子孙杀死，亦可免罪。家族是政治、法律的单位，政治、法律组织只是这些单位的组合而已。因此，以家族为本位的社会基础，也决定了中国古代刑法在对待涉及家族的犯罪时，亲疏伦理关系成为其需考虑的重要因素。为了维护家族伦理秩序，有的情况下，刑法甚至不惜牺牲其惩治犯罪的目的来实现。于是便有了中国古代法律中规定的亲亲容隐制度。

从某种意义上讲，瞿同祖先生的《中国法律与中国社会》可谓是一例相当特殊的学术史个案，瞿先生的这部著作一出版就被公推为法律史学界的扛鼎之作，后辈学者但凡言及中国传统法律文化，也每每援引瞿先生的相关论述。本书依据大量个案和判例，分析了中国古代法律在社会上的实施情况及其对人民生活的影响，揭示了中国古代法律的基本精神和主要特征，是相关学科研究的重要参考书。

先睹为快

法律是社会产物，是社会制度之一，是社会规范之一。它与社会风俗习惯有密切的关系，它维护现存的制度和道德、伦理等价值观念，它反映某一时期、某一社会的社会结构，法律与社会的关系极其密切。

父祖是统治的首脑，一切权力都集中在他的手中，家族中所有人口——包括他的妻妾子孙和他们的妻妾、未婚的女儿孙女、同居的旁系卑亲属，以及家族中的奴婢，都在他的权力之下。

延展阅读

《乡土中国》

此书乃著名社会学家费孝通先生的代表作，而费孝通和瞿同祖二人都是 1910 年出生，在学术背景上也有诸多相似之处。这本书中所讲的中国，并非是对具体的中国社会的素描，而是包含在具体的中国基层传统社会里的一种特具的体系，它支配着社会生活的各个方面。费孝通在书中还提出了著名的“陌生人社会”观点，对以后的学术界有着重要影响。可以说，了解何谓“乡土社会”对我们理解具体的中国社会、中国法制怎样在老百姓中施行有很大的帮助。

《法律思维与民法实例：请求权基础理论体系》

王泽鉴　著

王泽鉴作为台湾地区著名民法学家，其“请求权”理论对大陆民法学界有着非常重要的影响，此书在两岸法学院的民法课堂上几乎人手一册，作者通过诸多案例与深入分析，向民法债权的初学者们介绍了一套正规的合同法思维方式，此书也是北京大学法学院债权法、物权法、民法总论等课程的必读书。

推荐版本： 中国政法大学出版社

关于作者

王泽鉴教授，出生于1938年，是我国台湾地区著名的民法学者，也是世界范围内广有影响的学者。王泽鉴曾经留学德国，并在英国、澳大利亚从事过研究工作，对两大法系的民法都有深入的研究。主要著作有《民法学说与判例研究》（八册）、《民法总则》《民法债编》《民法物权》等。

王泽鉴的著作20世纪70年代在台湾地区就有很大影响，近年来，其作品已由中国政法大学出版社、北京大学出版社引进大陆，王泽鉴本人也时常来京开展讲座，向大陆法学院学生们讲授其民法理念。

荐读理由

民法可以算是各门法学学科中最难学的一科，在历年的司法考试中，常有“得民法者得天下”的说法，看一个法学院学生法学功底深厚与否，也常常以其民法学得是否扎实为标准。民法中部门法虽多，但核心还是物权、债权两支。提到物权，国内法学教授往往会推荐学生读日本法学家我妻荣和台湾地区法学家史尚宽、谢在全的著作；至于债权，台湾地区法学家王泽鉴的作品就是当仁不让的最佳教材。王泽鉴最著名的作品莫过于“天龙八部”，即《民法学说与判例研究》（八册）了，但这种大部头的学术专著往往让人望而却步，那么，通过这本薄薄的《法律思维与民法实例：请求权基础理论体系》走进王泽鉴的民法世界就是最好的选择了。

此书“每出一版，学生争相购买，先睹为快”，20 世纪 80 年代初在大陆学者中就有其影印本流行，对中国大陆民法研究产生了很大的影响。该书 1997 年由中国政法大学出版社出版，普通学生始有机会阅读并由此了解王泽鉴。大陆法系法学教育在传统上偏重理论的讲授，英美法系则以案例教学为主，注重实务能力的培养。两种教育模式各有优劣，《法律思维与民法实例：请求权基础理论体系》基于对大陆法系法学教育传统的反思，汲取英美法系判例教学的优点，以台湾地区“民法”为对象，通过对法条和案例的分析，建构了请求权基础的理论体系。为民法理论学习和实例处理提供了可资遵循的进路。如前所述，民法为众法之源，民法殿堂宏大而幽深，初学者往往不得其门而入，本书堪称入门的金钥匙。对民法研习乃至一切部门法的研习都有方法论的指导意义。

本书 35 万字，分为八章。依次为：绪说；案例事实、问题及解答；历史方法与请求权方法；请求权基础；请求权与抗辩、抗辩权；法律的适用；解题的体裁、结构与风格；实例解说。按内容可以分为三大部分：一是民法教育和司法考试，重点是民法学习的方法；二是请求权体系的构建；三是实例解说。

在此书开篇，王泽鉴即指出：法学教育的基本目的在于使法律人能够认识法律、具有法律思维及解决争议的能力。考试的目的在于测试一个法律人是否具备此等能力。王泽鉴在对台湾地区传统法学教育的弊端进行分析的同时，也提出了改进的途径。他认为，除课堂讲义外，须增加研讨会，并给学生布置课外作业；考试之后，教授应讲解试题的内容，分析学生易犯的错误；教科书的体裁应多元化，法学著作须更重视法学方法；并指出法学教育改革的一个重点在于积极推展“实例研习”的教学方法，以期增进学生处理问题的能力。

关于法律学习的要点和方法，王泽鉴在第一章中指出：首先是要掌握法律概念，这是基本功，而学习法律的最佳方法是先读一本简明的教科书，通盘了解该法律的体系结构和基本概念；其后再以实例作为出发点，研究各家教科书、专题研究、论文及判例评释等，作成解题的报告。实例研习的目的在于培养思考方法，去面对未曾遇到的法律问题。这种穿梭思考、彼此渗透、相互阐明是实例解题的起点。实例解题的方法主要有两种：其一是历史方法，指就案例事实发生的过程，依序检讨其法律关系；其二是请求权方法，指处理实例应以请求权基础为出发点，这种方法更适合实际需要，也符合经济原则，可保障解题内容的妥当性，应是实例解题的主要方法。

王泽鉴在第四章中对请求权基础进行了深入的论述。请求权基础是指得支持一方当事人向他方当事人所主张的法律规范。请求权基础的寻找是处理实例的核心工作。只有在明确的请求权基础上，当事人才能知悉其权利义务，律师才能判断法院的见解是否妥当，法律学者才能进行学理探讨。每一个学习法律的人自始即应确实培养探寻请求权基础的能力。请求权基础可分为六种类型：契约上给付请求权、返还请求权、损害赔偿请求权、补偿及求偿请求权、支出费用偿还请求权、不作为请求权。王泽鉴不但在书中指出了请求权基础的探寻次序和方法，还结合台湾地区民法规定和判例对各种请求权基础进行了简洁而深入的分析。

第五章着重论述了请求权与抗辩的对立性，在“对因侵权行为取得债权的拒绝履行权”一节中，通过柏拉图式的对话体，将众多法条的适用表现得淋漓尽致。

第六章论述了法的发现、法律适用的逻辑、评价与论证、法律的解释、法律漏洞的认定与填补、慰抚金、不完全给付等内容。其中关于法律的解释一节，以简短的篇幅论述了法律解释的目的、方法和规则。

第七章是对台湾地区司法考试答题的指导，指出法律问题的处理宜采用鉴定体裁，强调掌握法律条文的最好方法是多作实例、多写读书报告、多研读判例、多参加研讨会。

第八章列举了 12 个实例，每一实例分为解题思考和问题解答两部分，并指出了解题的四个步骤。

此书“穿梭于法条与实例之间”，以简洁凝练、通俗易懂的文字和一目了然的图示阐释了精深的法理。台湾地区民法与大陆民法规定多有不同，若能通读台湾地区民法典并将其与本书对照学习，收效将会更明显。学习本书，重点在于掌握民法乃至一切部门法的学习方法，尤其是法律思维的训练和法律实务能力的培养。不同法域的具体规定虽然不同，但法理是相通的，大陆学生可以将本书的方法运用于大陆民法的研习。

先睹为快

应再强调的是，每一个学习法律的人，自始即应确实培养探寻请求权基础的能力。解题之际，须明确指出支持某项请求权之法律规范。在未寻获请求权基础前，尚不能开始解答。绝不能以概括笼统用语，来掩饰不清楚法律思维过程。惟有如此，始能养成严谨细密的法律思维方法，亦惟有如此，始能维护法律适用的合理性、可预见性和安定性。

请求权竞合，指以同一给付目的的数个请求权并存，当事人得选择行使之，其中一个请求权因目的达到而消灭时，其他请求权亦因目的达到而消灭；反之，就一个请求权因目的达到以外之原因而消灭时，则仍得行使其他请求权。如计程车司机驾驶不慎，发生车祸，致乘客受伤时，乘客有不完全给付债务不履行的损害赔偿请求权及侵权行为损害赔偿请求权，得择一行使之。被害人得同时或先后依债务不履行之规定请求财产上损害赔偿时，得再依侵权行为之规定请求抚慰金。其依侵权行为规定请求财产上损害，已达其目的时，自不得依债务不履行之规定再为请求。于侵权行为损害赔偿请求权因罹于时效而消灭时，被害人仍得主张债务不履行之损害赔偿请求权。

请求权的竞合的问题，对债权人及债务人均具重要意义，因其涉及不同的要件、举证责任及消灭时效抗辩等。每一个从事法律工作的人必须掌握每一个得竞合的请求权，始能在诉讼上或诉讼外作适时必要的主张或抗辩。实例研究是为实务而准备，故在解题时“切勿”任意选择一个请求权基础而作答，必须通盘检讨所有可能成立的请求权基础。此所涉及的不仅是当事人的利益，也是严谨法律思考的训练。

延展阅读

《民法学说与判例研究》（八册）

本书是王泽鉴教授所著论文的汇集，集中反映了作者 20 余年间的主要学术成就。在书中，作者深入讨论了民商法学的基本理论问题和判例研究的一般方法；以大陆法系传统法理为依托，借鉴英美等国法学发展的经验；以法学的方法论，去阐释、检验法律的适用，发现蕴含于个案之中的法律原则，构建了一个理论与实务有机结合的民法学术体系。

《法律人，你为什么不争气?》

陈长文、罗智强　著

何为律师的良心？何为法律人的职业操守？学习法律时内心需要有怎样的信念与坚持？法律人陈长文给出了自己的答案。这本书饱含着一位有良知、有梦想的法律人对台湾地区法治环境、社会环境的深切反思与殷切期待，对我们何尝不是一种启发？此书是北京大学法学院劳动法与社会保障法等课程的必读作品。

推荐版本：法律出版社

关于作者

陈长文，1944 年出生，本科毕业于台湾大学法律系，之后获得了加拿大英属哥伦比亚大学法学硕士学位和哈佛大学法学博士学位。他的身份和头衔实在太多了：首先，他是一位长期投入法学教育、法制建设的教育工作者——财团法人台北欧洲学校董事长、台湾政治大学兼任教授、北京大学光华管理学院及清华大学经济管理学院财经法专题讲座主讲人、浙江大学法学院及南京大学法学院客座教授；其次，他也是一位名律师——理律法律事务所执行合伙人兼执行长、“中华民国国际法学会”理事长；同时，他还是一位关心两岸问题的自由主义、和平主义者，曾任海峡交流基金会首任秘书长，并曾以台湾地区“红十字会”秘书长的身份为两岸交流破冰，签署历史性的两岸协议——“金门协议”。

本书的另一位作者罗智强是陈长文的研究助理，是台湾政治大学外交所博士生，台湾辅仁大学大传系兼任讲师，中华演说与辩论会理事长，《经济日报》特约编辑。

荐读理由

中国的法律渊源总的来说似乎是源远流长的，但是当下我国法律制度更多的是借鉴大陆法系其他国家或地区的既成传统，尤其是日本和台湾地区，近百年来对我国的现代法制产生了非常重要的影响。一方面，在地域与文化传统上较为相近，学习与吸收的排异性较小；另一方面，清末立宪与民国时期，诸多日本法学家来华协助立法，同时对大陆和台湾地区的法制建设起了引导与规范作用。现如今，台湾地区法学家和日本法学家的著作与理论仍是大陆法学院民法专业的学生所必读必知的，尤其是王泽鉴、我妻荣等法学大家的作品，对于我们了解大陆民法系统有着非常重要的作用。

然而，在学术专业之外，台湾地区法律人在社会现状、法律制度与政治体制的关系等方面也有着深刻而现实的思考，《法律人，你为什么不争气?》就是这样一本振聋发聩的沉思录，本书的副标题是“法律伦理与理想的重建”。台湾地区著名律师陈长文从法学专业学生学习误区、律师的工作态度一直谈到冷漠孤立的社会现状、腐败黑暗的官场政客。文中反讽地指出，法律人地位日隆，但法律尊严却荡然扫地的荒谬现象，发出了如今的法律人为什么不争气的慨叹。而这个命题，不只法律人应该也必须关心，以透过自省，务求“革心革行”，事实上这也是所有受苦于法律人不佳的台湾地区人民所应该也必须关心的命题。

这是一本发人深省的书，不只法律人该看，非法律人但关心台湾法治发展的普罗大众也该看。近来司法也屡受质疑，这代表着法律人的“整体”必然出了一些很严重的问题。所以才会无法稳固社会对法律人“正义守护”的形象认知，甚至在某些层面不断地制造负面示范，乃至于带来危机与灾难。但两位作者并不仅仅疾声批判，而是以“法律人，你为什么不争气?”责难性的问句作为起点，从许多法律人的表现，逐步地析理，试图点出病征、找出病因，并且提出具体的改革建言。

作者在为本书写的自序中提到，他希望这本书，不仅仅对台湾地区法律人的自省有所催促，也希望大陆的法律人能从台湾地区的经验中，得到启发与警示。在很多方面，台湾地区就像一面预兆大陆未来的镜子，当大陆和台湾地区一样都在追求现代化的法治与法制时，台湾地区今日所面临的问题，都不啻是一种对大陆未来的必然面临的预告。

在书中，作者从三个方面探讨了如何改变现状，涤清司法：法律人的反省自觉、制度的变革、法学教育的重新思考。

首先，在法律人的反省自觉方面，作者强烈批判了中国传统强调圆融和事的文化，流失了法治的基底，部分政治人物太过权谋，把法律当成可以恣意操纵的权力工具的结果。

其次，书中揭露了法律人执政所陷入的无案不弊的窘境，这实在是让所有法律人羞赧难当的现状，政府官员守法精神全面崩坏的危机形成的恶效应是显见的。法律人亲手处决法律的羞耻柱上始终记载着法律人治国的成绩，以至于我们现在对我们的法制现状越来越不满。然后是律师、检察官、法官、法学教授各自所面对的职业尴尬。

最后，作者指出，台湾地区的法学教育陷入了更加危险的境地，而这可能是“法律人真正的末日”。书中写到，如果作为二十出头的青年，一只脚还没迈向社会，就开始无可遏制地愤世嫉俗，就丧失了对良心与正义的驻守，那么还何求未来对法律事业的继承呢？但同时，作者也表达了对法学院学生的同情，不用说四年的学习能够接受多少实质性的收获教育，在很多学术氛围不够浓厚的地方，临近毕业的学生唯一仅存的追问便是“我找不到工作怎么办？我司法考试没过怎么办？我没有考上研究生无以继续求学怎么办？”那些“怎么办”困扰着未来的法律人。在就业压力的夹缝中求生存不仅检验了法学本科教育的耐度，也同样逼迫着那些怀有正直乐观品性的青年对于人生理想的颠覆性怀疑，那么法律人的出路在哪里？

法律人的正义信仰是否遗失？作者在文中无时无刻不在追问着同样的问题，只期盼着仅仅在一小簇的族群中间消逝，但还有很多仁德正义之师正在艰难地坚持。如同这样一声“法律人，你为什么不争气？”的呐喊声，让我们看到了那些被压抑而震动的灵魂。

在本部分的最后，附上书中一个经典的小故事，这则故事曾屡次出现在法学院课堂上，笑声过后，希望读者可以感受到其背后的深意。

话说以前有一对苦难兄弟，有一天他们两兄弟突发奇想，想玩热气球，于是他们就飞上天啦，可是上了天以后才发现不知道怎么降落，气球就一直飞，飞到一片大草原。苦难兄弟看到下面有个人正在骑马奔驰，就在气球上大喊：“下面的人呀，我们现在在哪里？”

那人于是回答：“上面的人呀，你们在热气球上！”接着就骑马跑掉了。

苦难弟就问苦难哥：“哥……那个人是谁呀？”

苦难哥语重心长地回答：“那个人一定是个律师，说的话都对，但是一点用也没有！”

气球又继续飞啦，这时候他们又看到有个人在草原上骑马。

这次苦难兄弟学聪明了，他们大喊：“下面的人呀，我们要怎么降落？”

那人回答：“上面的人呀，你们把绳索割断就能降落了！”接着就跑掉了。

苦难弟又问：“哥……那个人是谁呀？”

苦难哥语重心长地回答：“那个人一定是个法官，虽然他能解决问题，但是绝对不管你死活！”

气球继续飞着，兄弟俩看到天上出现了另一个热气球，气球上有另一个人也正苦于无法降落，一问原来是总统先生。

这时，草原上又出现了一位骑马的人，兄弟俩还没来得及开口呼救，那个人立刻掏出手枪对着兄弟俩射击，并大骂："在禁航区里飞热气球！还不给我滚下来！"还好一阵强风刮起，兄弟俩的热气球被吹高了几公尺，那人几枪都没射中。

正当兄弟俩为另一位困在热气球上的总统先生担心时，却看到骑马的人恭敬地下了马，掏出另一把抛绳枪，努力勾射总统的热气球，好不容易勾中了热气球，那人用尽力气，把总统先生拉回了地面。

苦难弟问："哥……这个人又是谁啊？"

苦难哥语重心长地答道："这个人一定是检察官，他解决问题的方法有时酷厉，有时温驯，完全得看对象的身份。"

气球仍然继续飞，飞到后来没瓦斯了，气球慢慢降落，眼看就要摔到悬崖里，哥哥眼明手快，从气球里面跳了出来，可是弟弟却跟热气球一起掉到悬崖下，这时候旁边正好有一个人骑着马过来，哥哥就向他求救了。

这人不疾不徐地回答："这个悬崖不深，我可以教你弟弟怎么爬上来。"

他教了三个办法：一、左手右脚、右手左脚地爬；二、左手左脚、右手右脚地爬；三、左手右手、左脚右脚地爬。

正当这个人还在跟苦难哥分析三种爬法的时候，弟弟已经用第一种办法爬了上来，这个人一看就很生气地跑过去，一脚把苦难弟踹下悬崖，还大喊："第二个方法才是多数人用的办法，你给我重来！"

苦难弟只好心不甘情不愿地用第二种方法爬上来，那个人才心满意足地离开。

苦难弟又问啦："哥……那个人是谁呀？"

苦难哥再一次语重心长地回答："那个人一定是法律系的教授，虽然每种方法都能用，但是你不用他的方法就该死！"

先睹为快

人生在世，就是要对社会有所贡献，见不公则伐之，见有义则助之。

传统中国的个人观，对个人的“能力”是高举的，但对个人的“权利地位”却是贬抑的。相反的，西方社会对个人的“能力”是贬抑的，但对个人的“权利地位”却是高举的。

我们的法律不是从自己的土地上生长、结果的，我们感受不到西方世界在争取人权与自由的过程中，所坚持的理想与付出的代价，只看到西方社会法律人在研究法律的实证化态度，却不知这样的实证化态度仍是植根于理想之上。失去理想性的法律，就不是法律；失去理想性的法律人，就只是玩法的机器。

延展阅读

《我们律师》

张思之是我国著名刑事辩护律师，曾担任“林彪、江青反革命集团案”律师辩护组组长。20 世纪 90 年代后代理了一批在全国有重大影响的案件，包括一些重大的政治案件。本书是《我的辩词与梦想》的姐妹篇，收录了张思之律师围绕律师行业、社会问题等问题所撰写的各类散杂文，包括律师执业心得、案件时评、办案经历回顾、演讲词、为新书撰写的序言后记等。本书既是精彩的法律时评，又是珍贵的历史文献，折射了中国特定时段的司法困境以及几代法律人的不懈抗争，其职业伦理和专业精神为业界所称道。

《近距离看美国》系列

林达　著

本系列丛书四本从不同侧面向国人展示了美国宪政民主从源头、发展到相对成熟和付诸实践的基本过程。语言朴实自然，富有洞见，作者林达夫妇也被誉为“中国的托克维尔”。

推荐版本： 生活·读书·新知三联书店

关于作者

林达并不是一个人的名字或笔名，而是美籍华人作家丁鸿富与李晓琳夫妇的合用笔名。二人1952年生于上海，“文化大革命”期间在黑龙江插队，1978年进入大学，1991年移居美国。在美国生活期间，陆陆续续写下了《历史深处的忧虑》《总统是靠不住的》《我也有一个梦想》和《如彗星划过夜空》四本介绍美国宪政民主历史的作品，以“近距离看美国”为系列名称在国内出版。关于并非专业作家的林达的创作缘由，其有一篇《我如何书写美国》进行了介绍。

夫妻二人初至美国选择了位于南方佐治亚的一座小城，因为“对北方主导的精英文化，很容易通过媒体等各种途径了解，而唯有深处南方，才可能身临其境、对美国文化的另一个重要分支有切实感受”。刚刚经历了“文化大革命”与20世纪80年代的思想变革，中美文化的显著差异给林达的思想带来了极大的冲击与影响，他们发现美国民主的背景固然是强烈本能的自由诉求，但更是冷静成熟的法庭辩论和一步步司法界定。于是，1994年的冬天，林达夫妇在佐治亚写下了自己眼中的美国权利法案，描述了美国民众两百年来争取自由的代价。本书历经坎坷于1996年出版面世，成为20世纪末出版界的一件大事。随后的三本系列作品，是把上一本书的话题深入下去：独立司法的重要性、民主制度的设计与完善、种族问题的思考、宗教在社会文化中扮演的角色。每一本书都在读者中产生了极大的反响，娓娓道来的语言风格、深入浅出的叙述手法使得“林达风格”得以确立，其后出版的《一路走来一路读》《扫起落叶好过冬》《西班牙旅行笔记》《带一本书去巴黎》等作品一脉相承了这种创作思路，将历史、政治、法律、文化、宗教紧密地联系在一起，为中国读者认识世界提供独特的视角与思维方式，林达也因此被誉为“中国的托克维尔”。

荐读理由

如前所述，《近距离看美国》系列并非一蹴而就，而是机缘巧合、水到渠成的结果。第一本《历史深处的忧虑》又名《辛普森案的启示》，通过1787年美国费城制宪会议前后的一系列故事，梳理美国宪政民主从源头、发展到相对成熟和付诸实践的基本过程，同时借助一个个经典司法案例（写作时恰逢辛普森案的“世纪审判”），层层推出对美国宪政制度中的忧虑与局限的思考，告诉读者，自由不仅是具体的，也必须仰仗他人和社会支付代价才得以维护。该书一经出版就广受好评，时值美国大选，在读者建议下，林达完成了本系列第二部作品《总统是靠不住的》。通过讲述相关故事（尼克松“水门事件”的跌宕起伏为介绍三权分立具体运作提供了绝佳教材），解释当发生政治危机时，美国三权分立的理念与复杂的制度机制如何自动启动，以制约和平衡“靠不住的”官员、总统甚至是政府。有了前两本书的铺垫，第三本书《我也有一个梦想》的写作变得顺理成章，作者作为少数族裔，追溯了美国废奴过程和解决种族问题的历史进程，也强调了基督教精神在美国文化中的重要性。这里，作者有一段深刻的解释："美国人习惯于不相信政府，相信制度的设计和监督机制，它固然始于对人类本性的深刻怀疑。可是，归根结底，一切制度最终还要依靠人来设计和运作，这是一个悖论。正是人性另一面，人的精神追求、反省能力，在推动历史进步。"第四本书《如彗星划过夜空》始于林达关于克林顿丑闻的一篇评论《在誓言之下》，作者希望自己的写作能提醒读者，民主作为"多数人的决定"，恰恰要警惕"多数人的保证"，即"所谓知识人的道德勇气，一部分应该是表现在对强权的批判上，更难做到的是不取悦民众"。

对于学界，林达的作品思想见解并非最深刻的、知识体系并非最完善的、制度解读并非最严谨的，但是其对于改变深陷于自己文化中的中国读者的思维习惯有着巨大影响。"近距离看美国"系列的写作、出版，适逢中国开始新一轮经济改革，以一个飞速成长大国的特殊姿态大步走向世界的时刻，中美再次走近，却依然陌生，经济的发展与文化的滞后之间的矛盾正需要如林达这样的作者和《近距离看美国》这类的作品来缓和、消解。

先睹为快

在他们看来，总统不是什么必要条件，中央政府也不是什么必要条件，他们有关自由独立的美国的理想，才是一个必要条件。他们认为，当他们向全世界宣布他们的理想的这一天起，美国就已经建立起来了。

——摘自《历史深处的忧虑》

在第一个总统诞生之前，他们考虑的首要问题，不是寻找一个伟人，试图赋予他足够的强权，以便控制住美国的局面。相反的，他们考虑如何推选一个称职的管理者，同时限制他的权力，使得总统和政府都无法干涉人民的生活，使得自由自在的美国人依然自由如故。因此，美国和所有的国家一样不乏伟人，但是这里的伟人没有一个与强权有关。也是由于在这个概念之下，当这个总统上任的时候，在美国，没有一个人，包括总统本人，会试图去强调这是一个高瞻远瞩、英明决断的伟人。美国的民众也习惯于对总统没有这样的要求。

——摘自《总统是靠不住的》

我们将以自己忍受苦难的能力，来较量你们制造苦难的能力。我们将用我们灵魂的力量，来抵御你们物质的暴力。我们不会对你们诉诸仇恨，但是我们也不会屈服于你们不公正的法律。你们可以继续干你们想对我们干的暴行，然而我们仍然爱你们。你们在我们的家里放置炸弹，恐吓我们的孩子，你们让戴着 KKK（即 3K 党）尖顶帽的暴徒进入我们的社区，你们在一些路边殴打我们，把我们打得半死，奄奄一息。可是，我们仍然爱你们。不久以后，我们忍受苦难的能力就会耗尽你们的仇恨。在我们获取自由的时候，我们将唤醒你们的良知，把你们赢过来。

——摘自《我也有一个梦想》

民主制度需要一个相应的社会文明程度去配合。“社会文明程度”既指社会上层的政治家，也指身在社会底层的民众。人类社会从专制走向民主的过程是从文明积累最厚实的那个部分开始推动的。底层民众是社会的最弱势，是最值得同情和关怀的群体。可是，通常人们闭起眼睛不看的是由于文明积累层的薄弱，底层同时也是社会最危险的一部分。因此，看上去是以民众为主题的民主，在它的源头发展的时候，实际上却是一个自上而下的过程。

——摘自《如彗星划过夜空》

延展阅读

《洞穴奇案》

本书讲述的是五名洞穴探险人受困山洞无法在短期内获救，为了维生以待救援，大家约定抽签吃掉其中一人，牺牲他以救活其余四人。借助这个假想公案，实际上反映了 20 世纪各个流派的法哲学思想。《洞穴奇案》既是法哲学专业领域寓言式的经典文献，又是大学跨学科通识教育的理想读本。《洞穴奇案》适合的读者是那些不热衷于给观点贴标签或猎寻虚幻、对严肃而有意义的论证充满兴趣的人。

《民法总论》

朱庆育　著

本书作者乃新世纪我国民法学界冉起的新星，本书作为民法总论教科书，一经推出即广受好评，其内容与体系反映新一代民法学者的研究方向与关注重点。

推荐版本：北京大学出版社

关于作者

中国政法大学副教授朱庆育生于1973年，1990年考入中国政法大学经济法系，先后从中国政法大学获得法学学士、法学硕士、法学博士学位，2002年留校任教，中国政法大学民商经济法学院民法研究所副教授。2008年3月至2009年4月任德国汉堡马克思—普朗克外国私法与国际私法研究所访问学者。曾获中国政法大学优秀教师特别奖（2010年）、优秀教师奖（2013年），第四届（2011年）和第五届（2013年）中国政法大学“最受本科生欢迎的十位教师”之一。

荐读理由

本书共四编十五章五十一节，以中国实证私法为阐述对象，意在构建作者所倡导的规范性解释科学的体系框架。全书系统论述了民法基础理论与民法总论各项制度的脉络和细节，既讲求实证规范理解中的逻辑缜密性，亦追问技术规则背后的理念正当性。

国内现今民法总论教科书可谓汗牛充栋、千人一面，但普遍欠深度与广度，虽与面向群体主要为法学院本科生且中国民事立法尚存许多不足有关，但以法条解释为导向的思路却使得许多书沦为了深度普法读物，而未能体现出民法的科学性。作者在理论上直指德国民法理论，这当然与其语言能力有关，所涉原典之广，对诸理论挖掘之深，对中国民法不足评论之直，使人颇感法研乐趣所在。

阅读本书，尚可关注两个维度：一是空间维度。本书既接驳德国知识传统，亦对大陆法系其他家族成员，如日、瑞、法、奥，以及中国台湾地区等投以必要关注，为理解我国相应规范、制度及理论提供了广阔的空间视角。二是时间维度。本书着意接续汉语法学传统，上讫民国时期，下至20世纪50年代以来新中国各阶段的民法思考，无不纳入本书观察范围，以历史的视角细致梳理了我国的民法知识传统及其流变。

本书共四编，分别为基础理论、法律行为、权利主体和权利理论。在“基础理论”中，作者考虑全书篇幅，删去“私法自治”与“民法方法论”两章，留“民法基础”和“民法规范理论”两章；民法学中，法律行为居核心位置，本书中作者在该编分别讨论了法律行为的本质、法律行为的效力自治、法律行为的类型、负担行为与处分行为、意思表示的一般原理、法律行为的效力瑕疵和代理；针对“权利主体”这一编，作者不仅介绍了自然人、法人、家庭和非法人团体等权利主体的概念、分类、权利能力与行为能力，还特别对人格保护、户籍与住所的民法意义进行了评述；在第四编“权利理论”中，作者通过“权利的一般原理”“权利的时间属性”“权利的救济”三章详细阐释了实证法体系下的权利分类、诉讼时效、请求权基础等内容。此书在提高读者理论功底上有很大作用，但在实务意义上稍显不足，主要体现在案例的欠缺，这也是与台湾地区王泽鉴等民法大家作品的差异。因此，本书对于大一、大二的本科生或仅以通过司法考试取得法律职业为意者略显艰深，但于法律人而言，学习是终身之事，此书可加深甚至改变对民法的认识。

“表达是一种艺术。有关方法或艺术规则的争论价值甚微，唯有作品才具有说服力。”作者在自序中引用的这句话相信也是本书的写作准则。本书是教科书，但绝不仅仅是教科书。或者换个说法，教科书的表达形式并不妨碍十年磨一剑的本书成为我国民法领域难得的大美之作。

先睹为快

抽象原则显然意在保护第三人及其所代表的交易安全，避免第三人（交易安全）受到代理人与被代理人之内部关系效力的影响。管见以为，这一考虑也许多余。授权行为的抽象原则与物权行为（处分行为）的抽象原则均以保护交易安全为目标，然而，二者实难相提并论。市场交易背景下，物权移转自由而迅捷，第三人存在于连续不断的交易链中，故可符号化为交易安全之标志。作为债权行为的票据行为之所以能够突破有因原则，既无物权变动之公示原则与之配套，亦无票据行为之文义属性足令第三人知悉，抽象原则缺乏足够牢固的制度基础。就此而言，授权行为与物权行为不可同日而语。不可同日而语之处还在于，物权行为抽象原则，系以基于行为为前提，基础关系则构成物权给予之法律原因，为物权给予的正当性提供依据，无此正当性，将产生不当得利问题；授权行为则未作权利给予，只是授予代理人将代理行为效果归属于被代理人之权力，正当性并不来自于基础关系，基础关系纵然无效，亦无关乎不当得利，因此，以物权行为与原因行为之关系类比授权行为及其基础关系，未必妥当。

延展阅读

《德国民法总论》

《德国民法总论》自 1976 年问世至今再版 33 次，是最受德国法学院学生欢迎的民法总论教科书。其语言浅显易懂，简洁准确，全面地介绍和分析了德国私法的结构，对《德国民法典》总则部分的意义和价值进行了精到的阐释，此外还配有形象生动的最新司法案例、大量图表和最新的文献资料索引。本书适合中国所有法律学人阅读，通过学习大陆法系最具代表性的法律制度，一方面为学习生涯打下坚实基础，另一方面有助于深刻理解立法动机和法规目的并将其应用到实务当中。

《债权在近代法中的优越地位》

我妻荣（1897—1973）是 20 世纪日本首屈一指的民法学家，毕业于东京帝国大学法学部，本书是其代表作。同为日本著名法学家的星野英一先生对本书的评价为“基于一个宏大的构想，其论述较之其所依据的论著更为实证，是一部极其精心而坚实的著作。说它是日本民法学中水平最高的经典论文是当之无愧的。依我所见，即使在欧美各国，像这样高度概括综合的研究成果也未有过。能就法律学本身的方法论写出这种程度的总括性的论文，直到今天还未出现第二人”。本书对我国民法学界影响甚巨，是民法学者学习与研究债权法理论时必读之权威学术著作。

《物权法论》

史尚宽 著

史尚宽先生的《民法全书》标志着中国式民法理论体系的建立，其中的《物权法论》是学习与研究物权法理论时必读之权威学术著作。

推荐版本：中国政法大学出版社

关于作者

史尚宽（1898—1970），安徽桐城人，自幼聪颖敏悟，15 岁即留学日本，先后毕业于京都第三高等学校、京都帝国大学法律系，1922 年赴德国柏林大学研究法律，两年后转学至法国巴黎大学研究政治经济。作为台湾地区首屈一指的法学家，史尚宽先生涉猎领域包括民法、宪法、行政法、劳动法和刑法，著述近千万字，其中影响最大也最具学术价值者，当推《民法全书》，包括：《民法总论》《债法总论》《债法各论》《物权法论》《亲属法论》《继承法论》。

史尚宽先生的《民法全书》以“西学为用，中学为体”，借精通日、德、法、英四国语言之优势，搜集到相关的最新资料，将各国学说及判例比较综合，再结合“民国民法”规定进行取舍与变通，使所借鉴者适应国情与法意。正如张谷教授所言，“不骛于形式的机械的平等之虚名，而求实质的有机的平等之真谛，不偏于个人私欲之满足，而求一家之共存共荣”。

作为中国历史上第一部民法典的起草人与迄今为止独立完成《民法全书》的第一人，史尚宽先生及其“民法全书”当彪炳青史，烛照千秋。

荐读理由

《物权法论》全书共十一章，分别为总论、物权之变动、所有权、地上权、永佃权、地役权、抵押权、质权、典权、留置权和占有。章下分节、目、款，结合德、瑞、法、日等大陆法系国家物权法法意与理念，借助案例，对物权法诸方面进行详细阐释。史尚宽先生在其《民法全书》的“自序”中称：“民法为众法之基。私法固不待论，欲治公法者，亦应对于民法有相当理解，而后可得其真谛。”他认为：中国虽然有一部“誉我国民法典为进步之法典，可惜尚少精深渊博之巨大著作以宏其用，良以民法关系错综复杂，远非他法可比，非将全部融会贯通，难以运用”。作为《民法全书》中的重中之重，《物权法论》无处不体现史尚宽先生的勤学精研与良苦用心。可以说，史尚宽先生的民法思想为连接中国传统民法学与现代民法学，搭起了承上启下沟通历史与未来的一座桥梁。《民法全书》的完成，标志着中国式民法理论体系的建立，是学习与研究民法理论时必读之权威学术著作。史尚宽先生将民法学这一人类文明智慧的瑰宝全面系统地中国化而集其大成，使之成为中华民族得以共享的宝贵精神财富。

先睹为快

野蜂，系属无主动产，自得先占。至于他人饲养之蜜蜂，是否得为先占之物体，我民法未设有规定，乃为一解释问题，应分别而为观察。

1）蜂群飞入他人地内。我第一次民律草案，于此情形，采取罗马法主义，除原主尚在追捕者外，认为无主动产，许他人先占（同草案1030条、德民961条）。瑞士民法规定原饲主之所有权，并不因此而丧失（瑞民 719 条 3 项）。盖饲养之蜂群与家畜并无不同也。我民法亦应采此解释。

2）数人所有之蜂群混集于一地。于此情形，依德国民法追捕其蜂群之所有人，共有所捕获之全蜂群，其应有部分，依所追捕蜂群之头数比例定之。其中惟有一人追捕者，为其所捕获全蜂群之所有人（德民 963 条）。我民法无此规定，此时如已混合至不能识别之程度，应适用关于动产混合之规定（民法 813 条、812 条）。若混合后并非不能识别，则原饲主得依民法第 791 条第 1 项规定，寻查取回。

3）甲之蜂群移住乙之蜂笼与其蜂群相混合。于此情形我第一次民律草案认为无主物，许乙蜂群所有人取得其所有权（同草案 1032 条、德民 964 条、瑞民 925 条 2 项）。我民法无规定，亦应适用关于动产混合之规定，乙之蜂群可认为乙地之附属物，其蜂群似应视为主物（民法 812 条 2 项）。

延展阅读

《合同法总论》

清华大学法学院韩世远教授的《合同法总论》已出第三版，被誉为大陆地区合同法研究的翘楚。本书立足解释论阐释法条、法理和应用的同时，运用翔实的比较法手段，也进行了一些立法论的探讨。对于已经掌握我国合同法法条、需要结合实际加以运用的读者，极有指导意义。第三版结合新的法律、法规和司法解释，特别是结合《最高人民法院关于适用〈中华人民共和国合同法〉若干问题的解释（二）》，逐处修订，刊登在《中华人民共和国最高人民法院公报》上面的案例，也是该版新增内容亮点。本书作为法学院学生教科书，无疑代表着我国大陆合同法发展的最高水平及最新动态了。

《刑法学》

张明楷　著

作为目前大陆地区首屈一指的刑法学教科书，无论是思想还是语言，无论是结构还是逻辑，这本千余页的作品都值得法学学生花费时间认真研读。

推荐版本：法律出版社

关于作者

张明楷教授，1959 年生人，1982 年毕业于原湖北财经学院（今中南财经政法大学）法律系，同年攻读本校法学硕士学位，1985 年留校任教，1989 年到日本东京都立大学法学部研修，1995 年任日本东京大学法学部客座研究员，师从山口厚教授，1996 年任日本东京都立大学法学部客座研究教授，师从前田雅英教授，曾任德国波恩大学高级访问学者。1998 年 2 月调入清华大学，任法学院教授、博士生导师。

张明楷教授乃活跃于当今中国刑法学界最具影响力的法学学者之一，其学术造诣精深，学术成果丰硕，为学界公认。且其注重应用刑法学的研究，研究紧贴司法实践，应用性极强，深得实务界推崇。其常说的一句话为："目光要不断往返于事实和法条之间，无论做何判断，心中要始终充满正义。"

在研究方法上，张明楷教授坚持刑法哲学与刑法解释学相结合，倡导刑法学者心中充满正义，目光不断地往返于规范与事实之间；坚持以保护合法权益为核心和目的建立刑法学体系，使作为保障法的刑法有效地保护法益，并且使刑法的处罚范围适当；坚持刑法既是善良人的大宪章也是犯罪人的大宪章的观点，使刑法在保护法益与保障人权两个方面实现高度的协调统一；坚持刑法既是行为规范也是裁判规范的观点，使刑法不仅引导一般人的行为，更重要的是限制司法人员的权力；采取实质的犯罪论，坚持行为对法益的侵害与威胁是认定犯罪的实质依据的观点，使犯罪构成的整体说明行为的社会危害性达到应当接受刑罚处罚的程度；采取刑罚并合主义观点，使刑法既体现报应的正义性，又符合预防犯罪的合目的性；在具体犯罪的研究方面，既重视对传统型犯罪的研究，也注重对新类型犯罪的研究。此外，为了将理论研究引向深入、使刑事立法更为完善、使刑事司法客观公正，他坚持倡导刑法理论学派之争的形成。

当然，任何对法学家观点的介绍都可能是管中窥豹，全面掌握其学术见解的最好方法莫过于对他的著作和文章的直接研读。

荐读理由

《刑法学》是张明楷教授风格鲜明、独步学林的代表作，2011 年已发行第四版。无论是理论体系的构建，抑或分析问题的逻辑，都带有强烈的法益思想和浓厚的大陆刑法理论的气息。

与大多数刑法学教科书不同的是，本书既立足于中国当今社会的现实，又将论题置于世界刑法学之林思考；既评介中国的理论学说，又从学派之争的视角进行分析；既解释现行法条，又深究规范背后的理念；既阐述刑法理论上的要害与重点，又提示并解决司法实践中的难题。

这本千余页百万字的“大部头”共分二十七章，第一编为刑法基础论，对刑法的基本原则和适用范围进行了法哲学角度的评介；第二编犯罪论中，介绍了违法构成要件、责任要件、犯罪的特殊形态、共同犯罪、罪数；第三编法律后果论中讨论了刑罚的观念、体系、裁量与执行，非刑罚的法律后果，法律后果的消灭；第四编为罪刑各论，具体对每种罪刑进行了详细分析。

本次新版，二十余万字的篇幅扩容中，既有作者对最新刑法修正案和司法解释的抉微发隐，亦有作者近年来在刑法学术领域中的深考精思。作者一以贯之地以刑法解释学为本体，发掘成文法的真实含义和内在欲望。新版的体系结构、根本理论及基本方法与前版并行不悖，作者亦不惮以追求真理的学者良心，更改观点、更新论证。可以说，本书通过丰富的资料实证和敏锐的论断分析，同时为法学学生和实务人士解惑辨难，因而不仅适于刑法学课堂教学及自学之用，也适于司法考试及研究生入学考试的考生系统复习和研究之用，还是实务人士不可或缺的参考书。

先睹为快

基于不法原因而委托给付的财物，能否成为本罪的对象？例如，甲欲向国家工作人员行贿，而将财物委托给乙转交，但乙将该财物据为己有，乙的行为是否构成侵占罪？肯定说认为，虽然甲在民法上没有返还请求权，但并没有因此丧失财物的所有权，相对于乙而言，该财物仍然属于“自己占有的他人财物”；刑法与民法的目的不同，即使上述委托关系在民法上不受保护，也不影响侵占罪的成立。否定说认为，甲对该财物没有权利请求返还，故可以认为该财物所有权已经不属于甲，因此，乙没有将“他人财物”据为己有；如果将乙的行为认定为犯罪，则破坏了法秩序的统一性，违反了刑法的谦抑性；侵占罪不只是侵犯财产，还有破坏委托信任关系的一面，而甲的委托与乙的收受之间，并不存在一种法律上的委托信任关系。折中说主张分清不法原因给付与不法原因委托，前者是基于不法原因终局性地转移财物；后者只是基于不法原因将财物暂时委托给他人。将不法原因给付财物据为己有的，不成立犯罪；但将不法原因委托物据为己有的，则成立侵占罪。本书赞成否定说。因为甲毕竟没有财物返还请求权，不能认定乙侵占了甲的财物；另一方面，由于财物由乙占有，也不能认为该财产已经属于国家财产。肯定说有损法秩序的统一性。折中说是基于对不法原因给付物的误解而形成的观点，因而存在疑问。

延展阅读

《教义刑法学》

与张明楷教授齐名的莫过于北京大学法学院的陈兴良教授，陈教授本科毕业于北大法学院，硕士与博士阶段就读于中国人民大学，毕业后留校任教，1998 年至今任北大法学院教授、博士生导师。其研究领域为刑法哲学、规范刑法学、判例刑法学。前者的贡献在于提升刑法学的学术品位，后二者的作用在于指导刑事司法实践。本书是陈兴良教授的代表作，与张明楷教授一样，吸收了德国和日本的刑法学思想，对中国现在的刑法学理论体系重建具有很大推动作用，是北京大学法学院刑法学硕士研究生的必修课本。

《生活在民法中》

梁慧星　著

梁慧星是我国著名的民法学专家，在《物权法》《合同法》《侵权法》《民法典》起草小组中都发挥了举足轻重的作用，从这本讲演录中读者可以了解梁慧星的物权思想以及他眼中的新《物权法》。此书也是北京大学法学院物权法、民法总论等课程的推荐读物。

推荐版本：法律出版社

关于作者

梁慧星 1944 年出生在四川省，1962 年中学毕业，考入西南政法学院法律系本科。大学毕业后遭遇“文化大革命”，后被分配到昆明农用轴承厂。“文化大革命”结束后，作为高考恢复后的新三届，梁慧星在 1978 年考取了中国社会科学院研究生院法学系民法专业硕士研究生，毕业后留在该所民法经济法研究室从事民法学研究。由于学术成就卓越，1990 年人事部授予梁慧星“有突出贡献中青年专家”称号。1993 年担任民法学博士生导师。作为第十届全国政协委员，第十届、十一届全国人大法律委员会委员，第十一届全国人大代表（主席团成员），梁慧星参与了我国多部重要法律的起草，对我国的立法有着重要影响和贡献。梁慧星曾担任《合同法》起草委员会组长，也是《物权法》《侵权法》《民法典》起草组的核心成员。

可以说，国内每一位法学院学生都或多或少地读过梁慧星撰写或编写的民法相关专著和教材。在梁慧星看来，民法学的学习方法与其他法学学科的学习方法是一致的，即掌握一套概念体系。大陆法系的法律规范是由概念来建立的，概念是抽象的，掌握了概念体系就掌握了法学，这套概念体系是最重要的，其完整性也非常重要。在民事案件中出现法官也难以解决的难题，在根本上往往是基础概念的问题。在梁慧星看来，学习民法就要先掌握概念，从基础开始，找一本最好的教材，先牢记其中的概念体系，然后再理解、运用。

梁慧星的民法思想的重点在于私权保护，虽然他著有多部专著，但是这本讲演录集中了其主要的法学理念，且深入浅出、易读易懂，非常适合非学术性读者阅读。

荐读理由

梁慧星是《物权法》起草组的核心成员，其对于这部对我国法治进程与民众生活都有重要影响的法典有着深刻的认识与理解，在他的多次高校讲演中，关于物权理论都有所涉及。通过阅读此书，也可以对梁慧星的物权法思想甚至是我国《物权法》的制定基础与原则有更多的了解。

此书共分五编，从法律观念到民法典，从物权法到民事诉讼，再到民法的学习方法，编者将梁慧星在各个高校、政府机关等地的重要演讲收录于此，以冀使读者更全面地了解梁慧星的民法理念。

第一编“法律观念和私有财产的保护”共有两篇，第一篇《宪法修正案对公有制经济和私有财产的规定》是梁慧星在中国社会科学院研究生院前沿学术讲座上的发言，讲座着重探讨了2004年宪法修正后的现行宪法第11条和第13条，前者是对非公有制经济的保护，后者是对公民私有财产权的保护。在演讲中，梁慧星回顾了中国经济发展历程及其对法制的影响，表示对非公有制经济的重视与保护是完全符合社会主义市场经济发展大局的；同时，他用了大部分篇幅讨论了宪法修正案对私有财产权、私有财产继承权、征收和征用的规定，表示了对民众私有财产保护的全力支持。第二篇《社会主义市场经济法制的几个法律观念》是梁慧星在山东省政府“省长法制讲座”上的讲演。面对政府的各级部门领导，梁慧星强调了公务员，尤其是党政机关领导应该保有的平等观念、法治观念、私权观念和民法观念。

第二编“论民法典”有一篇《民法典起草中的几个主要问题》，是梁慧星在“国家机关青年干部学术讲座”上对2002年的《中华人民共和国民法草案》的分析。他首先对什么是民法进行了探讨，将大陆民法概念中国化；接下来，解释我国在拥有《民法通则》《合同法》等民事法律的基础上，为什么还要制定《民法典》及民法典的逻辑性；最后，梁慧星着重探讨了《民法典》制定中的若干争论问题，如要不要单独设人格权编、要不要规定野生动物归国家所有、要不要固定宗教财产归宗教法人所有等。

第三编“论物权法”是本书的重点，一共有四篇。第一篇《物权法草案的几个问题》是梁慧星在清华大学法学院的讲演。讲演时，物权法还在制定过程中，梁慧星用大量篇幅讨论了大家都十分关心的不动产变动的相关制度，如预告登记、买卖不破租赁、一房多卖等等，并借助许多案例来帮助听众理解。第二篇《物权法的基本问题》是梁慧星在东北大学文法学院关于物权法草案的征求意见稿所做的讲演。所涉及的“基本问题”也都是学界和社会所关心的问题，如物权法定原则、物权公示原则、物权优先于债权原则、动产的善意取得制度等等。第三篇《关于物权法草案的若干问题》是梁慧星在广东海洋大学法学院所做的讲演，其时正值物权法草案是否违宪的争论之际，梁慧星在讲演中对物权法草案的一些细节是否涉及违宪给出了自己的看法。最后一篇《物权法若干基本制度的解释适用》是梁慧星在辽宁法官学院的讲课记录，面对法官，他更多地从司法实践上来解释物权法。

第四编“裁判的方法”有一篇讲演《法官怎样裁判案件》，梁慧星面对西安市中级人民法院的法官，强调了法律的某些属性决定着法官的法律思维，在裁判中起到关键的作用，使得法官在判案时不作法条的奴隶，而是更加积极主动地发挥法律的规范性、正义性、目的性作用，成为一名实践公平正义的高素质法官。

第五编“答学生问”中，梁慧星针对民法学习与民法典起草的若干问题回答了东北大学文法学院学生们的提问。从这些问答中，读者可以对如何学习民法、如何理解民法典、如何建立一个正确且有逻辑的民法思维有更加全面的认识。

可以说，《生活在民法中》是了解民法基础内容的一本通俗易读而又权威的佳作。

先睹为快

大陆法系国家要制定民法典，其关键理由，不是规定人们的权利，不是规定人们的行为准则，而是规定法官的裁判规则，为法院裁判案件提供裁判标准。

只有物权观念深入人心，大家了解到物权不仅是“直接支配权”，还是具有“排他性”的权利。我们大家，包括政府、公务员都认识到这一点，很多违法行为才能制止。我们的国家才能走向法治，我们老百姓的安全，包括人身安全、财产安全、精神安宁才有保障。

我们一定要认识到案件事实的认定有多种方法，要纠正片面强调证据的倾向，对属于显而易见的事实和难以举证的事实，法官应该直接根据社会生活经验予以认定。

（为什么不能允许承包经营权转让和抵押?）如果允许土地承包

经营权转让、抵押，用不了多少年，就要出现数以千万计甚至数以亿计的丧失土地的农民，而我们的城市绝对容纳不下这么多的人口。真要出现数千万甚至上亿的无地农民，且不说如何解决就业、安置的难题，这一事态本身就意味着巨大的社会危险。因此，从法律政策上不宜允许土地承包经营权转让和抵押。农民生产、生活中的资金需求，如购买农用机具、子女上学、生病住院等急需资金，国家应当专设一套简便的小额贷款制度予以解决。

延展阅读

《法辨：中国法的过去、现在与未来》

中国艺术研究院中国文化研究所研究员梁治平可算是我国从文化层面切入法治分析的学者先驱，其著述颇丰，《法辨：中国法的过去、现在与未来》是其代表作，初版于1992年，是作者的第一部论文集。梁治平追随法儒孟德斯，而力图推陈出新，以“用法律去阐明文化，用文化去阐明法律”的原则，以奠定比较法律文化研究的基础。“中国法治面临的最大问题，乃是法律的道德化和道德的法律化”一语道破世纪之交的中国法治发展症结。本书曾经以其锐利之思想、清新之文风而引人瞩目，不但令众多外行一窥法理堂奥，因得以亲近法律，同时也使法律学子领略了法律写作的另一种样式，耳目为之一新。

《我所能做的是呐喊》

江平　著

此书是国内著名法学家江平的演讲录，其中既有对中国法制现状的忧思，也有对法律人的殷殷期待；既有对市场经济法律理念的个人解读，也有对21世纪国内民法的美好愿景。此书作为演讲录，通俗易懂，是北京大学法学院物权法、债权法、民法总论等课程的推荐读物。

推荐版本：法律出版社

关于作者

江平教授，我国著名的民商法学家，中国政法大学终身教授，民商法专业博士生导师，国务院批准的有突出贡献、享受政府津贴的专家。1930年，江平出生于浙江宁波，1948年就读于燕京大学新闻系，21岁时被政府选派为新中国首批留苏学生，赴莫斯科大学法律系学习。1956年，他以全优的成绩毕业，并怀着一颗报效祖国的赤诚之心回到祖国，执教于中国政法大学的前身——北京政法学院。然而仅仅一年之后，江平在反右运动中被打成第一批右派分子，历经了22年的磨难。但是，民主、法治的理想和信念在他的心中从未动摇，并支撑他度过了漫长而艰难的岁月。

1978年，江平回到了阔别22年的讲台，并先后担任中国政法大学民法教研室主任、副校长、校长职务。江平教授不仅是著名的法学思想家，更是著名的法学教育家、社会活动家。他为中国的法治建设披肝沥胆，为中国的法学教育呕心沥血。在中国改革开放30年来的法制历程中，江平作出了巨大的贡献，表现出很强的个人影响力：他参加了《民法通则》《公司法》《合伙企业法》的制定，并直接担任《信托法》《合同法》起草小组组长，并是《物权法》和《民法典》草案专家小组的负责人之一。

除了上述成就，江平作为一名法学教授，最具魅力的风采是他的演讲。身为一位富有激情和思想的演说家，20多年来，江平的足迹遍及全国，面对教师、学生、法官、律师、官员以及工商界人士，他进行过无数次学术讲座。在晚辈面前，他只是一位和蔼可亲、平易近人的长者，始终将中国的自由、民主、人权、法治作为自己毕生追求的目标，正如他在1967年写的诗句：信是明年春自来。

荐读理由

法律出版社于2007年策划了一套“法学家讲演录”丛书，在丛书辞中，编者写下了这样的话：“法学家的讲演，强调秩序与和谐、自由与权利、公平与正义，其理念之创新，精神之卓越，或使民主更趋进步，或促社会更尊民权，其意义在于国家更显强盛，人民更为幸福。本社推出此‘法学家讲演录’，殷殷之情，端在于增进建设社会秩序之共识，端在于为和谐发展增利器，为建制助其力。当此，我们也向勇敢且智慧的法学家致敬，向年轻的法律人致敬，向关心民主法治的公民致敬。这一群作者和读者，是此社会中的理性发光体。”

该丛书力邀当下国内法学界在各个领域最权威、最有智识、最具号召力的法学家们，将其最近的讲演录合集编排，让更多的读者能够感受到他们演说的冲击力与魅力。这套丛书中有梁慧星的《生活在民法中》、王利明的《与民法同行》、杨立新的《从契约到身份的回归》、陈瑞华的《法律人的思维方式》以及江平的《我所能做的是呐喊》等等，每一册都通俗易读，十分适合普通的法律职业者和法学院学生，甚至非法学专业人士也可从中获益良多。

在江平教授的这本《我所能做的是呐喊》中，我们所能获取的信息是非常丰富的：第一编“法治及其思想支点”，主要是对中国法治现状的深思与展望，江平向台下的听众们解释了转型期的中国法治中遇到的困难，讨论了我国的司法及宪法改革，并从构建社会权力的大环境中思考仲裁事业的发展。

在第二编“法律人的社会责任”中，江平对普通的法律职业人，主要是律师，表达了他的殷殷期望：首先，江平与陈瑞华一样，对律师的思维方式进行了总结；接下来提出了法律职业人应当坚守的三条底线——理念底线、职业操守底线和生活准则底线；最后，他对中国律师的生存环境与资源深感忧虑，但也充满改革进步的期待。

第三编“市场经济之法律理念”，江平将视角集中在我国的金融市场和市场经济上，不仅对当下金融市场与企业的法制环境提出自己的独到见解，也为企业改制中的法律问题建言献策；他从一个法学家的角度探讨企业家的职业道德，也讨论了当下中国金融企业的立法问题；此外，作为一位民法学家，他也从能源法和物权法的角度对矿权立法及市场运作进行了深刻的思考与探讨。

在第四编“民法愿景”中，江平以宏观视野分析中国民法典的起草和社会信用体系建设的法律框架，并对其所执著的私有财产权保护的问题再次进行了探讨。

在附录中还有江平的一些思想随笔和访谈，使读者能更立体地了解这位法学家。

先睹为快

人格最重要的是独立。独立者，不说违心的话，不做违心的事。

中国的民主建设和政治建设，必然要走曲折的道路。我还是相信，现在中国总的情况是，进两步退一步。你如果老是在进步，这也不太可能，但是再往后退也不可能。这一代的知识分子和老百姓，已不允许中国再倒退，不仅是经济改革上的倒退，也包括民主建设上的倒退。

应该看到知识分子在一个国家中有一个脊梁的作用。知识分子终究要有一个独立的判断，应该有不同的见解。他们的一个可贵作用，就是能够发出不同的声音，让你从不同的角度看待问题，避免造成决策上的失误。

……（关闭银行）第一个问题；居民的存款是否优先偿还？优先的理由是什么？我曾问过相关的一个搞法律的人士，他说优先偿还是有限度的：在香港是10万港币以内的优先偿还，超出了，就不一定了。我国是否也要规定一个限度？还是凡是有存款的都优先？如果存款金额很大，是否也都优先于其他债权人？我国现在的居民存款里面，有的是以单位的名义来存的，这个问题到底怎么样来定？居民存款是百分之百地偿还，还是有额度地优先偿还？后来戴相龙又问：居民存款优先的法律依据是什么？有人说，居民存款是物权，物权优先于债权。有人说，这不行，存款是合同，属于债权，更何况货币的所有权给了银行，这个所有权就是银行的了。这个问题现在争论仍然比较大。第二个问题：欠外国人的钱是否有优先权？当然，有抵押的是有优先权的。那么，没有抵押的是否有优先权？会上也是两种意见：有人说，按照国际公约、国际惯例，欠外国人的钱应该有一些优先权。有人说，按照国民待遇原则，欠外国人的钱不能优先偿还。这个问题的争论也比较大。

延展阅读

《与民法同行》

此书是国内著名民法学家王利明教授的讲演录，分为上下两卷：《民法的发展和中国民法的未来》和《中国民法诸问题与民法方法论》。一方面，虽然演讲稿比较口语化，但此讲演录比较通俗易懂、朗朗上口，较学术专著更易于读者把握演讲的内容；另一方面，王利明针对学术或司法实践中的重大疑难问题、前沿问题而展开演讲，具有很强的针对性。较之于体系化的学术专著，演讲的内容更为集中、精练，听众也更能从中感受王利明学术的精华、思维的灵动。最为重要的是，目前固然需要高品位的学术专著，以对法学理论前沿问题进行深入、细致的探讨，但也需要采取某种方式将法学理念尤其是民法的理念普及于民众，使他们也能够积极地参与到我们的法治建设事业中来，这种演讲作品也是社会所需要的。

《宪法学导论：原理与应用》

张千帆　著

推荐版本：法律出版社

关于作者

张千帆，1964 年生于上海，1984 年毕业于南京大学物理系，随后通过李政道博士主持的 CUSPEA 项目赴美留学，于 1989 年在卡内基—梅隆大学获生物物理博士学位。1992 年，理工科出身的张千帆又前往马里兰大学攻读法学，之后在得克萨斯州立大学奥斯丁分校攻读政府学，获博士学位。1999 年回国后担任南京大学法学院教授、博士生导师。现为北京大学法学院教授、博士生导师。

张千帆主要学术方向为比较宪法与行政法、宪政工程与经济发展、比较政治哲学与公共选择实证分析。主要论著有《西方宪政体系》《宪法学导论：原理与应用》《自由的魂魄所在：美国宪法与政府体制》《市场经济的法律调控》《宪法决策的过程：案例与材料》等，发表学术论文若干篇，并在《新京报》《南方都市报》等多家媒体开设时评专栏。

荐读理由

“请不要问中国能为你做什么，问问你能为自己的国家做什么；请不要问中国的宪政能为你做什么，问问我们如何在一起用智慧和勇气创造出中国自己的宪政文明……”在宪法学导论课上，张千帆教授这样期冀自己的学生。

如果从1908年的《钦定宪法大纲》算起，中国宪政已经走了100多个年头。张千帆认为，经过百年洗礼之后，中国人的宪政觉悟和权利意识终于达到了一个前所未有的高度，中国现阶段是百年来最适合宪政发展的时期。虽然某些宪政制度仍有待落实，但公民的宪政意识已经空前高涨，中国公民意识已经真正进入了“权利的时代”，世界政治文明中的一些普适价值已逐渐转化为中国的“本土资源”。可以说，这是中国宪政在经过一个多世纪的摸索和挫折之后所获得的最珍贵的回报。在这个基础上，宪政具有十分广阔的发展空间。

《宪法学导论：原理与应用》一书将宪法学原理与案例分析相结合，介绍与比较中国和其他国家的宪法制度。全书分三大部分，共八章。第一部分是概论，包括“宪法（学）是什么”“宪政制度及其思想渊源的形成与发展”和“宪政审查与宪法效力”三章。第二部分介绍国家结构，包括“国家结构形式”“政府组织形式”和“政党与选举”三章。第三部分讨论公民基本权利，包括“权利的理论基础”和“权利的宪法保障”两章。作者打破传统教科书的编写体例，在每一章节中引入了若干评注式的“讨论”以及各国的典型宪法案例，书的正文边有很大的留白，而作者在这部分巧妙地在适当的位置加入了对于文章的点评，起到了提纲挈领的作用。

作者不同于国内其他法学学者的是，他的法学教育完全是在美国接受的，这使得他接受的是纯正的美国式宪政思想而没有国内现在的意识形态挂帅的宪政观。对于宪法学能否成为一门科学，作者在本书中给予了肯定的解答，并从以下五个方面进行了阐释：宪法学研究的科学化首先要求运用科学的研究方法；宪法学理论体系的建构应该具有内在的逻辑性；宪法学只有基于事实和证据展开论证和研究，才可能得出客观的、具有说服力的结论；宪法学必须在继承前人研究成果的基础上，将宪法理论应用于中国问题的探讨，从而实现在继承中发展；科学的宪法学追求人格化的真理。

作者十分注意培养读者阅读和分析宪法案例的能力，并且强调将所学到的理论运用到具体案例的讨论中。他在书中强调，“宪法不是一部僵死的文件，在每个涉及宪法问题的案例中，法官的判决都再次把宪法精神从书本带回到活生生的世界中。从法官的案例原文中，我们可以领略出一种精神，一种体系，一种思维方式；而这些对宪政的生命力是不可少的”。书中引用了大量的西方国家宪法实际案例和相关具体数据，并从中探讨宪法学的原理。虽然迄今为止，中国仍然没有出现真正意义上的“宪法案例”，但作者还是收集了相当数量的国内的相关案例与事例，比如“宪法司法化第一案”“洛阳玉米种子案”以及“拆迁补偿问题”“收容遣送制度的存废问题”等等，并运用基本原理对这些问题进行了分析。在这个意义上，本书在追求宪法学研究科学化的同时，也在宪法学研究的“本土化”方面进行了有益的探索。

先睹为快

你家要拆迁了。政府通知你，你可以得到部分补偿并选购城边新盖的住所，但必须在期限内搬走。你本不愿意搬，而且觉得政府所定的拆迁费太低了。你还怀疑政府官员和开发商之间有幕后交易，靠侵吞你和周围邻居的安置费来瓜分利润。你想找当地的人大代表反映意见，却不知道他是谁，问了一圈儿也没人知道。情急之下，你找了一群和你一样不满意的邻居，跑到政府门前交涉，结果被当地负责人斥为“聚众闹事”，并让防暴警察强行驱散。由于造成了“不良社会影响”，你被当地公安局拘留了两天，不得已做了检讨，出来前还被警告以后说话要“多注意点”。拆迁的期限到了，开发商打着“代表政府”“以拆促迁”的旗号强行拆房，给你造成了一定的损失。你去当地法院控告，但有关行政部门对法院施加压力，上级法院也下达文件通知，一概拒绝受理任何关于拆迁纠纷的案件。你更觉得政府中的某些腐败分子和私人开发商串通一气剥夺你的权利，于是发表了一些对法官和其他官员不利的愤激言论。结果，不但你没诉成别人，别人反而诉你侵犯了他们的“名誉权”，且一审判决你败诉。你似乎已到了走投无路的地步。

笔者相信，这并不是一个纯粹虚构的故事，它确实可能会发生，也许已经发生在中国的某些角落。你所学的法律能为你做点什么吗？你肯定知道，这里已经涉及许多法律问题。虽然你对你住的地方没有绝对的“所有权”，但是你有“使用权”，因而有权对其剥夺获得某种公正补偿。如何补偿？国家有《土地管理法》和《城市房地产管理法》，国务院发布过《城镇国有土地使用权出让转让暂行条例》和《城市房屋拆迁管理条例》，而你所在的省或市一般有更具体的规章或规定。就这些规定的适用和补偿数额所发生的争议，主要是经济法问题。你以和平方式争取自己的权利，公安局却无端将你拘留并迫使你做检讨，显然缺乏法律依据。你可以向它或其上级部门要求行政复议，或直接提起行政诉讼，要求撤销这项违法行为并赔偿它给你带来的任何损失。这是一个行政法问题。开发商以政府为后盾强行拆房，你或者可以通过民法诉开发商的侵权行为，或者可以诉政府侵犯了你的合法财产权。法院是否应该受理你提出的拆迁争议？这是一个典型的行政诉讼受案范围问题。至于你是否侵犯了法官及其他官员的“名誉”，那要看你的言论是否构成了民法意义上的“诽谤”。如果你自己或你的代理人足够仔细，你或许还能从这条或那条法律中找到更多的依据来维护你的权利、挽回你的损失或至少帮你“出口气”。

延展阅读

《言论的边界：美国宪法第一修正案简史》

本书作者安东尼·刘易斯，毕业于哈佛大学，目前是《纽约书评》专栏作者，两度获普利策奖，曾在哈佛大学执教，并自 1982 年起担任哥伦比亚大学“詹姆斯·麦迪逊讲席”教授，讲授第一修正案与新闻自由。全书围绕美国宪法第一修正案“国会不得立法……限制言论、出版自由……”这一核心内容，讲述了两百年来上演的无数精彩故事，不仅仅是关于宪法第一修正案的制度变迁史，更是关于言论自由及其边界的生活史与观念史。书中特别强调新闻报道是言论自由的最直接表现，如何维护新闻报道的自由在美国发生了诸多的冲突，阅读此书你会看到，从诽谤罪受到言论自由的约束，到特许报道权的确立，新闻自由之路不断完善。

《制度是如何形成的》

朱苏力　著

此书是朱苏力的代表作之一，作者从身边的小事出发，分析出令人惊叹的法学、社会学甚至是经济学的学术意义，使读者在阅读中体会到所谓制度形成的艰辛与漫长，此书亦是北京大学法学院法理学等课程的必读作品。

推荐版本：北京大学出版社

关于作者

作为北京大学法学院前院长，朱苏力在学术界和社会界都有着很大的影响力。每年法学院的开学典礼和毕业典礼上，他的讲演都会博得学生们的阵阵喝彩，并被第一时间上传到网络引发热议。朱苏力发表了众多法学学术论文，早在20世纪90年代中期，他就连续发表了大量法律社会学、宪法学与行政法学方面的论文。当时一位法学界元老看了他的文章，感叹道：“这样有创见的文章，一个人一生能够写出一两篇，也就足以留名了，苏力在三五年之内，能够写出十多篇这样的论文，其前途岂可限量！”近年来在国内颇为流行的法律经济学，最早也是由朱苏力翻译美国法学家波斯纳的多部著作时一并介绍引进的。当然，树大招风，对北大法学院研究生录取公平性的质疑、北大法学院名师频频跳槽、院内部分教师联名讨伐等新闻也和朱苏力有着千丝万缕的联系。可以说，在法学学术上，朱苏力毋庸置疑是国内法学界的重量级人物，但是在行政职位上的功过，就要任人评说了。

朱苏力祖籍江苏，生于1955年。少年从军，又当过工人。1978年恢复高考后，用贺卫方的话就是“复转军人进了法学院”。1984 年读硕士期间赴美留学，获得亚利桑那州立大学法学院的博士学位。1992 年回北京大学任教。著有《法治及其本土资源》《送法下乡》《道路通向城市》《法律与文学》等专著，《法理学问题》《超越法律》《无需法律的秩序》等译著，以及论文、书评百余篇。

荐读理由

这本书汇集了朱苏力近年发表的部分论文、学术随笔和读书笔记。他一贯的做法是从身边日常的“俗话、俗语或俗事”出发，分析出令人惊叹的学术意义来。本书亦是如此，对我们习以为常的一些观点、看法或认为想当然的东西进行了细致的分析，比如对“法”字与《说文解字》不同的解说、对已经意识形态化的“人治”的重新审视、对“犯罪嫌疑人”和政治正确的剖析、对制度的形成并非平面化而是机缘巧合凑成的观点等等，这些出人意料又让人颇为折服的解说，常常让人耳目一新，掩卷沉思。即便有时候读者不一定同意苏力的观点，但是他对问题的态度、对观点的论证过程，特别是他独特的叙述方式，足以让我们在阅读的同时感受到思考的愉悦。让人感觉“原来文章可以这样写，原来理论可以这样表述，原来我们的周围还有这么多的理论素材”。

例如第一篇文章《为什么“朝朝暮暮”》，讲的是两性之间的恋爱、婚姻以及性之间的问题。苏力在文中阐述了以下几个观点：任何的婚姻制度必须和社会的需求相适应；任何的婚姻制度，不能由少部分人决定其合理性，而应该考虑到绝大多数人的需要；离婚自由并不一定能提高男女的生活幸福指数；传统中国的一些婚姻做法在规制了妇女的“自由”的同时，也规制了（特别是通过社会舆论）男人的行为，从这个角度讲，也是一种对女人的保护。

另一篇《我和你深深嵌在这个世界之中》，写了作者对戴安娜之死的一些看法。在朱苏力看来，其实戴安娜已经被媒体和公众视为一种“符号”，而人们之所以关注她超过其他的人并将责任推到那几位记者身上在于“当社会遇到某些人们难以接受的突发事件时，社会会寻求替罪羊来调整和巩固自身”。在现代社会陷入巨大的精神分裂的情况下，戴安娜一方面利用媒体塑造了自己的形象，另一方面又被其所害，尽管这并不对其死亡起决定性的影响。可怕的是，在现代社会的这种分裂中，我们看到媒体和公众仍旧会毫不悔改地继续加深这种分裂，哪怕它是以一种“反省”的方式。

《罪犯、犯罪嫌疑人和政治正确》是很多读者颇感兴趣的一篇文章，也可以算作是朱苏力学问和睿智的完美体现。他在文中用一些假设性的事例告诉我们：有些原则是有特别的适用对象或主要的适用对象的，而且原则的确立是为了杜绝某些错误的观点，所以当我们接触到这些原则的时候，我们应该首先理解这些原则，而不可将该原则推之四海。语境化的东西不能一般化、普适化，特别是在政治正确的强力下，我们更容易犯这样的错误，如果真的这样，那就是“一种地地道道的语言和思想的暴政”。因为“任何法律从根本上都是要回应其所在社会的需要，而不是为了迈向某个确定的方向。在这个意义上看，一个发展也许只是一轮新试错的开始”。

在与本书同名的文章《制度是如何形成的？——关于马伯利诉麦迪逊案的故事》中，朱苏力通过对宪法学界著名的美国马歇尔诉麦迪逊案的分析，发表了如下认识：首先，仅仅追求个人的动机或以“道德”来评价历史和制度的形成是不贴切的，至少是不完整的。因为近代以来，由于对人类理性的力量的过分崇拜，我们如今几乎习惯于将某个后来人认为良好的制度视为一种正当理性的逻辑展开，视为个别人或少数精英清醒意识和追求的产物，把一个制度同后来者构建起来的关于这一制度的理性论证等同起来；我们不仅日益注重制度设计，而且在设计时，也往往注重所谓的制度的“本质关系”；在考察一个制度时，也习惯于从善良愿望出发考察它的纯洁、崇高的起源。而一个制度的失败，也往往归结于其先天的理论不足或创制者的道德缺陷。然而，制度在发生学上的伟大意义往往是后人回头展望之际构建起来的，在后来者的总体历史观的观照下和理性塑造下才戴上了神圣的光环；而这种光环常常使得我们不能或不敢以一种经验性的求知态度来“凝视”（福柯语）它和凝视我们自己。其次，制度形成的逻辑并不如同后来学者所构建的那样是共时性的，而更多是历时性的。制度的发生、形成和确立都是在时间的流逝中完成的，是在无数人的历史活动中形成的。再次，社会的构成在任何时候都不可能只依赖某一个制度，而需要的是一套相互制约和补充的制度；这些制度不仅包括成文宪法和法律明确规定的，而且可能更重要的是包括了社会中不断形成、发展、变化的惯例、习惯、道德和风俗这样一些非正式的制度。最后，制度的形成不是理性设计的或具有偶然性，但也不完全是随机的、无需任何条件的，而是需要多种社会的因素，包括法学家、法律家的职业因素和努力。

这本书最大的价值在于法学“启蒙”，非常适合刚入法学院的新生们阅读。它会告诉读者，我们在观察法律现象时应该采取什么样的视野和方法，应该如何培养我们的学习和研究进路，以及如何揭示常识、挑战既有的知识和观念。对于大学一年级的学生来说，读完此书，会感觉法律原来不像我们所想象的那么枯燥。

先睹为快

鉴于围绕戴安娜之死的社会心理，我们也就不难看出公众对传媒的指责容易过分（因此，传媒并非无辜）。事实上，并不是所有的传媒机构和传媒人士都以刺探戴安娜或其他名人的隐私为工作中心，骚扰戴安娜的主要是一帮自由摄影师和小报记者。大的传媒机构，即使有时也关心和报道了戴安娜的隐私，并在特定意义上参与了制造戴安娜的痛苦，但它们一般并没有用令人反感的方式获得有关信息，也不渲染，而是有自我约束的。一个典型的例子是，戴安娜死后，有记者试图向某大报高价出售戴安娜奄奄一息的照片，就被该报拒绝；传媒界也有人对这几位狗仔记者行为的谴责和对新闻自由的反思。这都表明，就整体和就平均水平来说，传媒界的人不一定比普通人更缺乏道德感和道义感；当然，这也不意味或隐含着另一个判断：就整体和平均水平来说，传媒界的道德感比普通人更高。问题是并不存在一个铁板一块的传媒；那样的传媒是我们自己的创造，是“传媒”这个词实体化之后给人们的一个错觉。

事实上，在西方国家，报纸和小报有比较严格的区分，那些不择手段刺探和公布名人隐私的往往只是小报。一般说来，大报和电视台比较严肃，尽管有时也会有越界的或打擦边球的行为。将这些不同的传媒机构或不同的人放在同一个范畴来加以谴责是不公正的；这正如不能因为德国出了一个希特勒，所有的德国人就都得对希特勒的罪行负责一样。

（摘自《我和你深深嵌在这个世界之中》）

延展阅读

《送法下乡》

这是作者的另一部精品。

与《法治及其本土资源》一样，此书也是一部基于实证调查，运用交叉学科知识，研究中国基层司法制度的理论著作。它力求开掘只有中国学者才可能敏感察觉和提出的中国当代基层司法中具有实践意义，同时又对一般司法制度具有理论意义的问题。全书分为四编。第一编以送法下乡、法院行政和审判委员会三个制度为切入点，从达观、中观、微观三个层面考察中国基层司法的制度问题及理论问题。第二编针对区际法系和英美法系有关司法研究之空白，集中考察基层司法中的技术和知识问题，力求将传统司法理论中看不见的初审法官的技术和知识“问题化”，纳入一般的理论分析。第三编考察中国基层司法中包括法官在内的各类法律人。第四编考察了法律实证调查中的权力问题，是对本研究的方法论反思。

《木腿正义》

冯象 著

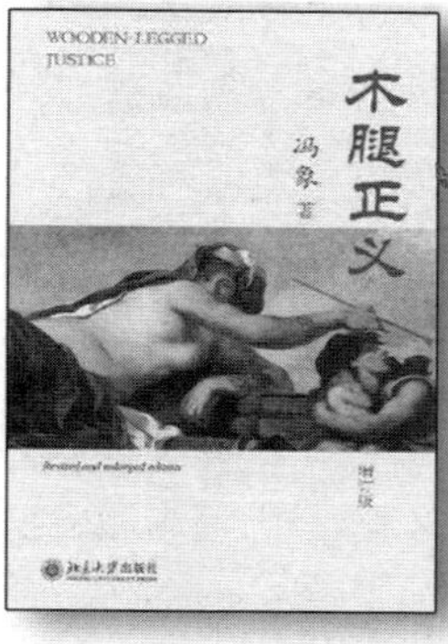

哈佛、耶鲁的文法双料博士冯象不仅是当下国内最为著名的知识产权法学研究者，还是一位中古语言专家，《木腿正义》集中了冯象对法律与文学关系的探讨，角度新颖，内容深刻，是北京大学法学院法理学等课程的推荐书目。

推荐版本：北京大学出版社

关于作者

冯象，上海人，1954 年出生，出自书香门第，父亲冯契先生是华东师范大学哲学系的名教授。1968 年的知识青年上山下乡运动，把初中尚未毕业的冯象“发配”到了云南弥勒县，从此改变了他的命运。冯象在下乡时开始自学英语和法语，而兄弟民族丰富多彩的语言、文化也让他着迷。冯契先生在“牛棚”里读到儿子描述各民族语言和山歌俚语的信，觉得他对语音声律有特殊的敏感，鼓励他钻研语言学。1977 年恢复高考，冯象被昆明师范学院外语系录取，昆明师院恰在西南联大旧址，他得以在此广泛阅读云南大学及西南联大旧藏中外文图书。1982 年，冯象考入北京大学西语系，师从系主任李赋宁先生学习古英语和中古英语。在北京大学，冯象打下了希腊语、拉丁语、德语等欧洲语言基础。1984 年，他经美国哈佛—燕京基金会选拔，赴哈佛大学英语系攻读中古文学博士学位。

就在冯象埋首遍览欧洲中世纪文学之时，中国也在发生着深刻的变化。改革开放后，中国的政法体制开始转型，商品经济重新建立，原本由革命文艺承担的一部分社会控制策略改由法律途径实施，法治话语渐渐加入主流意识形态。在这样的历史时刻，作为知识分子，冯象认为他有责任为弱者和被压迫者说话，包括用法律说话。于是，冯象在哈佛做完博士论文，即考入耶鲁大学法学院。他把研究重点放在与文艺创作和知识商品化密切相关的知识产权上。1993 年冯象获得耶鲁大学法律博士学位，并应聘到香港大学法律系任教。1999 年，他回到美国，从事知识产权和竞争资讯方面的法律业务，并担任哈佛法学院客座教授。

荐读理由

本书初版于1999 年，由中山大学出版，副标题为“关于法律与文学”。而北京大学出版社于2007 年出版的增订版增补了15 篇，自1987 年至再版，恰好20 年，可以看作是冯象的一份读书心得和思想轨迹的记录。此书体例与旧版相同，仍分为上下编，上编研究法律教育、法学方法，下编讨论语言文学、宗教神话等，但并非完全将两个领域割裂开来，而是你中有我、我中有你，通过冯象辩证的思维、渊博的学识与精妙的话语将二者完美地融合。此外，书中插入了30 多幅欧洲古代油画插图，一方面增加了阅读趣味，另一方面对理解或欣赏书中论及的一些政法策略、神话传说和外国文学作品有所启迪。

说到这里，读者或许会满腹疑问：木腿正义是哪种正义？在此书的第一篇文章中，冯象按照“文学中的法律”这一思路，从一个充满比喻和叙事的中世纪故事开始——真假马丹案：杵着木腿的真马丹姗姗来迟，戳穿了温文尔雅的假马丹，把冒名顶替者送上了火刑堆。在这个故事中，法律实现了它所承诺的正义，然而留给人们的是一个曾抛妻弃子的木腿人。我们似乎看到那真瘸了腿的，不是故事中的主人公，而是弥漫在这场悲剧中的法律和刻在它脸上的正义。

法律瘸了么？冯象通过《秋菊的困惑》等文章揭示了当法律自立门户宣告独立的那一天起，确实有一些东西在随之消亡。正如冯象在书中所说：“在我们这个法治一天比一天意识形态化的时代，认真提问、思考、想象、写作和阅读是要付出代价的。”

不过，如果你只是想知道一些离奇的法律故事以作为茶余饭后的谈资，那么读这本书时会感到并不十分畅快。一方面，冯象本身作为中古英语的专家，会从乔叟、亚瑟王、《圣经》等国人并不熟悉的古代英语文学题材入手讨论法律与文学的关系；另一方面，在这样一个每人都在思考，却又都被思维的惯性所俘虏的时代，本书坚持向读者索要的是彻底的反思。当你揪心于如何过上好日子时，它逼问生活如何可能；当我们念念不忘实现社会的法治时，它反问法治如何可能。

然而，读过笔者之前推荐的一些法学经典著作后，读者会发现其实连“什么是法”这样基础性的问题本身都被质疑了，那么法治的故事将如何继续写下去呢？到底谁治？法治是可能的吗？冯象在书中提醒我们，这样的思考是危险的，然而这正是必要的代价。正如一位学者曾提到的，痛彻的思考将向我们揭示，一切关于确定性以及规律的发现不过是因为那些存在于信念中的想象。思考的目的不是要为了摧毁，而是在不断的揭示中去领略那些不依赖于外在确定性的真。然而，我们已经习惯了木腿上的生活，突然一日被告知自己并未瘸腿，我们敢贸然抛掉助步器向前迈步吗？

冯象在书中告诉读者，要让法律自己站起来，需要让它相信自己并不瘸，不用依赖木腿。要做到这一点，光靠文学的批判是不够的。我们在文学作品中发现的法律故事，也许带来了诸多的反思，却难以影响到现代法律的基本性格。在严酷的意识形态下，需要更为激进而切实的策略，如试图恢复法律文本的故事性和历史性。

本书的意义在于，从全新的角度让人们了解，法律写作不是只用优雅的文辞为枯燥的法律文件润色，而是要从根本上挑战现代法律的思维方式。当然，冯象那有点“传奇色彩”的学术背景，正好为这项事业提供了不可多得的优势。

冯象的目的正如同此书一篇文章的题目：通过写作，加入前人未竟的事业。

先睹为快

新法治的温情运作，一刻也离不开广义的文学。……法律与文学最终是要走到一起的，法律文本和文学文本一样，也是一种叙说，有着相似的温情的解读。

法治稍稍懈怠，或遭受破坏，文学就会立刻迷失方向，陷入政治、道德和意识形态的沼泽。于是法治的逻辑便是：文艺创作只能是纯个人的努力。此努力靠一种市场化的、基于个人权利的言论自由和物质刺激机制来实现。

法律人也是一条条学习游泳的鱼。只不过因为他们的游法是花钱学来的、官方认可的，就说周围别的鱼不会游、姿势不对等等；所谓法律“职业化”了。因此，职业批判应该是法学院，至少顶尖法学院的教育和学术的重要内容。不然法学院交给律师协会操办得了，像从前英国那样。这么“启蒙”，会不会“颠覆”了法治？我想不会。法治的大敌不是自由的思想的争鸣，而是腐败；而腐败是人人厌恶，无须启蒙的。法学院的难处和大学一样，也在抗拒腐败，学术独立。独立的学术归根结底来自独立的人格。而且环境越是腐败，我们越需要坚持“脱心志于俗谛之桎梏”的自由思想和独立精神（陈寅恪先生语）。出于那样的人格理想，我们才能开展批判，推进学术；才能如古人所言，“贵得肆志，纵心无悔”。

延展阅读

《政法笔记》

本书为冯象在《读书》杂志上开设的专栏“政法笔记”的文章结集（少数刊载在其他报刊上）。冯象开设专栏的用意在为中国的普通读者写一本书，谈谈新旧政法体制衔接转型中的一些法律问题。因此，在该书中，读者不感兴趣的专业性太强的话题没有涉及，冯象关注的是普通读者感兴趣的与自己现实生活相关的一些法律问题，如名誉权、肖像权、版权、官司为什么难打等等。冯象在书中结合有关案例，深入浅出，给读者上了一堂生动的普法课。

《法律人的思维方式》

陈瑞华　著

陈瑞华教授是北京大学法学院刑事诉讼法学的博士生导师，此书是其在各高校法学院演讲录的合集。在书中，陈瑞华教授通过一个个生动的案例与激情的演讲向学生们表达了其所坚持的“程序正义”的理念，此书也是北京大学法学院刑事诉讼法等课程的必读作品。

推荐版本： 法律出版社

关于作者

陈瑞华教授可以算是北京大学的“校园知名教授”，在他为本科生开设的《刑事诉讼法》等课程上，常常会有其他院系甚至是普通社会民众的身影。不同于其他法学院教授，陈瑞华更注重通过介绍一个个生动的案例、评述当下最热门的刑事案件来讲授刑事诉讼法学的基本原理和中国刑事诉讼现状。在他的讲授中，渗透着对中国司法现状的深入思索和深刻反思。

陈瑞华出生于1964年，先后于1989年、1992年、1995年获得中国政法大学法学学士、法学硕士和法学博士学位，1995年7月进入北京大学法学系博士后流动站工作。能够成为北京大学法学系第一位法学博士后，1997年7月出站被聘为副教授，随后被破格评为教授，33岁的陈瑞华成为当时北京大学法学院最年轻的教授。2005年，陈瑞华获得“全国十大中青年法学家”称号，并先后连续四次被北京大学法学院学生评为“十佳教师”。

在陈瑞华看来，中国法学要想作出自己的独特贡献，不能只是重复研究西方学者研究过的问题，重走西方学者走过的老路，而必须从本国正在发生的重大社会转型和变革中寻找问题，通过对中国问题的描述和分析，对问题的现状作出尽可能精确的解释。多年来，为了找准“中国的问题”，陈瑞华一直坚持深入基层搞调研、试点，与地方法官、检察官、警察、律师进行较为广泛的接触，从而掌握了中国司法制度运行的实际状况，获取了大量的第一手材料。

陈瑞华的主要研究方向为刑事诉讼法、刑事证据法、法律诉讼程序、司法制度，在刑事审判性质、价值标准、程序正义理论、诉讼原则、诉讼构造分类等方面的研究有重大突破。在陈瑞华看来，学术的基础是自由，让思想自由地徜徉在学术的天空，这是治学的前提。在一次采访中，陈瑞华表示：“每每与实践接触，我都能感受到‘一种活生生的现实扑面而来’，自己的观念受到冲击，对司法实践的了解更加准确。”多年来陈瑞华始终坚持不兼职、不做官，全力治学。主要著作有《问题与主义之间——刑事诉讼基本问题研究》《刑事诉讼的前沿问题》《看得见的正义》《刑事审判原理论》《程序性制裁理论》《法律人的思维方式》以及80余篇论文，取得了令人瞩目的学术成果。在近年来的法学论著引用率统计中，陈瑞华的10篇论文进入法学界最有影响的200篇论文之列；他的论著综合引用频次位列法学界前十位，其学术水平获得了法学界的广泛认可。

荐读理由

《法律人的思维方式》是陈瑞华教授的一部学术演讲稿，记载的是他10年来在全国各地所做的同名讲座的实录。用清华大学张卫平教授的话来讲，陈瑞华教授在抨击时弊时的激情表达“能够鼓动起听众激昂的情绪，听者会为他真诚的深刻分析所感动和折服”。

在此书前言中，陈瑞华提到，随着国家司法考试制度逐步走向成熟和完善，法官、检察官和律师都要通过统一的国家司法考试，才能取得从事法律职业的资格。这为“法律职业共同体”的形成迈出了重要一步。但是，由于种种原因，同为法律人的法官、检察官和律师，经常对一些法律价值理念、逻辑推理方式和分析法律问题的角度产生各种分歧，甚至还出现一定程度的冲突和对立。这些从事不同法律职业的法律人，竟然在一些基本问题上无法达成共识，这无疑是中国法律人今天所要面对的最大挑战之一。不仅如此，一些社会公众基于对中国法治状况和个人境遇的反思，对于这一套来自西方的法律思维方式也渐渐产生了怀疑，甚至还会因为不接受一些个案的裁决结果，而对法律人的思维方式提出质疑、对法律人提出批评，并进而对“来自西方的法律体系”提出挑战。

对上述问题的深深感触，成为陈瑞华“法律人的思维方式”系列讲座的灵感之源。由于演讲的对象既有法学院学生、教师，也涵盖了从事法律实务的法官、检察官和律师，因此，这些讲座的内容和角度也有明显的差异。有的讲座属于法律入门课（如“法律人的思维方式”“人权视野下的刑事诉讼”等），有的属于为法官、检察官和刑事律师所讲的职业训练课程（如“刑事辩护的三种形态”“什么是程序正义”“程序法的制裁方式”等），还有的讲座则较为专业，涉及法学研究的前沿领域（如“刑事证据法的理论体系”“社会科学对法学方法的影响”“刑事诉讼的几个前沿问题”等）。

其实，不论是初入法律之门的学生、从事法律实务的人士，还是站在法律理论最前沿的研究人员，都需要对一些法律理念进行深刻的理解，对法律实施问题加以深入的反思，对法学研究的前沿课题进行总体的把握。因为即使是一个初入法律之门的本科学生，迟早也会成为从事法律职业的实务人士，或者会成为从事法学研究的专业人员；一个从事法律实务的法官、检察官、律师，需要重新思考那些最基本的法律理念，并对法学前沿问题有一定的了解；而一个从事法学研究的学者，也需要了解法律人的思维方式所面临的一些挑战，对司法实务状况有准确的把握。

相较于陈瑞华的其他学术专著，此书语言基本上口语化，通俗易懂，但并未牺牲其内在表达的学术价值。书中大量的真实案例一方面提高了阅读性，另一方面也使普通的非法学专业读者对何为“法律人的思维方式”有了形象的理解。

先睹为快

下面我讲的是第二个领域，证据领域。在证据这个领域中，法律人的思维方式和普通人的思维方式发生的冲突最为激烈。有很多这样的现象，老百姓不理解。比如说，一个案件，为什么要排除非法证据？我们学了刑诉法和证据法可能开始慢慢理解了，原先可能不能理解。我们有一个规则叫排除规则，不是因为这个证据不具有可采纳性，不是这个证据不具有证明力，而是因为这个证据取证手段违法。取证手段违法，我就要排除。换句话说，法律不把这个证据作为证据，理由不是因为这个证据是假的、不相关的。理由是什么？取证手段违法。我举个例子，这个案子发生在辽宁。2001 年辽宁省高院审判李俊岩案件。李俊岩是涉嫌被指控犯有组织黑社会性质的犯罪，一审判处死刑立即执行。他的辩护律师在法庭上提出他受到了刑讯逼供。理由是什么，证据是什么呢？就是在整个案卷笔录中有一份公安人员的讯问笔录。这份讯问笔录是李俊岩做有罪供述的一份讯问笔录。上面记载着某年某月某日，讯问人是公安局刑警队的李某某、范某某两人，两名侦查员。一般来说啊，这个公安局的讯问笔录有一条叫讯问开始时间和讯问结束时间。大家清楚地看到讯问开始的时间是 2000 年 7 月 8 日晚 6 点开始讯问，讯问结束时间是同年 7 月 11 日凌晨 5 点（台下笑）讯问接近七十多个小时，这太明目张胆了。而且有证据显示在这七十多个小时的时间里，讯问人在讯问过程中，不让他睡觉，不让他吃饭，不让他喝水，甚至不让他上厕所，剥夺了他的一切自由，导致嫌疑人在痛苦难耐的情况下，供述了犯罪事实。就凭这一点足以证明刑讯逼供的发生。最后辽宁高院在二审开庭的时候，公诉人说，尽管有这种情况发生，但证据是可靠的，能够使用。辩护人认为，证据可靠不可靠跟案件讨论的问题无关。不管这个证据能不能用，作为定案根据，取证手段严重违法，违反了严禁刑讯逼供这条基本的法律准则。法庭应当排除非法证据。最后法院判决李俊岩这份证据不具有证明效力，排除非法证据，不作为定案根据。你看，这就是法律人的思维方式啊，辩护人有这种法律人的思维方式，公诉人就没有这种法律人的思维方式。各从其主，各有自己的利益。当初到法院立案，你摇身一变成了公诉人，他摇身一变成了辩护人，另外一个，又摇身一变成了法官（台下笑）。如果法官没有法律人的思维方式，他能听从辩护人的辩护意见吗？这个案件能判成这样吗？一个很重要的原因就是关键证据被排除了。当然，这个判决结果，这里不做评述。

我说这些话是为了说明，在证据领域中，有大量的法律人的思维方式。我们学法律，如果这些东西学不来，或者说掌握不牢，将来不管做律师，做法官，做检察官，做侦查人员，可能都要出问题。

延展阅读

《看得见的正义》

这是一部学术随笔，可算是陈瑞华最富有挑战性的一次学术经历。这是因为，对那些与一般民众有相当距离的法律程序和司法制度问题，从理论上作出清晰的分析，而又尽量做到通俗易懂，确实是一件不容易的事情。陈瑞华在书中通过整理自己阅读、思考、观察、访问中感悟到的一些思想“火花”，来展示心中“看得见的正义”——程序正义。作为刑事诉讼法学教授，陈瑞华在书中“刻意”搜寻的案例虽不能代表中国司法机构的整体办案状况，但对读者而言是一种警示；其对西方尤其是英美程序观念的重视，并非是对中国制度、程序和司法实践一味采取批评甚至批判的态度，更多的是向读者介绍不同的司法理念。陈瑞华在书中写道：“（我）真诚地相信，接受那种为英美人所坚持但不为英美人所垄断的程序正义观念，对于中国走向法治之路可能是有益的。”

《法治与文明秩序》

於兴中　著

本书集中反映了作者对法治、人权与秩序的思考。相信读者朋友在读过此书后，就会对习以为常的法治问题有所探究、有所反思，成为“挣脱思想镣铐的舞者”。

推荐版本：中国政法大学出版社

关于作者

於兴中，甘肃岷县人，1956 年出生，香港中文大学法学院教授，此前执教于政治与公共行政系。1982 年兰州大学外语系毕业，获文学学士学位，分配至西北政法学院外语教研室任教；1985 年 5 月至 1986 年 9 月在澳大利亚国立大学思想史研究所做访问学者；1986 年以后任西北政法学院法理教研室讲师；1988 年在美国哥伦比亚大学做访问学者；1991 年取得美国哈佛大学法学硕士学位；1995 年取得哈佛大学法学博士学位；1995 年到 1998 年在贝克 · 麦肯思国际律师事务所工作；1998 年 3 月至 6 月为北京大学访问教授；1998 年 8 月任哈佛大学法学院高级研究员、讲师；2000 年始受聘于香港中文大学政治与公共行政系；2006 年任哈佛大学法学院访问教授。

於兴中教授先后师从澳大利亚国立大学卡门卡教授、悉尼大学郑汝纯教授，美国哥伦比亚大学爱德华教授及哈佛大学安守廉、格伦登、米诺等教授。主要研究方向为法律与社会理论、比较法哲学、中国法与法律历史和宪法。

荐读理由

20 世纪 80 年代以来，鉴于传统“人治”的弊端，中国政府、学者和民众对法治表现出莫大的兴趣。一时间，追求法治成为一种时尚，甚至变成一种情结。我们习惯于把自己的文化定格为传统的文化，把自己的道德文明秩序定格在传统的人治模式，自然地会得出抛弃传统、学习现代，也就是抛弃自己的文化而全盘西化的结论来，这是逻辑上的必然。

然而，法治绝非“绝对的善和最佳文化选择”。本书告诉我们，法治社会框架或法律文明秩序不必然优于道德文明秩序或宗教文明秩序，“在接受法治的同时不应该抛弃中国原有的文化传统，而应该从中国原有的文化传统中发掘出与法治相适应的文化因素来，进一步完善现有的法治模式”。相信读者朋友在读过於兴中先生的《法治与文明秩序》一书之后，就会对习以为常的法治问题有所探究、有所反思，成为“挣脱思想镣铐的舞者”。

《法治与文明秩序》是於兴中先生从事法律研究多年的结晶，全书共收集了他发表的各类论文 20 余篇，集中反映了作者对法治、人权与秩序的思考。本书的文章分作四个部分，大抵由广而狭，先谈文明架构下的法律和政治秩序，继而讲法律的理论与学说，再谈运用法律的技术，最后谈到香港法律制度。

本书的第一编“法治、人权与秩序”共收入六篇文章，是全书的重点与核心部分，是理解作者思想的一把钥匙。在这里，作者从人性的角度出发，对法治、人权与秩序等问题进行了深入的思考。

本书的第二编共收入八篇文章，这些文章都是从历史维度来论说的。作者从自然法的神圣化与世俗化到后现代思潮对现代法律制度的冲击，再到法律的全球化、后现代宪政主义，以及德沃金对法律的不确定性和自主性的看法等多个角度进行了精彩的分析，并对西方近代史上的两个突出的主题——解放与发展进行了阐述。通读起来，是比较难把握的一章。但是，明确或暗含的思想脉络却是一以贯之的。

法学方法论和法学认识论是法学研究中的前沿课题，也是作者一直关注研究的领域。该书第三编“法律解释与法律推理”对法学方法论问题有集中的论述，对法律解释与法律推理进行深入细致的探讨和研究，尤其是大胆闯入了被我们教科书经常列为法官判案方法“禁区”的类比推理与可辩驳推理，让人读完之后确实感到“味道好极了”。

第四编则主要介绍法律制度中的最终权威问题。作为一种权威理想、一种法律文明秩序，作者认为法治由四个方面的内容构成：以法治理想为主导的权威系统、以权利和法律为中心的范畴系统、以司法制度为中心的社会制度安排以及以个人权利及法律为依归的文明秩序意识。其中，首要的就是法治的权威系统问题，用我们现在的话说就是合法性问题。由于国情和历史原因，在一定意义上讲，我们面对的这个问题可能比西方法学中所研究的情况更为复杂和迫切。

针对这一问题，本书中《权威系统与中国宪法》一文从形式权威的角度着重分析了中国宪政的“权威系统”或合法性根基问题，重点指出宪法作为一种权威文件如果要起到权威作用必须具备下列两个条件：一是它在权威系统中的绝对地位，二是它必须和它所表达的权威理想以及它所认可的权威机构、权威解释者互为表里。中国宪法之所以未能得以认真实施，重要原因之一乃是未能满足这两个条件。

书中诸如此类的例子还有很多，其中的每一篇文章都值得我们认真思考。也许可以这样说，该问题的价值不在于其结论，而在于他给我们这些“戴着镣铐的思想的舞者们”提出了中国法治的权威根基问题，或者说是将一个习以为常的东西“问题化”了。

先睹为快

一个强盛的国家并不意味着一个公平的社会，也不等于一个理想的社会。公正与法治是自由主义社会思想的核心价值。但以法治著称的美国难以摆脱的梦魇恰恰就是社会的不公正。姑且不说美国社会本身的暴力倾向及人与人之间的冷漠关系，仅就其资本主义制度下的社会分层和各阶层间的不平等、个人在高度分化的社会领域中攀登社会阶梯的艰辛、司法上的种族问题以及公司文化的奴役性等方面来看，就足以使人认识到美国远非一个理想的社会。

法治社会只是世界上若干文明秩序的一种，它并不是一种绝对的善，尽管它具有很多优点。法治社会把人的生命的必需牢牢地与人的智性结合在一起，使人的智性得到了极大的发展。这是一件值得称道的事情。法治社会解决了人生必需和人生的意义之间的矛盾，并且把两者统一起来，使它和谐起来。生命如果没有意义而只有必需就使人降低到动物的地位。而生命的意义则又是建立在生命的必需之上的。如果人连自己的必需都满足不了，这时候的人生很难有意义可言。也就是说人的秉性的发展必须以人的生存为基础才会有效，这是不言自明的道理。而法律文明秩序也就是法治社会恰恰就是在这一点上，优越于宗教文明秩序和道德文明秩序等等。

不过，我们也应该认识到由于法治社会重视人的智性的开发而忽视了人的秉性中的其他重要的方面，包括人的心灵和灵性的培养，它充其量只能给人的智性提供一个乐土，但却无法滋润人的灵性和心性。建立在纯粹功利理性和实用主义思想之上的现代法律文明秩序可以培养出个人利益至上的现代人。他们以永远大写的“我”来对待通常小写的“你”，一切以是否侵犯了自己的权利为最高衡量标准。他们没有历史感，没有道德责任感。认识不是处在各种关系和情感之中，而是处在利害冲突和斤斤计较之中。说到底，一个建立在智性和法律之上的法治社会只能造就一大堆现世主义者（Presentist Individualists），却孕育不出秉性健全的人来。

延展阅读

《坐待天明》

本书作者许章润为清华大学法学院教授，博士生导师，清华大学法政哲学研究中心主任。先后就读于西南政法大学、中国政法大学和墨尔本大学，获法学学士、硕士和博士学位。主要研究领域为法律哲学与政治哲学，兼及思想史与宪政理论。本书系一部散文和短论集，收集作者近年所作随笔百余篇，基本意象是在时间之维和乡土缅怀中展开思旅，将对于故土、校园的追想，有关人生和人心的感喟，面对世道人心的体味与品评，尽付于落日苍烟般的娓娓追述。全部内容概分为四部分，即“子时·故乡”“丑时·异乡”“寅时·梦乡”和“卯时·愿乡”，体现了作者追求法律理性与人文精神的统一，寻索学术的人道意义的学术志趣。

《原则与妥协：美国宪法的精神与实践》

王希　著

本书是一部关于美国宪法发展史的著作，是王希在美国十多年潜心研究和教学实践的结晶。当我们仔细阅读美国的历史之后，就会发现：没有美国宪法，便没有美国的发展。只有在对美国宪法的历史有一个比较清楚而准确的认识之后，我们才可能比较客观而有见地地评论其利弊，并最终领悟和把握其包含的历史启示。

推荐版本：北京大学出版社

关于作者

王希，重庆人，1978 年参加高考，进入大学主修英美文学，获得文学学士学位。1984 年赴美留学，进入美国丹佛大学主修美国史，获得硕士学位。1986 年进入美国哥伦比亚大学，主修美国史，获得博士学位。1994 年至今，在美国宾夕法尼亚州印第安纳大学历史学系担任助教、副教授、教授，1999 年获得终身教职。2005 年 3 月起应聘担任北京大学历史学系长江学者讲座教授。

王希的教学和研究领域包括：19 世纪美国史、美国内战与重建、美国黑人史、美国宪政史、美国制度发展。主要著作有 *The Trial of Democracy*：*Black Suffrage and Northern Republicans* 1860—1910、《原则与妥协：美国宪法的精神与实践》和中英文论文数十篇；主要译著有《美国自由的故事》。

荐读理由

美国宪政机制是如何运作的？

美国宪法为什么会有如此长久的生命力？

为什么美国宪法会在“自由”和“平等”的旗帜下容忍类似奴隶制这样不可思议的邪恶？

为什么联邦最高法院在19世纪容忍助长种族隔离的政策而在20世纪中叶却带头宣布种族隔离违背了美国宪法的精神？

为什么如日中天的尼克松必须因“水门事件”而辞职，而他的辞职竟对美国体制的稳定丝毫无损？

为什么20世纪60年代的“权利革命”发生之后，公民权利和自由的定义却反而陷入困境？

面对这一系列问题，如果你无所适从，不知所措，那么你就需要认真读一读王希的《原则与妥协：美国宪法的精神与实践》一书。

人们习惯于把美国的发展与发达归结于其自然和历史环境的偶然性和优越性，这显然缺乏充分的说服力。事实上，如果没有一部行之有效的宪法，没有一个具有高度应变能力的宪政体制，美国不可能及时有效地应对其历史上面临的调整，也不可能准确有力地把握其所面临的机会。当我们仔细阅读美国的历史之后，就会发现：没有美国宪法，便没有美国的发展。只有在对美国宪法的历史获得一个比较清楚而准确的认识之后，我们才可能比较客观而有见地地评论其利弊，并最终领悟和把握其包含的历史启示。

《原则与妥协：美国宪法的精神与实践》就是一部关于美国宪法发展史的著作。全书共十章，洋洋洒洒60多万字，是作者在美国十多年潜心研究和教学实践的结晶。在本书中，作者对美国宪法在过去近400年（从17世纪初北美殖民地的起源至20世纪末）的发展演变作了一种连贯的、有实质内容的叙述，并通过这种大跨度的历史叙述，来探讨美国宪法的重要概念和原则的起源与变化，分析美国宪法变化的动力、机制、形式和结果。

在作者看来，美国宪法是美国建国初期多元利益集团谈判和妥协的结果，宪法所创立的也是一个利益谈判和妥协的政治机制。在美国 200 多年的历史上，不同的利益集团因根据不断变化的历史环境，利用根据宪法衍生的宪政机制，就各自的利益和联邦的“公共”利益的定义和定位，相互进行一种连续不停的谈判和妥协。这种谈判和妥协使旧的宪法原则和实践得以修正，使新的宪法原则和实践得以产生，宪法的生命力得到更新，表现出一种“超稳定性”，成为一部“活着的宪法”。

作者同时指出，“谈判”和“妥协”是美国宪政的中心内容，“谈判”为改革的力量提供了机会的同时，也为反改革势力提供了同样的机会来阻挠改革。即便是推动那些进步意义十分明显，而且对美国整体发展甚为有利的改革，也不可能一蹴而就，而必须经过艰苦的“谈判”才能获得成功，而所获得的成功往往与预定的目标相去甚远。

美国宪政体制的这种与生俱来的“惰性”是我们理解美国历史上一系列令人困惑的问题的关键：为什么奴隶制要到《独立宣言》发表 89 年后才在宪法上予以废除，为什么美国妇女的选举权要到联邦宪法生效 131 年后才得到联邦宪法的统一认可，为什么从 19 世纪 80 年代就开始实施的歧视中国移民的联邦法令要到 20 世纪 60 年代才能得到彻底改正，以及为什么主张男女公民拥有平等就业权利的宪法修正案至今还无法被各州批准而成为联邦宪法的一部分？

对于处于 21 世纪的中国人来说，我们面临的是一个崭新的历史机遇和挑战：我们必须建立一个前所未有的现代化的中国。但是，现代化的中国只能建立在潜心研究和主动吸收中国和世界文明的优秀成果的基础上。为此，我们必须有勇气和决心去正视和掌握包括美国宪政在内的人类文明的成果。

先睹为快

独立战争使13个北美殖民地彻底摆脱了英国的控制，同时使它们面临两个新的宪政问题：（1）独立后的各州（或各独立邦）应各自建立一个什么形式的政府？（2）独立后各州之间的政治与法律关系应如何确定？这是两个现实而迫切的问题。

新的独立州不是凭空而降的，它们都是从旧的英国殖民地中衍生出来的；争取独立是一个与旧体制进行决裂的过程，其结果也带来了制度创新的机会。独立后的新政府应是什么模式？它应在何种程度上继承殖民地时期的传统，在何种程度上又建立一种新的、不同于旧世界的宪政机制，以保证实现《独立宣言》所宣示的政治原则，赢得人民对新政府和独立的支持？这是1776年至1780年各州制宪时期面临的主要问题。

与之相关的是各州之间的联盟问题。为了反抗英国的暴政，各殖民地联合起来，结成一个政治和军事联盟；联盟使独立成为可能，也因独立而更为密切。但独立后各州之间应建立一种什么样的关系？是否有必要在独立后的各州之间建立一个高于各州的中央政府？这个中央政府应该以什么方式得以建立？它与各州政府的关系应该如何确定？

革命期间，殖民地的领袖们来不及仔细思考这些问题，独立后也未能立即找到解答这些问题的答案。各州在革命时期曾签订的《联邦条例》在处理独立后的政治、经济和外交事务时漏洞百出，无能为力。为了挽救美利坚联邦，各州代表于1787年制定了新的美国联邦宪法，建立起一个具有权威的联邦政府。经过各方反复的辩论与妥协，在吸收了州宪法和《联邦条例》有益因素的基础上，联邦宪法创立了一套独特的宪政体制，确立了一系列新的宪政原则，包括人民主权、联邦制、政府权力的分离和制衡机制以及通过1791

年生效的《权利法案》所体现的对公民基本权利的保护。

新的宪政机制不仅现实地解决了当时美国面临的危机，也极有力地推动了以人民主权为基础的宪政理论和实践在世界范围内的发展。

延展阅读

《美国人：民主的历程》

本书是美国著名历史学家和社会学家丹尼尔·J. 布尔斯廷（1914—2004）的代表作，出版第二年（1974 年）即被评为普利策奖最佳历史学著作。本书是布尔斯廷“美国人三部曲”的最后一部，前两部分别为《美国人：殖民地历程》和《美国人：建国的历程》。这套书严肃厚重，以 150 万字的篇幅，全景式地展现了美国从殖民地一直到当代的 400 年间的历史发展。现代美国在经济、政治制度、思想文化方面全方位崛起的脉络在本书中获得了详尽、生动的梳理和描述，为读者理解美国当代政治制度、法治文化提供了翔实的背景资料。

《道德理想国的覆灭——从卢梭到罗伯斯庇尔》

朱学勤 著

朱学勤现为上海大学历史系教授，《道德理想国的覆灭》是作者研究法国大革命的学术专著。作者通过对法国大革命的批判、扬弃，提醒中国当代人文知识分子：倘若你不愿意放弃道德理想，似应对1793年的法国大革命及其影响，持有一份谨慎的批判。

推荐版本：上海三联书店

关于作者

朱学勤，1952年9月出生于上海市，复旦大学史学博士、哈佛大学访问学者，现为上海大学历史系教授，上海和平与发展研究中心主任。主要研究领域：社会思想史，目前从事的课题有近代中国社会变迁与渐进变革思潮等。编著有：《道德理想国的覆灭——从卢梭到罗伯斯庇尔》《风声·雨声·读书声》《书斋里的革命》《中国与欧洲文化交流志》《思想史上的失踪者》《被批评与被遗忘的》《热烈与冷静——林毓生学术论述集》等。

在中国思想界，朱学勤先生被视为自由主义代表人物。近年来，多次出访欧美、港台，先后作为访问学者在台湾“中央研究院”、美国哈佛大学、香港中文大学进行学术研究，并应邀赴普林斯顿大学、耶鲁大学、迪金森学院作学术讲演，赴瑞典斯德哥尔摩大学参加国际学术讨论会并作大会主题发言。

荐读理由

陈寅恪认为中国和法国有极大的相似性，历史证实了陈老的观点。但是相同的历史事件却有180年的时间相隔，这180年说明了什么？说明我们缺少历史反思。法国大革命200年之后我们才真正地走上了反思的历程，而这则起源于朱学勤的《道德理想国的覆灭——从卢梭到罗伯斯庇尔》（以下简称《道德理想国的覆灭》）。

《道德理想国的覆灭》是朱学勤研究法国大革命的学术专著。但是，我们很少见到如此情怀激烈、却如此不符合“学术规范”的博士论文。然而《道德理想国的覆灭》却有值得一读的理由。这不仅因为他强烈的主体情感跃然纸上，很少像一篇学究式的论文，也不仅因为它的思维尖锐明晰、力透纸背，还因为他的宏旨直接关怀着“文化大革命”这样一个深层次的问题，更因为作者以见证者的身份，为读者展示了一代人在价值层面上的灵魂拷问和思想探险。

《道德理想国的覆灭》并不是一本研究或论述“文化大革命”的专著，但透过法国大革命这面镜子，却能更深刻地理解“文化大革命”。作为对“文化大革命”灾难的回应，作者将其笔触指向思想史的源流，厘定并梳理了启蒙运动的两种渊源，即英国从培根到洛克的经验理性的路向，以及法国从帕斯卡到笛卡尔的先验理性的路向；进而更进一步，又探讨了在启蒙运动中伏尔泰和卢梭的思想分野，从而剥离出法国革命的精神领袖卢梭为革命实践所注入的“道德理想国”的灵魂。在该书的下半部分则展示了灵魂附体的罗伯斯庇尔怎样将卢梭的思想付诸实践，以及这样的实践又怎样在不断革命的加温中导致覆灭的。

从这样的推理中，不难看出卢梭式的要在人间建立天国的理想，势必导致世俗形式的道德观对世俗权力的侵蚀，从而导致意识形态的文化霸权，以及“多少人的暴政”。用朱学勤的话说，就是“上帝不在，道德在；神性缺席，至善论出席；宗教法庭瓦解，道德法庭取而代之——这就是卢梭的教纲，卢梭的方向”。由此反观“文化大革命”，其密码不破自解，那就是“价值理性应该定位于社会，而不是定位于国家；定位于政治批判，而不是定位于政治设计；定位于政治监督，而不是定位于政治操作”。

难能可贵的是，道德理想国的覆灭并没有覆灭朱学勤的道德理想。这一悖论是该书最独特和最出色的地方，它甚至超过了论述的主题。因为这里呈现出了多重的价值自我缠绕，即作为论证主体、见证主体和情结主体是怎样统一起来的。正如朱学勤所说，“我哪里是在批判卢梭？我是在我自己和同代人的心里剥离出一个卢梭”。

作者通过对法国大革命的批判、扬弃，提醒中国当代人文知识分子：倘若你不愿意放弃道德理想，是应对 1793 年的法国大革命及其影响，持有一份谨慎的批判的。近代意识形态的起源，有一部分即来自这场革命所释放的道德灾难。一个真诚的道德主义者，不淘汰内在冲动，不确立外部边界，他的理想追求越执着，他的存在方式越危险，他有可能成为一个潜在的罗伯斯庇尔、一个潜在的雅各宾党人。

本书可作为卢梭思想传记来读，也可作为作者本人的思想淘洗记录来读。经历一场自我批判，道德理想主义者并不气馁，他将调过头来存在，存在为意识形态的批判者、存在为后现代文明形态的批判者。在此意义上，我们才能放心地说：

法国革命中的卢梭应该死，因为法国革命后的卢梭必须生。

这是对法国“道德理想国”覆灭的沉思，也是对中国“道德乌托邦”失败的反刍。《道德理想国的覆灭》以这样的身份走入我们的视野，我们也应该以这样的眼光来欣赏、阅读它。

先睹为快

到了卢梭这里，逻辑根据发生变化，“社会契约论”或称“大契约论”的理论方向却继续向前延伸。逻辑根据的变化是：霍布斯的“性恶论”是个人“性恶论”，卢梭却把“性恶论”的重心从个人移向社会，是“社会性恶论”，不是“个人性恶论”，他信任的是个人本性，憎恶的是社会发展。他在个人观上是“性善论”，在社会观上是“性恶论”。如此组合的“人性论”，是卢梭思想一大特色，也是理解他的社会、政治思想的关键。正因为他对社会发展持有强烈不信任心理，故而才有动用政治国家打断社会自发倾向、重建社会道德秩序的理论设计。理论方向的继续延伸是：“大契约论”不仅解决政府组成，还应扩及社会组成，政府组成是社会组成的反映；社会成员让渡的权力是全部权力，不是有限权力；契约后果是至善论的全盘贯注，因而不可能也不应该被反对或被限制，只可能无条件接受；等等。这样，霍布斯的巨无霸（利维坦），被卢梭配置于道德基础，全部接收，而且大大向前推进了一步。

但是，卢梭毕竟是让·雅克·卢梭，不是霍布斯·卢梭。即使卢梭达到了与霍布斯类似的结论，他也是通过了他自己的逻辑言路。卢梭独特的逻辑言路就在于他的道德救赎、反异化理论。他到达了霍布斯的终点，却掘动了霍布斯的寝床——权力的强制性、非道德性和物化性：

第一，服从对象从个人君主转移为社会公意。社会公意是每个社会成员全部交出权力的结果，服从这一公意，无异于服从交出去又转回来的自己。服从者就是被服从者，二者之间并无疏离、异化。在这个过程中，形成的不是某种权力的集合，而是社会联合体。这是卢梭人民主权论的逻辑来源，也是他坚持把这样的契约称作“社会契约”（“大契约”），而不是称作“政府契约”（“小契约”）的原因所在。

第二，服从重心从外在的行为服从转移至内在的道德服从。外在行为服从，是服从世俗的功利调配；内在的道德服从，是服从先验的个人良知。因此，这样的服从是服从道德—良知联合体，这样的契约不如说是至善论的道德契约。

卢梭的这两步独创，是他道德救世理想在政治领域里的推进，是他在人间此岸重建政治结构，重建“上帝之城”的逻辑根据。正是在这一地方，他最终与洛克、霍布斯分手，与英国政治学说分手，进入他自己的道德理想国的构筑。

延展阅读

《风声·雨声·读书声》

本书记载了朱学勤带着“问题意识”问学十年的心路历程，既有坐冷板凳写出的学术文章，也有富含感情色彩的短论、书评，是“笑着的”“叫着的”“哭着的”文字。这种学理层面的思索、感情和论述，反映了一个思想史学者的真知灼见和对国家、民族命运的热切关注，对精神生命的自我淘洗和执着追求。

图书在版编目（CIP）数据

一生读书计划. 法律书架 / 主编潞潞；编著麦芽. --
太原：山西教育出版社, 2016.7
ISBN 978-7-5440-8276-1

Ⅰ. ①一… Ⅱ. ①潞… ②朱… Ⅲ. ①法律-推荐书
目-世界 Ⅳ. ①Z835

中国版本图书馆CIP数据核字(2016)第010437号

yishengdushujihua falvshujia
一生读书计划 · 法律书架
主　编　潞　潞　朱晋平
编　著　麦　芽

出 版 人　雷俊林
选题策划　孙　轶
出版统筹　魏雪萍
责任编辑　霍　艳
排版统筹　许艳秋
装帧设计　后声 HOPESOUND Pankouyugu@163.com 小海馬·书装

出版发行　山西出版传媒集团 · 山西教育出版社
（太原市水西门街馒头巷7号　邮编　030002）
印　　装　山东临沂新华印刷物流集团有限责任公司
开　　本　787×960　1/16
印　　张　24
字　　数　270千字
版　　次　2016年7月第2版　2016年7月第1次印刷
书　　号　ISBN 978-7-5440-8276-1
定　　价　42.90元